労働経済学
理論と実証をつなぐ

川口大司 著

Labor Economics:
Theory and Empirical Analysis

有斐閣

はしがき

　本書は学部上級から大学院初級向けの労働経済学の教科書である。すでに出版されている労働経済学の教科書に比べての特徴は経済理論と実証分析を統合している点にある。ある労働に関する現象を説明する経済理論を紹介したのちに，その理論をデータを用いてどのように検証するかという実証分析をかみ砕いて説明している。理論と実証分析の行き来を通じて，読者が現実との対応を感じながら労働経済学の勉強を進められることを目指した。

　本書は，2008 年度から 2015 年度にかけて一橋大学経済学部で，ミクロ経済学と計量経済学の入門的な授業を履修した 2・3 年生を対象に行われた「労働経済学」の講義ノートをもとに執筆されている。偏微分などの解析を用いたミクロ経済学と計量経済学の基礎知識を前提として講義を行ったため，本書もそれらの基礎知識を前提に執筆されている。もっとも大学入試で数学を用いなかった私立大学の学生でも，大学 1 年レベルの解析の授業を履修し，ミクロ経済学と計量経済学を履修した後であれば理解できるレベルである。また，数式の展開もなるべく丁寧に追うようにしてある。また，計量経済学に関しては，本書でその手法がどのように使われているかを大雑把に把握してから，計量経済学の授業を履修するといった方法も考えられるであろう。

　内容的に学部授業の内容を超えると思われる項目には ★ を付してある。これらの項目は読み飛ばしても通読に差し支えないように構成してあるが，大学院への進学を希望する学部生や大学院生にはぜひチャレンジしていただきたい。★ がついている項目を読み飛ばしたとしても，本書の内容は 90 分 × 週 2 回 × 15 週の 4 単位の授業でカバーにするには若干トピックが広すぎる。本書を教科書採用してくださる教員の方は適宜一部の章や項目を落として講義するのが適切かもしれない。各章で紹介した内容の理解を確認するため各章末には練習問題を付した。多くの問題は一橋大学における中間テストや期末テストから採用した。難易度別に分けるとともに，実証分析に関する問題はその旨がわかるようにしてある。知識の定着を試すとともに試験対策などのために利用していただければと思う。なお，練習問題の解答例と解説は有斐閣

書籍編集第2部ブログ内の本書のサポートサイト（http://yuhikaku-nibu.txt-nifty.com/blog/2017/11/16507.html）で公開しているので，あわせて利用してほしい（「ウェブ付録労働経済学　有斐閣」で検索）。

　本書のなかには，筆者が『週刊ダイヤモンド』誌に掲載してきた「数字は語る」という記事を加筆修正し，**Column** として関連する内容の各章に配置している。記事の執筆にあたっては，前田剛さん，大坪稚子さんに大変お世話になった。これらの **Column** が教科書の内容と現実との間の橋渡しとなっていることを願いたい。また，記事の本書への転載を許可してくださったダイヤモンド社に感謝する。

　本書の執筆にあたっては，非常に多くの方にお世話になった。まず8年間にわたり開講された労働経済学の授業を履修した一橋大学経済学部の学生たちに感謝する。数理的な解析力に優れた学生が多く，教えたいと思う内容を躊躇なくすべて教えることができた。これには一橋大学経済学部のカリキュラムが体系的に整備され，多くの学生たちが専門科目を履修する前に，すでにミクロ経済学や計量経済学の基礎知識を身につけているという事情もある。このような教育環境を用意してくれた一橋大学経済学部にも感謝する。筆者が面白いと思う内容は学生たちも面白いと感じるらしく，手ごたえを感じることが多かった。とくに実証分析の内容を紹介した際の，学生の反応が良かったのが印象的である。このような優秀な学生を相手に講義できたことはとても幸運で，筆者自身も労働経済学の幅広い分野に対する理解を深めることができたと思う。

　この授業を一橋大学経済学部2年生の時に履修し，現在は東京大学大学院経済学研究科に在籍する鳥谷部貴大さん，東京大学経済学部の高橋雅士さん，同経済学研究科の山岸敦さん，天木菜々恵さん，同工学研究科の田村傑さんは，草稿の一部を読み，コメントをくれた。高橋雅士さんと東京大学大学院経済学研究科の石幡祐輔さんは章末問題の解答を作ってくれた。また大学院経済学研究科の一橋大学大学院経済学研究科講師の森啓明さんは，一橋大学経済学の労働経済学の講義で草稿の一部を利用し感想を寄せてくださった。岡山大学大学院社会文化科学研究科講師の東雄大さんは授業で活用してくださり，誤植の指摘をしてくださった。編集担当者の尾崎大輔さんに本書の執筆を約束してから，およそ8年の歳月が流れてしまった。大学で経済学を学び，その後も

多数の経済・経営書の編集を担当された尾崎さんからは，文章表現はいうに及ばず内容へのコメントを多数いただいた。研究室に足しげく通ってくださり，筆者の執筆をソフトに監視する傍らで，図表の作成，参考文献の整理，コラムの整理，章末問題の整理を手伝ってくださった。尾崎さんは 2017 年 5 月に有斐閣を退職され NIRA 総合研究開発機構に転職されたが，転職後も本書の完成に向けて細かい作業を続けてくださった。尾崎さんの助けがなければ字義通り本書は完成しなかった。また，尾崎さんを引き継いだ有斐閣の岡山義信さんは非常に丁寧な最後の仕上げを行ってくださった。お世話になったすべての方々に深くお礼申し上げたい。なお，本書に含まれる誤りは言うまでもなく筆者がそのすべての責を負うものである。

2017 年 11 月

川口　大司

著者紹介

川 口 大 司（かわぐち だいじ）

1971 年生まれ

2002 年，ミシガン州立大学経済学部博士課程終了（Ph.D. in Economics）

現職：東京大学大学院経済学研究科教授

受賞：第 4 回円城寺次郎記念賞（2015 年），第 11 回日本経済学会石川賞（2016 年），第 13 回日本学士院学術奨励賞（2017 年），第 13 回日本学術振興会賞（2017 年）など。

主著：

Xinwei Dong, Dean R. Hyslop, and Daiji Kawaguchi (2023) "Skill, Productivity and Wages: Direct Evidence from a Temporary Help Agency," forthcoming in *Journal of Labor Economics.*

Daisuke Adachi, Daiji Kawaguchi and Yukiko Saito (2023) "Robots and Employment: Evidence from Japan, 1978-2017," forthcoming in *Journal of Labor Economics.*

Daiji Kawaguchi and Takahiro Toriyabe (2022) "Measurements of Skill and Skill-use using PIAAC," *Labour Economics*, Vol. 78, 102197.

Daiji Kawaguchi and Yuko Mori (2016) "Why Has Wage Inequality Evolved so differently between Japan and the US? The Role of the Supply of College-Educated Workers," *Economics of Education Review*, Vol. 52, pp. 29-50.

Daiji Kawaguchi, Tetsushi Murao, and Ryo Kambayashi (2014) "Incidence of Strict Quality Standards: Protection of Consumers or Windfall for Professionals?" *Journal of Law and Economics*, Vol. 57, No. 1, pp. 195-224.

Daiji Kawaguchi (2003) "Human Capital Accumulation of Salaried and Self-employed Workers," *Labour Economics*, Vol. 10, No. 1, pp. 55-71.

川口大司編 (2017)『日本の労働市場——経済学者の視点』有斐閣。

大内伸哉・川口大司 (2014)『法と経済で読みとく雇用の世界——これからの雇用政策を考える（新版）』有斐閣。

中村二朗・内藤久裕・神林龍・川口大司・町北朋洋 (2009)『日本の外国人労働力——経済学からの検証』日本経済新聞出版社。

大内伸哉・川口大司編 (2018)『解雇規制を問い直す——金銭解決の制度設計』有斐閣。

目　次

Column 一覧

第 **1** 章

労働経済学への招待

理論と実証をつなぐ

1 労働経済学の特徴と意義

1.1 科学的思考を身につけよう

賃金や労働時間など労働に関わるさまざまな現象を，経済学のアプローチを通じて解明するのが**労働経済学**である。本書を手に取る読者の多くが，経済学を学んでいる学生であろう。多くの学生は，卒業すると民間の企業や官公庁，自治体などで働くことになるだろう。しかし，労働経済学の知識を直接使うことができるような職業に就く人は限られているかもしれない。そんななかで，「労働経済学を学ぶことの意義」はどこにあるのだろうか。実は，労働経済学を学ぶ最大のメリットは，**科学としての経済学のアプローチを，身近な題材と非常に豊富なデータとともに学べることにある**と言っていいだろう。

経済学は，社会科学のなかでも数理化が早くから始まった学問であり，個人や企業などの経済主体が，与えられた社会環境のなかでどのように行動するかをモデル化して分析する。そして，モデルが導き出す経済主体の行動についての予測を，現実のデータを用いて検証し，データによって反証されない理論仮説を残すという，自然科学から発展した科学的アプローチをとる学問である。この科学的アプローチを重視する思考，つまり**科学的思考**こそ，大学教育を通じて学生が学ぶべきものだと言えるだろう。実社会において，私たちの前に立

ちはだかる数々の問題は，そもそも問題としての定式化がなされていないため，問題の構造を把握するところから始める必要がある。そして，その把握の仕方が正しいかどうかを検証することを通じてのみ，目の前の問題の背景にある構造を正しく把握することができる。さらに，正しく構造を把握できたときにだけ，まっとうな解決法をみつけることができる。科学的思考は，問題の構造を把握し，解決への道筋を組み立てるための必須のスキルなのである。

　科学とは，目の前のどう説明していいのか見当もつかない現象に対して，既存の知識を組み合わせて新しいひねりを加え，仮の答えとしての「仮説」を導き出し，その仮説を検証するという営みである。そのため，科学的思考法を学ぶことは，実社会に出て知的職業に就こうとする者にとっては大いに役に立つであろう。

1.2　社会科学としての経済学

　しかし，大学教育において学ぶべきものが科学的思考であるとするならば，近代科学の祖である自然科学や，その応用である工学といった，いわゆる理系分野を勉強すればいいのではないか，という疑問を持つ者がいたとしても不思議ではない。しかし，**人間社会を研究対象とする限り，社会科学である経済学を学ぶことには自然科学を超える圧倒的なメリットがある**。それは，経済学が「個人や企業という社会を構成する主体が，置かれている環境に応じて次々に行動を変えていく」という側面をきわめて重視する点にある。個々の主体が，置かれた環境のなかでどのように行動するかをモデル化したものを**行動モデル**というが，自然科学者が社会現象を対象に研究を行う際にしばしば欠けていると思われるのが，この行動モデルである。行動モデルを欠いたままに議論を行うと，さまざまな個人の行動の相互作用によって実現する社会現象についても正しい予測をすることはできない。

　社会科学である経済学は，個人や企業などの主体が置かれた社会環境のなかでどのように行動するかを，行動モデルを出発点にし，モデルによって説明される主体の行動から，さまざまな相互作用を通じてどのような社会現象が立ち現れるかを議論する。その際に，複雑な人間行動や社会現象を枝葉末節を取

り去って本質的な部分をとらえたモデルを構築するのも，社会科学者たる経済
学者の特徴であろう。複雑な行動をそのままモデルに組み込み，多数の行動モ
デルの合成として社会現象を説明しようとするアプローチをとると，関心があ
る現象とは本質的には関係ない部分に，現実をうまくとらえていないモデルが
紛れ込んでしまう可能性が高くなってしまう。そして結局のところ，うまく社
会現象を説明できないことになりがちである。そのため，経済学者はなるべく
問題の本質をとらえた単純なモデルを作成しようとする。何を本質としてとら
え，どの部分を捨象するのか，本質と思われる部分のうち，どこまでをモデル
化してどこから先は捨象するのか，**バランスのとれた割り切りのセンスが社会科
学的なセンスである**と言えよう。センスの良い社会科学者は，細かい部分まで
は正しく描写できていなくても大まかな傾向は正しくとらえたモデルをつくる
のである。

　経済学者は，作り出したモデルの妥当性を検証するために，また社会現象の
なかに潜む因果関係をみつけ出すために，現実のデータを使って**実証分析**を行
う。実証研究を行おうとする際には，そのデータが主体の行動の帰結として生
まれてきているという点に注意を払い，そのようなデータ生成過程を前提とし
ても，データに潜む因果関係を推定できるような工夫を凝らしていく。フォー
マルな数理的議論によって示すか，インフォーマルな自然言語に基づいた議
論によって示すかの違いはあるにせよ，データがどのような行動モデルから生
成されているのかを重視するのが近年の**実証経済学**の特徴であり，経済学者の
面目躍如たる部分である。いわゆるビッグデータの入手可能性が高まり，デー
タ・サイエンティストに注目が集まるようになっているが，工学的なデータ・
サイエンスはこうした視点に欠ける傾向がある。このことは，社会現象を対象
としたデータ分析を正しく行うためには，社会科学の訓練を十分に受ける必要
があることを物語っている。また，数ある社会科学のなかでもこの点に注意を
払った議論を展開しているという点においては，経済学に一日の長があると言
ってもいいだろう。

1.3　労働経済学を学ぶことで何が得られるか

　ここまで，大学教育においては科学的思考を学ぶことが重要であること，そしてとくに，社会現象を対象とする場合には経済学を学ぶことが有益であることを述べてきた。では，そのなかでもなぜ，労働経済学を学ぶことが重要なのだろうか。それを示すには，まず典型的な経済学部のカリキュラムが持つ特徴に言及する必要があろう。経済学は明確な体系を持った学問であり，さまざまな社会現象を統一的な分析体系を使って分析しようとするため，知識を積み上げていくことが非常に重要である。経済学部生はまず，そうした基礎を身につけるために家計や企業の行動モデルを組み，その相互作用から市場で実現する資源配分を説明しようとする「ミクロ経済学」や，多数の主体から構成される国民経済全体がどのように動くかを説明する「マクロ経済学」から学んでいく。その一方で，データ分析のための手法である「統計学」や「計量経済学」も並行して学んでいくことになる。これらの基礎科目を学び終えるのに，どんなにカリキュラムが整備されている大学であっても1年半は掛かるだろう[1]。

　この準備体操が終われば，次はいよいよ応用分野を学ぶことになる。現実の社会現象を取り上げ，それまでに学んだ理論モデルに基づき観察されるべき現象について理論的な予測を導き出し，その予測を実際のデータと計量経済学の手法を用いて検証するというプロセスを追体験する段階になる。実はこの部分が，学部における経済学教育の核となる部分なのである。**この追体験のプロセスが，科学的思考力を養うのに有用**だからである。つまり，応用経済学を学ぶことこそが，さまざまな実務分野に人材を送り込む経済学教育の核となるべき部分であるとも言える。

　数ある経済学の分野のなかで，どのような分野を勉強しても科学的思考の実践を学ぶことができる。少し例を挙げると，「産業組織論」「開発経済学」「金

1）　こうした，手法を重点的に学ぶ初期の過程では抽象的な内容が続くため，学生がそこで目的を見失ってしまうケースもあったのだが，近年ではミクロ経済学では神取 (2014)，マクロ経済学では齊藤ほか (2016)，計量経済学では西山ほか (2019) など，現実経済との関連を重視した日本語の教科書が出版され，状況は大幅に改善している。

融論」「国際貿易論」「国際金融論」「都市・地域経済学」「財政学」「公共経済学」「経済史」などがあるが，どんな分野であっても，理論モデルと実証分析を紹介しているバランスの良い講義や教科書であれば，科学的思考の実践を学ぶうえで非常に有益である。異なる現象を取り扱うさまざまな分野の経済学を学んでいくなかで繰り返し現れる経済学の理論モデルと計量経済学的手法を学ぶことは，反復学習による知識の定着のためには絶好の機会である。

このように数ある経済学の諸分野のなかでも，労働経済学を学ぶことの教育上のメリットとして，筆者は次の3つがあると考えている。まず1つめは，冒頭でも述べたように**題材が身近**だという点である。分析対象とする労働時間や賃金というのは，アルバイトをする機会もある学生にとっては，非常に身近な概念であろう。2つめに，教育，家族形成，男女差といった分析対象も身近なうえに，**このような事象すら経済学の分析の俎上に載るのか，という新鮮な驚き**を学生に与えることが多いという点も挙げられる。また，経済学諸分野において実証分析の重要性が徐々に高まっているが，労働経済学は分析対象としている就業や賃金などに関するデータの整備が早かったこともあり，伝統的に実証分析が重視されてきた分野である。そのため3つめのメリットとして，紹介できる**優良な分析事例が多数ある**という点であり，このことも教育上のメリットとして挙げられるであろう。

上記では労働経済学を通じて経済学の手法を学ぶことのメリットを紹介したが，労働経済学の対象とする雇用，賃金，教育，キャリア形成，家族形成といったさまざまな現象を分析することは，**高齢化が進行しつつあり，曲がり角を迎えている日本社会の今後を考えるうえでも重要**である。労働を中心としたこれらの現象を包括的にとらえるためには，経済学的なアプローチだけではなくて，法学，社会学，心理学，経営学などといった他のアプローチによるさまざまな角度から問題をとらえることが大切であり，経済学は労働現象を分析するための1つの視点を提供しているにすぎない。とくに，経済学は方法論に重きを置く学問なので，経済学が切れ味を発揮する角度から問題を切り取り，他の側面を捨象するという傾向がある。そのため，労働問題そのものに関心を寄せる方々は，ぜひ関連する他の学問分野にもチャレンジしてみてほしい。経済学の視点を身につけたうえでそれらの学問分野を学ぶことで，経済学が何を切

り捨てているかにも気づくことができるかもしれない。そうした気づきも，問題への探求を深めるうえで非常に有益である。

1.4　政策提言への姿勢

筆者が学生だった頃は，経済学は理論・実証・政策のバランスだと言われていた。そのように考えるならば，「労働経済学の知見を活かして，曲がり角を迎えた日本の経済政策への提言をすることが重要だ」ときれいに言い切りたいところだが，その際には，労働経済学からの政策提言と労働政策の実際の策定プロセスには相当な乖離があるということを明確に認識することも必要である。

先述の通り，経済学では分析対象としていない問題の重要な側面があるケースも多いし，実はそこが政策決定の肝であるケースもある。また，現実の政策決定にはさまざまな利害関係者が絡むため，それらの人々の意見によく耳を傾け，そこに内在する論理をくみ上げ，議論に参加している人々に対して，より多くの人に自分の意見も尊重してもらえたという実感を持たせながら，一本筋の通った議論を展開する必要がある。時には，筋の悪い議論をその発案者の気分を決定的に害することなく受け流す技能も必要だし，政策転換を提案する際には，かつての政策担当者の非を問うというよりも，政策を取り巻く環境の変化にその原因を求めるなど，必要以上に摩擦を生まないための配慮も求められる。論敵を論破すればそれでよいというわけではなく，幅広い関係者の一定の理解を得られなければ，どんなに良い提案をしたとしても，その政策は実行されない。

このことは，単なる利害調整や足して 2 で割るといった妥協的な解決策の提示を超えた落としどころを探る知的密度の濃い作業であり，政治家，官僚，審議会委員など政策担当者は，こうした作業を日々行っているのである。労働経済学のもたらす知見と労働経済学者が持つ知的権威は利害関係者の説得に一定の力を発揮することもあるが，政策決定プロセスのなかでは，それは多様な要因のなかのごく一部だと言ってよいだろう。つまり民主主義的な政策決定プロセスにおいて，労働経済学者の行う政策提言は政策決定プロセスのごく一部

にすぎないのである。しかし，**この限界を明確に認識したうえで政策を労働経済学の観点から論ずることには，なお意義がある**と言えよう。

2 労働経済学の近年の発展と本書のアプローチ

　先述したように，近年の経済学の発展において顕著なのは，理論分析から実証分析への重点のシフトである。とはいえ，これは理論が重要でなくなったということではなくて，理論が正しいか否かを検証したり，明確な理論はまだないもののデータからわかる変数間の関係を明らかにしようとする実証分析が，データの整備とコンピュータの進歩に伴ってより重要になったという側面が反映されてのことである。そして経済学の実証分析のなかでは，**単なる変数間の相関関係ではなくて，ある変数が他の変数に与える因果的影響を推定しようとする動き**が，1990 年代の前半から急速に盛り上がった。この実証経済学の変革を主導したのが，労働経済学なのである。

　それまでの経済学では，どちらかというと計量経済学的な推定手法を数理的に高度化し，さまざまなデータを取り扱えるようなモデルを開発することに注力されてきた。しかし，それらの高度に数理的なモデルによって，変数間の実際の因果関係についての推定が正しく行われているのかどうかに関して，次第に疑問が呈されるようになった。とくに重要な契機になったと言われるのが，職業訓練への参加が再就職後の労働所得に与える影響などを，職業訓練への参加をランダムに割り振った実験データを用いて推定した場合と，非実験データと複雑な計量経済モデルを使って推定した場合では，訓練効果の推定値の大きさに大きな乖離があることを発見した LaLonde (1986) である。これを機に，労働経済学者は，実際には実験が行われていない状況であっても，あたかも実験が行われたかのように考えることができる**自然実験**の状況を用いて因果関係の推定を行うようになっていった。その嚆矢となる記念碑的な論文が，Angrist (1989) である。自然実験的状況を探すためには，制度や歴史に関する知識が重要であるため，数理化の方向に突き進んできた実証経済学がもう一度総合的な社会科学としての顔を取り戻すことにもつながったとも言える。

　本書では，こうした労働経済学の近年の発展を反映して，各章で取り扱うトピックに関して基礎的な理論分析を紹介した後で，なるべく多くの実証分析を紹介するようにした。とくに，理論と実証をばらばらに紹介するのではなくて，できる限り両者が有機的につながるように紹介することに努めた。こうした**理論と実証の有機的なつながりを通して，理論から得られる仮説が，データを用いてどのように反証にさらされるのかを実際の例を通じて学び，社会科学の研究がどのような作法で行われているかを紹介したい**，というのが本書の意図でもある。

3　本書の構成

　本章の構成のおおまかな流れは，図 1.1 に示した通りである。この体系は，アメリカにおける標準的な労働経済学の教科書である Borjas (2015) や Ehrenberg and Smith (2016)，日本における標準的な労働経済学の教科書である大森 (2008) をほぼ踏襲している。

　本書は，この第 1 章を含めて 10 の章で構成されている。

　第 2 章では，家計の効用最大化行動から労働供給曲線を導く。第 3 章では，労働供給モデルを応用し福祉政策の効果を議論するとともに，労働供給の意思決定が動学的な状況で行われる場合の分析手法を紹介する。第 3 章は必要に応じて飛ばしても全体の理解に差し支えはない。第 4 章では，企業の利潤最大化行動から労働需要曲線を導く。第 5 章では，労働供給曲線と労働需要曲線に基づき，労働市場の均衡において賃金と雇用量がどのように決まるのかを紹介する。また，いかに労働供給曲線と労働需要曲線の推定を行うかについての実証的な議論を紹介する。さらに，最低賃金や労働課税といった政策が市場均衡に与える影響も分析する。第 6 章では，労働者によって賃金が違うことを説明するために，職場環境が異なることによる賃金差を説明する補償賃金格差の理論を紹介する。第 7 章と第 8 章では，労働者によって技能水準が異なることによる賃金差を説明する人的資本理論を紹介する。第 7 章では学校教育による人的資本形成を議論し，第 8 章では働きながらの人的資本形成を議

図 1.1　本書の構成

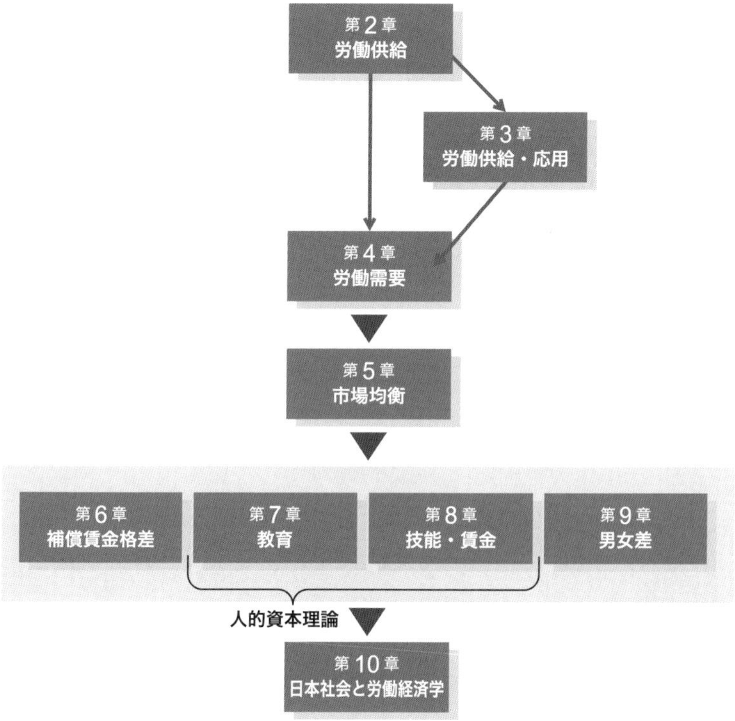

論する。さらに第8章では労働者の賃金が年齢を重ねていくに従って上昇す
るさまざまなメカニズムを説明し，そのなかで日本の労働市場の特徴について
も言及する。第9章では，労働市場における男女差を説明するために，結婚
や労働市場における性別差別を説明する。最終章となる第10章は全体の総ま
とめであり，本書で紹介した経済学のモデルを使って，高齢化が進行するなか
で曲がり角を迎えている日本の労働市場についてどのような展望が得られるの
かを紹介する。

　第2章から第5章までは，必要であれば第3章は飛ばして，順番に読み進
めていただきたい。続く第6章から第9章までは，関心に応じてそれぞれの
章を独立して読めるように構成してある。そして，本書の内容全体をふまえた
うえで第10章を読むことで，労働経済学の知識がどのように実際の分析に応
用されるのかを実感することができるだろう。

　なお，一部内容的に学部レベルを超えると思われるより発展的なトピックについても解説を加えている。それらについては，解説している部分の見出しに「★」印が付されており，読み飛ばしても差し支えないように構成されているが，意欲的な読者はぜひチャンレジしてみてほしい。

　また，各章末には「演習問題」が配置されている。演習問題は，その章の基礎的な内容を確認するための**確認問題**，より進んだモデルによる分析を考えるための**発展問題**，実証分析に応用するための重要な考え方を確認する**実証問題**という 3 つのパートに分かれている。問題を解くことを通じて，各章の内容の理解の確認とともに，本書が意図する理論と実証の有機的なつながりとはどういうものかも理解できるだろう。

第2章

労 働 供 給

　人々はどのように働くか働かないかの意思決定をしているのだろうか。また働くと決めた場合に，どのくらいの時間働くかをどのように決定しているのだろうか。この章では人々の就労や労働時間の決定を家計の効用最大化行動から説明する。そしてその理論をデータを用いてどのように検証するのかを説明する。

1　労働力参加と労働時間の決定

　労働市場を見渡してみると学生，専業主婦，引退した高齢者など働いていない人がいる。また，働いている人のなかにも短時間しか働かない人もいれば，長時間働いている人もいる。本章では，労働市場における供給主体である個人が働くのか働かないのか，働くとすれば年にどれくらいの時間を働くのか，それらの意思決定をミクロ経済学を応用して分析する。

　まず2015年の時点でどれくらいの割合の人々が働いているかを調べてみよう。人口のうち賃金や利潤を得るために働いている，あるいは職を探していて働くことができる状態にある人々のことを**労働力**といい，労働力のうち実際に働いている人を**就業者**，職を探していて，働くことができる状態にあるけれども仕事がない人を**失業者**という。また，人口に占める就業者の割合のことを**就業率**という。図2.1は，2015年の性別・年齢別の就業率を示したグラフで

図2.1　2015年の性別・年齢別就業率

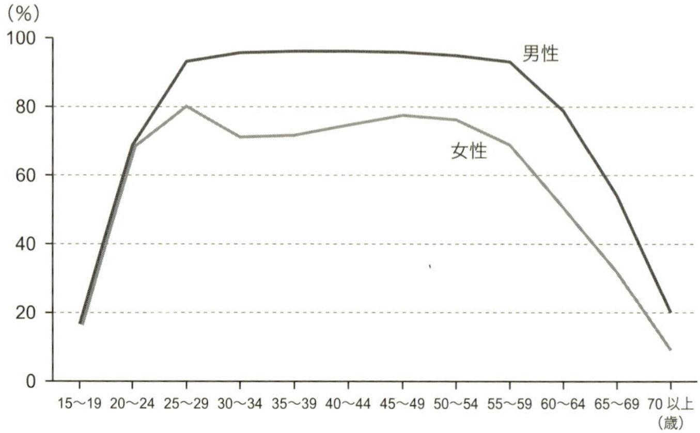

（出所）　総務省統計局「労働力調査」。

　ある。これを見ると25歳から59歳までの男性の就業率は100％にきわめて近いことがわかる。そして60歳を過ぎると就業率は落ちていく。これは高齢者が引退していくためである。一方で女性は25歳から59歳で見ても就業率は60％から80％の間を上下動している。そもそも男性よりも就業率が低いうえに30歳代では前後の年齢層に比べて就業率が落ちている。これは女性が結婚・出産といったライフイベントを経験し，いったん仕事を辞めて家庭に入る傾向があるためである。また，女性高齢者になると就業率が落ちるのは男性と同様である。これら就業率の動きをなるべく簡単な原理で説明するというのが，労働供給モデルを考えるモチベーションである。

　高齢者の引退や女性の男性に比べて低い就業率を共通して説明できる要因は何だろうか。1つ考えられるのは，高齢者も女性も男性の現役世代に比べると賃金が低そうだということだ。労働時間が長い人の月給が高いのはある意味では当たり前なので，労働経済学の分析で賃金といったときには，労働時間1時間当たりの賃金，すなわち**時間当たり賃金**を指すことが多い。本書では，とくに注記がない場合には，賃金とは時間当たり賃金を指していると思ってほしい。高齢者は定年退職した後に再就職しようとすると，時間当たり賃金が低い仕事しかみつけることができないことが多い。そのため，働くのをやめる高齢者が増えても不思議ではない。また，女性は男性に比べて低い時間当たり賃金

しかもらえないことが多いから，働く気がなくなって家庭に入って家事をしているのかもしれない。そのため，時間当たり賃金は労働力参加を決めるカギになりそうである。もう1つ重要だと思われる要因は，働かなくても手にすることができる非労働所得の有無である。高齢者は年金をもらえるケースが多いし，結婚している女性の場合は夫の所得がある。どちらの場合も，働かなくても生活は成り立つという面がある。よって，働かなくても得られる所得，すなわち非労働所得も労働力参加を決めるカギとなりそうである。

労働力参加の決定要因として，時間当たり賃金と非労働所得がカギになりそうなことを指摘した。このような考察に従って，家計が時間当たり賃金と非労働所得に基づいて労働力参加をどのように決定するのか，その関係を説明する理論を構築したい。このように，経済変数間の因果関係を経済主体の行動から説明するのが，経済理論の役割である。

ある時点での性別・年齢別の就業率の動き方を経済理論で説明するのに成功したならば，その理論で他の現象も説明できるのかが問われる。ある現象を説明しようとつくられた理論がその現象を説明するという**内的妥当性**（internal validity）が成立しているのは当然のこととして，その理論で他の現象をも説明できるという**外的妥当性**（external validity）も成立するならば，その理論は正しい可能性が高い[1]。

ここで，図 2.2 の 1980 年における性別・年齢別就業率のグラフを見てみよう。このグラフを見ると，1980 年の男性の 65 歳以上の高齢者の就業率は 2015 年よりもやや高かったことがわかる。また，1980 年の女性就業率は全般的に 2015 年よりも低く，25 歳から 34 歳にかけて大きく落ち込んでいることもわかる。このことから，1980 年から 2015 年にかけて日本の就業率の構造が変

---

1) あるいはより持って回った言い方をすると，その理論は反証されない。なぜこんなに持って回った言い方をするかというと，経済学者はある理論が正しいという確証を得ることは永遠にできないという姿勢をとるのが標準的だからだ。仮説として構築されたさまざまな経済理論のうち，データによって反証されない理論を「とりあえず」正しいものとして考えるということである。サイエンス・ライターの竹内薫氏は「世の中ぜんぶ仮説にすぎない」というのが科学者の姿勢だと喝破するが（竹内 2006），大部分の経済学者も同じ姿勢をとるということなのである。

ということは，反証されない理論はたくさんあるわけで，正しい説明は 1 つだと思い込んでいると「何が正しいんだ？」と性急な答えを求めてしまうことになるだろう。

図 2.2　1980 年の性別・年齢別就業率

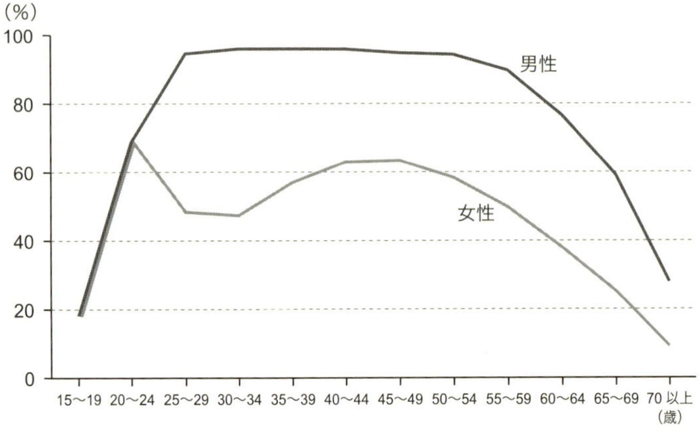

（出所）　総務省統計局「労働力調査」。

わったことがわかるのだが，2015 年の性別・年齢別就業率を説明するために
つくった理論は，1980 年からの構造変化をも説明できるだろうか。時間当た
り賃金や非労働所得の変化で 1980 年から 2015 年の就業率の変化も説明でき
るとしたら，経済モデルには外的妥当性があると言える。

　理論分析に入る前に，もう 1 つ説明したい現象を紹介しよう。それは労働
時間の動きである。図 2.3 は主要先進国の労働時間の推移を示したグラフであ
る。このグラフを見ると日本を含めた主要先進国の年間労働時間は 1950 年か
ら 2016 年の長期にわたって徐々に減少してきたことがわかる。この労働時間
の減少も性別・年齢別の労働力参加の決定を説明する理論で説明したい。1 つ
の理論で多くの現象を説明できるならば，その理論は一般性があると考えられ
るからだ。

　若干脱線するが，この種の経済グラフを見るときには軸の数字（スケール）
にも着目する必要がある。たとえば日本の年間労働時間はおおよそ 2300 時間
から 1700 時間の間を変化しているが，この数字の持つ意味を実感することが
大切だ。イメージするために，フルタイムで働く労働者の年間労働時間がどれ
くらいになるか考えてみよう。1 日 8 時間，週に 5 日働くと週に 40 時間労働
となる。1 年間には 52 週あるが盆と正月に休んで 50 週働くと 40（時間）× 50
（週）で年間労働時間は 2000 時間となる。このように基準になる数字の実感を

図 2.3　主要先進国の年間労働時間

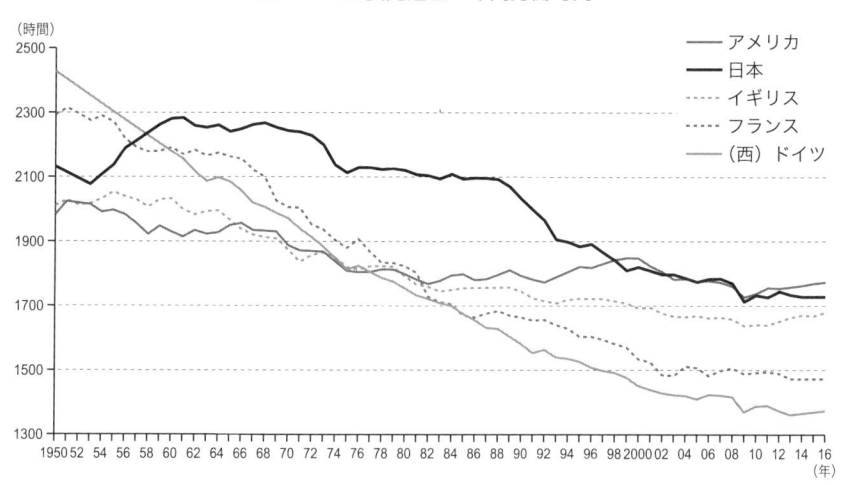

（出所）　The Conference Board, Total Economy Database.（https://www.conference-board.org/data/economydatabase/）

つかむと，グラフの数字の意味がイメージしやすくなる。経済学の議論で頻繁に登場する数字については，その実感を常につかんでおくようにしたい。そのためには，おおまかな数字をある程度覚えておくことも必要だ。たとえば，日本の国内総生産（GDP）が約 500 兆円であることや，日本の人口が 1 億 2700 万人，就業者が 6500 万人であることなどである。これらの数字を覚えておかなければ，正しいサイズ感のある経済論議を行うことはできない。

2　静学的労働供給モデルの理論

2.1　家計の効用関数

　それでは，いよいよ労働力参加や労働時間決定の経済理論を考えていこう。分析対象となる主体は個人あるいは家計であり，本章では家計の労働供給行動について分析する。分析の最大の目的は時間当たり賃金や非労働所得の変化に対して，家計がどのように反応して労働供給行動を変化させるかを知ることで

Column ①　なぜ正社員の労働時間は短くならないのか？

　　データからは日本の就業者全体の平均労働時間は短くなっていることが読み取れるが（図 2.3 参照），それは短時間労働者の比率が増えているからであり，日本の正社員の労働時間は短くなっておらず，このことがワーク・ライフ・バランスの実現を妨げている，という指摘がたびたびなされている。しかし，この指摘は何とも不思議な議論である。正社員と短時間労働者を合わせた平均労働時間の減少が平均余暇時間を増加させたことは明らかなので，積極的に評価されるべき出来事である。また，因果関係の方向についてははっきりしたことは言えないが，少なくとも労働時間が減れば育児や介護といった家事労働に費やせる時間が増えることを意味するため，ワーク・ライフ・バランスの実現の観点からは望ましいことである。

　　平均労働時間が減っているのは短時間労働者が増えたからだという指摘の含意は平均労働時間が短くなったこと自体は評価するものの，短時間労働者の増加という側面にも注意を払うべきだということだろう。そのため問題の所在は，短時間労働者を含む非正社員の増加が雇用の不安定や低賃金といった負の意味を持ってしまうことにある。長期雇用で人の能力に対して賃金を支払うという，とくに日本の大企業に見られる雇用慣行は人材育成の側面で合理性を失っていないから，仕事に対して賃金を支払うシステムに一気に移行して正社員と非正社員の均等処遇を実現すべ

ある。ここで，家計という経済主体の行動モデルをつくるとは，「家計が労働時間を増やすことにより発生するメリットとデメリットを抽象的に把握して，数学的な最適化モデルに落とし込む」ということである。モデルでは，人々は働くことのメリットとデメリットを比較衡量してどれだけ働くかを決める，と考えたいのだが，そもそも働くことのメリットとデメリットとは何だろうか。働くことのメリットは，対価として労働所得が得られて消費を行えることである。時間当たり賃金が一定であれば，働くことで労働時間に比例して労働所得は伸びていき消費量も増やすことができる。それでは，働くことのデメリットは何だろうか。人々に与えられている時間は一定だから，働く時間が長くなると自由になる時間が減ってしまうことが，デメリットである。この自由になる時間のことを**余暇**と呼ぶ。

　したがって，家計の労働供給行動を，「一定の時間と資産所得などの非労働

きとの意見は現実的ではないし，個別企業の雇用管理に国が介入すべきでない。しかし，若者や女性を中心に日本型雇用慣行に包摂される人が減り，非正社員が増えているのは事実であり，これら非正社員の存在を否定するのではなくて，彼／彼女らの雇用の安定と処遇改善をいかに実現するかを考えることのほうが重要だ。短時間労働者の人為的供給増をもたらしてしまっている社会保険料負担の制度改革など，政府ができる改革にまず取り組む必要がある。

　正社員の労働時間が減らないという現実を説明するにあたって，「ボーナスも含めて計算した時間当たり名目賃金を消費者物価で割った実質賃金が，1990年代半ばからつい最近まで長期にわたって減少してきた」という事実も重要である。消費者物価が比較的安定的に推移するなかで名目賃金が下落したのは，原油・食料などの一次産品の輸入価格が上昇し，工業製品などの輸出価格が下落し交易条件が悪化したことの影響が大きい。時間当たりの実質賃金が下落するなかで，何とか生活水準を保とうと考えた場合に，労働時間を減らすという贅沢は許されなかったというのが現実であろう。長期にわたり労働時間を減らすためには実質賃金の上昇が不可欠であり，そのためにはエネルギー政策や通商政策を通じて交易条件を改善するといった政策にも取り組む必要もある。

　ソフトな印象を与えるワーク・ライフ・バランスの実現には，一見すると無関係な政策対応が，本質的に重要なのである。

所得を持った家計が，消費財の量と余暇時間をどのような組合せで選択するか」という視点で分析することとする。労働供給モデルにおいて，家計は一定の時間を労働と余暇に振り分け，労働から得られる労働所得を用いて消費財を購入すると考える。また，家計は余暇と財の消費から効用を得て，この効用を最大化するように時間を労働と余暇に割り振ると考える。

　効用関数は余暇（L）と消費財（C）の関数として定義され，以下のように与えられると考えよう。

$$U(L, C) \tag{2.1}$$

なお，消費と余暇それぞれの限界効用は正であるものの，その限界効用は逓減していくことを仮定する。つまり，

図2.4　余暇と消費の無差別曲線

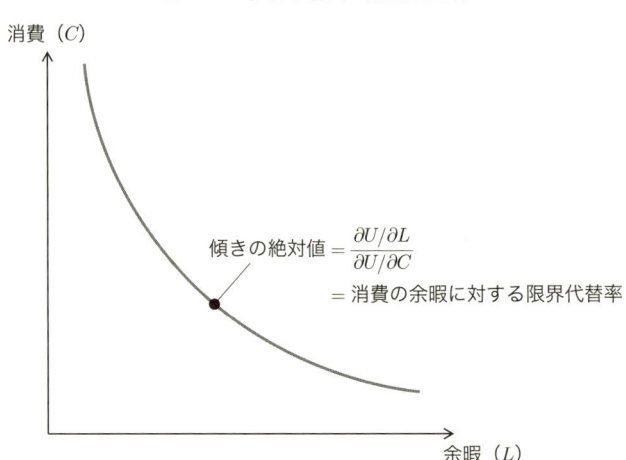

消費（C）

傾きの絶対値 $= \dfrac{\partial U/\partial L}{\partial U/\partial C}$

$=$ 消費の余暇に対する限界代替率

余暇（L）

$$\frac{\partial U}{\partial C} > 0, \quad \frac{\partial^2 U}{\partial C^2} < 0, \quad \frac{\partial U}{\partial L} > 0, \quad \frac{\partial^2 U}{\partial L^2} < 0$$

を仮定する[2]。一定の効用水準 $\bar{U}$ を与える L と C の組合せのことを**無差別曲線**という。横軸を余暇時間 L にとり，縦軸に消費財の消費量 C をとる平面上に，効用関数 $U(L, C)$ の無差別曲線を描いたのが図2.4である。より高い効用水準を与える L と C の集合，つまり無差別曲線よりも右上に位置する L と C の組合せの集合が凸集合であるときに，効用関数が**準凹関数**であるという。結果として効用関数が準凹関数であれば，無差別曲線が原点に向かって凸となる。ここでは，効用関数は準凹関数であると仮定する。

　無差別曲線の傾きは，余暇を増やしたときに，どこまで消費を減らしても，一定の効用水準を保つことができるかを示している。よって，余暇の価値を消費財の量で表現したものだと言える。この無差別曲線の傾きの絶対値，つまり，余暇の消費財に対する相対的な価値，を**消費の余暇に対する限界代替率**という。これは「余暇の消費に対する限界代替率ではないのか？」と思うかもしれないが，これは余暇を1単位増やしたときに消費をどれだけ諦められるかという概念であり，あくまでも測定の単位は消費なので消費の余暇に対する限

---

2)　ここで，$\partial U/\partial C$ は効用関数 U の C による1階微分，$\partial^2 U/\partial C^2$ は U の C による2階微分を示す。

界代替率というのが正しいのである。非常に紛らわしいので余暇の消費で測った限界代替率と言われる場合もある。本書でも、「消費の余暇に対する限界代替率」と「余暇の消費で測った限界代替率」の両方の呼び方を用いるが、同じ概念を指していることに注意してほしい。

ここで、消費の余暇に対する限界代替率が、余暇と消費の限界効用の比で表現できることを数学的に確認しておこう。効用関数を L と C に関して全微分すると、

$$dU(L, C) = \frac{\partial U}{\partial L}dL + \frac{\partial U}{\partial C}dC \tag{2.2}$$

が得られる。無差別曲線の傾きは、効用水準が不変 ($dU = 0$) のときの dC/dL である。$dU = 0$ より、

$$0 = \frac{\partial U}{\partial L}dL + \frac{\partial U}{\partial C}dC \tag{2.3}$$

が得られるが、この式を変形することで、

$$\frac{dC}{dL} = -\frac{\partial U/\partial L}{\partial U/\partial C} \tag{2.4}$$

という関係を得ることができる。これは消費の余暇に対する限界代替率が、**余暇の限界効用**（つまり余暇の価値）を、**消費財の限界効用**（つまり消費財の価値）で割ったものの絶対値であることを示している。

無差別曲線上を余暇を増やして消費を減らしながら右下に動くと、$\partial^2 U/\partial L^2 < 0$ の仮定より余暇の限界効用が減少し、$\partial^2 U/\partial C^2 < 0$ の仮定より消費の限界効用が増加してくるため、消費の余暇に対する限界代替率は小さくなってくる。無差別曲線の傾きの絶対値は限界代替率であり、無差別曲線が原点に対して凸な形となるためには限界代替率は小さくならなければならない。これを**限界代替率逓減の法則**という。

また、無差別曲線は図 2.4 の平面上に、異なる効用水準に対応して無数に引くことができる。このとき、平面の右上に位置する無差別曲線はより高い効用水準に対応する。また異なる効用水準に対応する無差別曲線は交わることがない。仮に 2 つの無差別曲線 A と B が 1 点で交わるとすると、交点においては 2 つの無差別曲線が同じ効用水準に対応しているのに、交点以外では A また

は B のほうが右上に位置して，効用が高いという矛盾が生じてしまうためである。

2.2　家計の予算制約

家計は効用関数 $U(L, C)$ を最大化するように余暇と消費量を決定するが，以下の**予算制約**に直面する。

$$C \leq w(T - L) + V \tag{2.5}$$

ここで，w は時間当たり賃金，T は家計が自由に配分できる総時間，V は資産所得などの非労働所得である。この式は，家計の消費量が労働所得 $w(T - L)$ と非労働所得 V の合計を超えることができないということを表している。この予算制約式が等号で成立しているとすると，L と C の平面上では図 2.5 のような直線を描くことができる。直線の傾きは $L \leq T$ の範囲においては時間当たり賃金 w である。これは余暇を増やすためには w の分だけ消費を諦めなければいけないこと，すなわち余暇の**機会費用**が時間当たり賃金であることを示している。なお，予算制約式は不等号で与えられているが，$\partial U/\partial C > 0$ という仮定より，消費を増やすことは効用を上げるので，$C < w(T - L) + V$ という予算を余らせている状態では，家計は C を増やすことで効用を上げることができる。したがって，この式が等式で成立していることが，効用最大化の条件となる。

ここで，家計がすべての時間を労働に割り振ったときに得られる所得を，総所得 $M = wT + V$ と定義しよう。これを予算制約式 $C = w(T - L) + V$ に代入すると，$C + wL = M$ が得られる。この表現は，総所得を消費財の購入と余暇の「購入」に割り振るというイメージを明確に示している。また，家計が選択できる余暇時間は総時間以内でなければならないため，$L \leq T$ が満たされている必要もある。

図 2.5 予算制約線

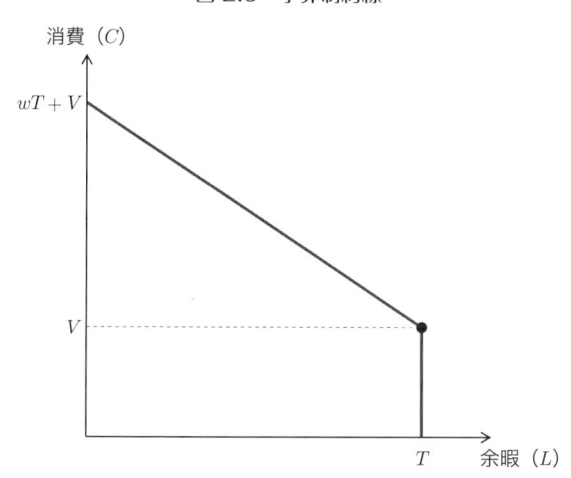

2.3 図を用いた最適な余暇・消費の組合せの分析

家計は図 2.5 で与えられている予算制約を満たす余暇と消費の組合せのうち，効用を最大化する余暇と消費を選ぶことになる。効用水準は平面上に無数に存在する無差別曲線で与えられるが，右上に位置する無差別曲線のほうが高い効用水準に対応するから，家計はなるべく右上に位置する無差別曲線上の点を選ぼうとする。家計がこのような行動をとる結果として選ばれる点は，図 2.6 の点 A のように，予算制約線と無差別曲線が 1 点で接する点である。この図における例のように，最適余暇時間が 0 よりも大きく，T よりも小さいとき，この最適解を**内点解**という。

内点解のケースでは，予算制約線の傾きである時間当たり賃金（w）と無差別曲線の傾きである消費の余暇に対する限界代替率（MRS）が等しくなる。消費の余暇に対する限界代替率とは余暇時間の主観的価値のことであり，賃金とは余暇時間の価格であるため，2 つにずれがあれば余暇時間と消費財の交換を通じて効用を高める余地があるためである。図 2.7 の点 A は無差別曲線の傾き（＝限界代替率）が予算制約線の傾きよりも急である。これは余暇の主観的価値が余暇の価格を上回っている状態であり，予算制約線に沿って余暇を増やして消費を減らしたほうが効用が上がるはずである。一方で，点 B は無差

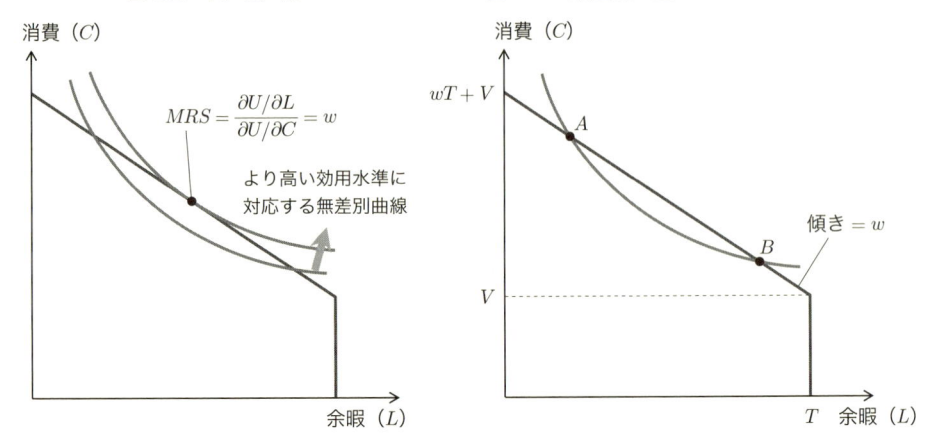

図 2.6　内　点　解　　　　　図 2.7　最適点が選ばれていないケース

別曲線の傾きが予算制約線の傾きよりも緩やかであり，余暇の主観的価値が余暇の価格を下回っているため，ここでは予算制約線に沿って余暇を減らして消費を増やしたほうが効用を上げられる。結局，これ以上効用を上げることができない予算制約上の点というのは，図 2.6 の点 A で示された予算制約線と無差別曲線が 1 点で接する点ということになる。

　ここまでは内点解のケースを説明してきたが，無差別曲線の傾きが急なケース，すなわち余暇の主観的価値が高いケースでは，図 2.8 のように $L^* = T$ という点が最適解として選ばれるケースもある。このケースでは，無差別曲線の傾きが予算制約線の傾きよりも急で，余暇の主観的価値が余暇の価格より上回っていることがわかる。そのため，家計はもっと余暇を増やしたいと思うのだが，$L \leq T$ という制約に阻まれてそのような選択ができないということを意味している。このように余暇時間が時間制約の端の点で選ばれることを**端点解**という。

　端点解 $L = T$, $C = V$ における無差別曲線の傾きの絶対値，つまり限界代替率のことを**留保賃金**という。これは，働いていないときの時間の主観的価値のことである。この留保賃金が賃金を上回っていると，家計は時間をすべて余暇に回して労働しない。たとえば，時間の価値が 1 時間当たり 1500 円あると思っている人が 1000 円の時給を提示されても働かないだろう。しかし，この人は賃金が 1500 円を上回ったら働き始める。その意味で，留保賃金は賃金が

図 2.8　端 点 解

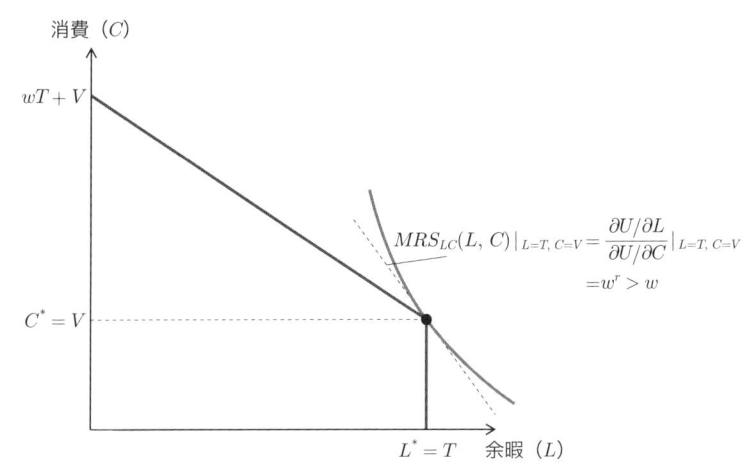

その値を上回ったら人が働き出すという意味を持つ賃金水準なのである。

　小さい子どもがいる可能性の高い，20 歳代後半あるいは 30 歳代前半の女性の就業率が低いのは，子育てに時間を費やしたいと思う女性にとっては「余暇」時間の主観的価値が高く，無差別曲線の傾きが急になるため，持っているすべての時間を「余暇」に回している人が多い結果であると考えられる。別の言い方をすれば，子育てをしている女性の留保賃金は高いのである。ただし，子育てをしている女性でも働くケースがある。それは賃金が高いか，あるいは非労働所得が低く，留保賃金が低いケースである。

　非労働所得が上がると基本的に留保賃金は上がる。これは留保賃金が限界代替率であり，限界代替率とは余暇の限界効用を消費の限界効用で割ったものであることから明らかである。非労働所得が上がると消費は増える。消費が増えると消費の限界効用は下がるから，限界代替率の分母が小さくなり，限界代替率が上がるためである。結果として留保賃金は上がることになる[3]。

　非労働所得が上がると基本的に留保賃金は上がること，ならびに非労働所得が高い家計の就業率が低いことから，年金を受給する高齢者が労働力参加をや

---

3)　より厳密には消費が余暇の限界効用に与える影響も考慮する必要があるが，この効果は消費が消費の限界効用に与える影響よりも小さいため，通常は増減の方向に影響を与えない。

めるという行動を説明することもできる。

2.4　数学を用いた最適な余暇・消費の組合せの分析

　労働供給を行うことで賃金を得て，それを用いて市場で財を購入する家計の効用最大化問題は数学を用いて表すと，以下の**制約付き最大化問題**になる。なお制約付き最大化問題は，数学的には以下のように書く。s.t. は "subject to" の略であり，これに続く制約式のもとで $\max U(L, C)$ の最大化問題を解くということを示す。

$$\max U(L, C) \tag{2.6}$$

$$\text{s.t. } C = w(T - L) + V \tag{2.7}$$

　2 つめの制約式を 1 つめの目的関数に代入すると，最大化問題は余暇時間の選択のみに関する以下の問題となる。

$$\max_L U(L, w(T - L) + V) \tag{2.8}$$

　この最大化問題の 1 階条件は，

$$\frac{\partial U(L, C)}{\partial L} - w \frac{\partial U(L, C)}{\partial C} = 0 \tag{2.9}$$

となる。第 2 項は合成微分の公式を使い，

$$\frac{\partial U}{\partial C} \cdot \frac{\partial C}{\partial L} = \frac{\partial U}{\partial C} \cdot -w$$

であることを用いている。この式を変形すると，

$$\frac{\partial U(L, C)/\partial L}{\partial U(L, C)/\partial C} = w \tag{2.10}$$

が得られる。左辺は，余暇の限界効用の消費の限界効用に対する比率，すなわち「消費の余暇に対する限界代替率」であり，これが時間当たり賃金と等しくなる点が効用最大化点が満たすべき条件ということになる。仮に「消費の余暇に対する限界代替率」が時間当たり賃金を上回っているとすると，余暇の消費に対する相対的な価値が相対価格である賃金よりも高いので，余暇を増やして

消費を減らすことが望ましい。この調整を行うと余暇の限界効用が低下し，消費の限界効用が増加するので，余暇の消費に対する相対的な価値（限界代替率）は落ちていく。(2.10) 式は，このようなこの調整を，余暇の相対的な価値が相対価格である時間当たり賃金に等しくなるまで続けるのが望ましいということを示している。

　なお，この効用最大化の条件式には余暇 L と消費 C の 2 つの未知数が含まれているが，条件式が 1 本しかないので，解くことができない。そこで $C = w(T - L) + V$ という予算制約式も用いて，最適余暇 L^* と最適消費 C^* を求めることになる。つまり，予算制約上で消費と余暇の組合せを変えると限界代替率が変化していくわけだが，限界代替率が時間当たり賃金と等しくなる点が最適な余暇と消費の組合せなのである。図を用いた分析において図 2.6 の点 A で示した最適点は，この点を示している。

　ここで $L = T$，つまり働かないという端点解について解説をしよう。予算制約上の点において，

$$\frac{\partial U(L,C)/\partial L}{\partial U(L,C)/\partial C} > w$$

となっているとしよう。このとき余暇の消費に対する相対的な価値が相対価格よりも高いので，余暇を増やして消費を減らしたほうがいい。この調整を続けていったときに $L = T$，つまりすべての時間を余暇に使うという状態に達してしまうこともある。ここに至ると，これ以上余暇時間を増やすことができなくなるため $L^* = T$，つまり働かないという選択が最適な選択になる。このとき労働所得はないので，最適消費量は非労働所得に等しくなる。つまり $C^* = V$ となる。

　以上の議論より，家計が最適な余暇時間をどのように決定するかが明らかになったわけだが，労働時間は $T - L$ によって与えられる。よって，家計が就業するかどうかは $L < T$ という内点解と，$L = T$ という端点解のどちらが選ばれるかに依存する。これは，就業していない状態での余暇の消費に対する限界代替率，すなわち $MRS_{LC}(L, C)|_{L=T, C=V}$ が，賃金 w を上回っているかどうかに依存する。前者が後者を上回る，すなわち余暇の消費で測った相対的な価値が余暇の機会費用である賃金を上回れば就業しないし，逆であれば就業

する。家計の意思決定にとっての閾値となる $w^r = MRS_{LC}(L,\ C)|_{L=T,\ C=V}$ を**留保賃金水準**と呼ぶ。

　ここで，家計の属性と効用関数の形状の関係を議論しよう。家計の属性が異なれば効用関数の形状も異なり，消費の余暇に対する限界代替率にも影響を与える。たとえば，健康状態の良い人は健康状態の悪い人に比べて余暇の相対価値（限界代替率）が低くなり，同じ賃金のもとで働く時間が長くなることが予想される。また余暇には，総時間から労働時間を差し引いたすべての時間が含まれているため，家事や育児に費やされる時間も含まれている。このため，結婚している女性や子どものいる女性にとっては消費の「余暇」に対する限界代替率が上昇し，同じ賃金のもとで結婚していない女性や子どもがいない女性よりも労働時間が短いことが予想されることは先にも述べた通りである。さらに，限界代替率が賃金よりも高いということも頻繁に起こりうるので，就業しないという端点解を選ぶ可能性も高い。そのため，子どもがいる女性の就業率が低いこともこのモデルの枠組みのなかで説明できるのである。

　本章の冒頭で見た図 2.1 と図 2.2 において示されている，性別・年齢別の就業率で男性の就業率のほうが高くなっている理由は，男性のほうが女性よりも高い賃金が得られるケースが多いため，賃金 w が高く，労働力参加する可能性が高くなるといった事情が考えられる。また，性別役割分業によって男性のほうが育児や介護などを含む家事負担などが少なくて，消費の「余暇」に対する限界代替率が低く，留保賃金が低いという傾向がある。また女性の就業率が加齢とともに一度落ちて再び上がることを **M 字型労働供給**というが，その谷は 1980 年には 20 歳代後半から 30 歳代前半であり，2015 年には 30 歳代前半と後半となっている。これはこれらの時期に子育てをする女性が多く，「余暇」の価値である留保賃金が上昇することを反映している。また，M 字型の谷は 1980 年には 50％ であったが，2015 年には M 字型がほとんど観察されない程度にまで浅くなっている。これは，保育所などの整備や企業の対応などによって，留保賃金が下がったことによると考えられる。

　また，男女ともに 50 歳代前半をピークに，徐々に就業率が低下する。定年などの制度による影響も大きい一方で，加齢とともに身体機能が衰え市場で提示される賃金 w が低下するとともに，働くことの身体的な苦痛が増え留保賃

金 w^r が上昇するためだとも考えられる。

このように，本節で紹介した労働供給モデルは，労働力参加の男女差や年齢差という異なった現象を統一的に説明できるのである。つまり労働供給モデルは，これ1つの行動モデルから現実のさまざまな事象を説明することができる一般性の高いモデルだと言える。

もう一度まとめると，家計の効用最大化の結果として選ばれている最適な消費量と余暇時間は，内点解の場合には，時間当たり賃金 w，ならびに非労働所得 V を所与として，限界条件 $MRS(L, C) = w$ と予算制約 $C + wL = wT + V$ を連立させて解くことによって与えられる。時間当たり賃金 w が留保賃金 w^r を下回る場合には，端点解が選ばれるがその場合は $C = V$，$L = T$ である。内点解の場合と端点解の場合を総合して，最適解を $L^*(w, M)$ ならびに $C^*(w, M)$ と記述する。

2.5 ★クーン゠タッカー条件を用いた分析

数学的技法である**ラグランジュ乗数法**と**クーン゠タッカー条件**を用いると，端点解のケースと内点解のケースを統一的な数学的枠組みで取り扱うことができる[4]。まず家計が解く効用最大化問題を，以下の制約付き最大化問題として定式化する。制約条件の1つめは予算制約，2つめは時間制約である。

$$\max U(L, C) \tag{2.11}$$

$$\text{s.t. } C \le w(T - L) + V \tag{2.12}$$

$$L \le T \tag{2.13}$$

以上の条件から，最大化問題の**ラグランジュ関数**は以下のように定義できる。

$$\mathcal{L} = U(L, C) + \lambda(w(T - L) + V - C) + \mu(T - L) \tag{2.14}$$

ここで，λ は予算制約のラグランジュ乗数，μ は時間制約のラグランジュ乗

---

4) クーン゠タッカー条件について，詳しくは Dixit (1990) が参考になる。

数である。予算制約のラグランジュ乗数 λ は，予算制約が緩むと効用が限界的にどれだけ上がるかを示しており，時間制約のラグランジュ乗数 μ は時間制約が緩むと効用が限界的にどれだけ上がるかを示している。仮定より消費の限界効用は正なので，所得が増えて予算制約が緩めば消費を増やすことができ，常に効用は上がる。そのため，予算制約のラグランジュ乗数は常に正であること，すなわち $\lambda > 0$ が成立する。

この効用最大化問題のクーン = タッカー条件は，消費の限界効用が正（$\lambda > 0$）で予算制約が常に等号で成立することを前提にすると，

$$\mathcal{L}_L = \frac{\partial U}{\partial L} - \lambda w - \mu = 0 \tag{2.15}$$

$$\mathcal{L}_C = \frac{\partial U}{\partial C} - \lambda = 0 \tag{2.16}$$

$$\mathcal{L}_\lambda = w(T - L) + V - C = 0 \tag{2.17}$$

$$\mathcal{L}_\mu = T - L \geq 0, \quad \mu \geq 0, \quad \mu(T - L) = 0 \tag{2.18}$$

である。

相補スラック条件より，$\mu(T - L) = 0$ なので余暇時間が時間制約の枠内であるとき，すなわち内点解 $L < T$ のとき $\mu = 0$ となる。これは余暇時間が時間制約の枠内の選択をしている家計にとっては，時間制約が緩んでも効用は上がらないということを意味している。時間制約を考慮する必要がないので，その制約が緩んでも家計の行動は変わらず，効用に変化がないというのは直観的にも理解できる。よって，家計が少しでも働く選択をする内点解のとき，(2.15) 式に $\mu = 0$ を代入し，(2.16) 式を使うと，$\frac{\partial U/\partial L}{\partial U/\partial C} = w$ が効用最大化条件として得られる。左辺の $\frac{\partial U/\partial L}{\partial U/\partial C}$ は消費の余暇に対する限界代替率（MRS_{LC}）であり，消費財で測った余暇の相対的な価値を示す。余暇の消費財で測った価値が余暇の消費財に対する相対価格である賃金 w と等しくなるべきであるという条件は，先にも述べたように経済学的にも理解しやすい。もしも余暇の消費に対する相対的な価値が相対価格である賃金を上回っているならば，余暇を増やして消費を減らしたほうがよいし，余暇の消費に対する相対的な価値が相対価格である賃金を下回っているならば，余暇を減らして消費を増やしたほうがよいからだ。この内点解において効用最大化が達成されている状

態は，先に掲げた図 2.6 の点 A において示されている。

　その一方で，家計が働かないという意思決定を行う端点解のとき（$L = T$）には，効用最大化条件は $\frac{\partial U/\partial L}{\partial U/\partial C} = w + \mu/\lambda$，ただし $\mu > 0, \lambda > 0$ となり，消費の余暇に対する限界代替率が賃金を上回ることがわかる（このときは時間制約も考慮する必要がある）。すなわち，余暇の消費に対する相対的な価値が余暇の機会費用である賃金 w を上回っており，多くの余暇を楽しみたいと思っているにもかかわらず，家計に与えられた総時間 T という制約にとどめられてそのような選択が許されていないという事情を見て取ることができる。この端点解の状態は，先に掲げた図 2.8 において示されている。

　このように，内点解と端点解のケースを単一の数学的な枠組みのなかで取り扱うことができるのが，ラグランジュ乗数法とクーン＝タッカー条件を用いることのメリットである。

3　静学的労働供給モデルの比較静学

　前節で，静学的な労働供給モデルをつくることができた。本節ではこのモデルを用いて，「最適な余暇時間 L^* が賃金 w や非労働所得 V の変化に対してどのように反応するか」を考えていこう。このように，意思決定主体に与えられる要因の変化に対して主体の行動がどのように変化するかを調べることを**比較静学**という。

　ここから先の議論では，家計の持つ総時間と非労働所得の和を家計の持つ資源として考えることにする。時間を貨幣換算すると wT となり，非労働所得 V は最初から貨幣単位で測られているため，家計が持つ資源は $M = wT + V$ と定義される。この定義式より，$\partial M/\partial w = T$ という関係式が得られる。一方で，最適な余暇時間と消費量の選択は $L^*(w, M)$ と $C^*(w, M)$ で与えられることになる。最適解の賃金に関する偏微分をとると，

$$\frac{\partial L^*(w, M)}{\partial w} = \frac{\partial L^*}{\partial w}\Big|_{M=\bar{M}} + \frac{\partial L^*}{\partial M}T \tag{2.19}$$

を得る。ここで $\bar{M}$ は賃金が変化する前の総所得であるが，所得を一定とした

うえで賃金変化に対して余暇需要量がどのように変化するかを示す $\frac{\partial L^*(w,M)}{\partial w}|_{M=\bar{M}}$ は**マーシャルの余暇需要の賃金変化に対する反応**と呼ばれる。

マーシャルの余暇需要の賃金変化に対する反応は**スルツキー方程式**（48 ページからの補論を参照）より，

$$\frac{\partial L^*(w,M)}{\partial w}|_{M=\bar{M}} = \frac{\partial L^*}{\partial w}|_{U=\bar{U}} - \frac{\partial L^*}{\partial M}L^* \tag{2.20}$$

と表現できる。右辺第 1 項は，効用水準を一定としたときに，余暇の機会費用が上がったことが余暇需要量に与える影響を示しており，**ヒックスの余暇需要の賃金変化に対する反応**と呼ばれる。効用水準を一定としたときに余暇の機会費用が上がれば，余暇需要量は減少するので，この値は負の値となる。第 2 項は，余暇の機会費用が上がり，現在の余暇時間に対する支出が L^* だけ増加し，実質的な所得が減少し余暇に対して需要が減少してしまう効果（$\partial L^*/\partial M$）を示している。

ここで，(2.19) 式に (2.20) 式を代入することによって，

$$\frac{\partial L^*(w,M)}{\partial w} = \frac{\partial L^*}{\partial w}|_{U=\bar{U}} + \frac{\partial L^*}{\partial M}(T - L^*) \tag{2.21}$$

が得られる。すなわち，賃金 w の変化が余暇時間に与える影響は 2 つに分解できるのである。

1 つめは**代替効果**であり，賃金による余暇の機会費用の上昇が余暇需要量を抑制する効果である。2 つめは**所得効果**であり，これは賃金上昇により労働所得が労働時間（$T - L^*$）に比例して増えて，上級財（$\frac{\partial L^*(w,M)}{\partial M} > 0$）である余暇の需要量が増加する効果である。

賃金の上昇が余暇時間に与える影響は，代替効果が負，所得効果が正となるため，どちらの効果が大きいかによって正とも負ともなりうる。すなわち，賃金の上昇は余暇の機会費用を上昇させ余暇需要量を抑制する一方で，家計をより豊かにすることによって余暇需要量を増やすことにも貢献するため，余暇時間を増やすか減らすかは不明である。よって，賃金の上昇が労働時間にどのような影響を与えるかは，実証上の問題となる（次節ではいくつかの実証分析を紹介する）。

その一方で，賃金上昇が，労働力参加をしていない家計の労働力参加に与え

図 2.9 賃金が上がったときの比較静学

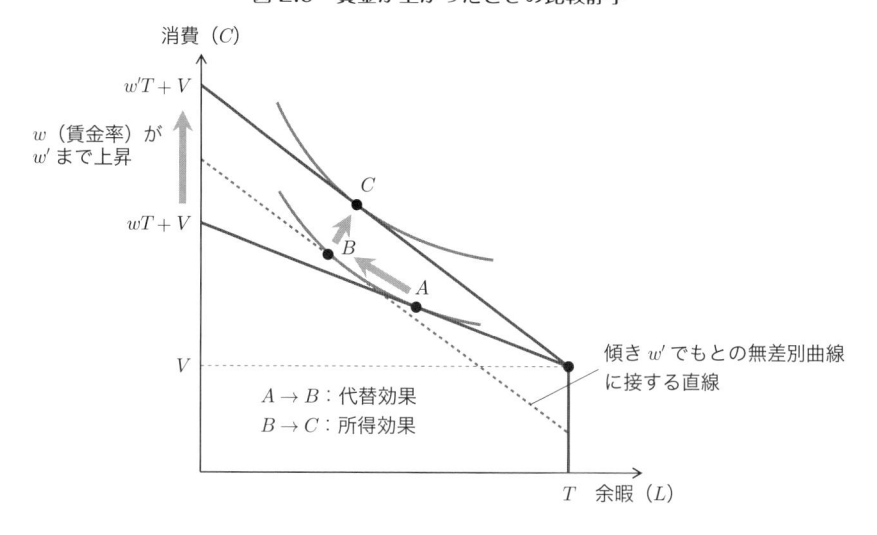

る影響は明確である。働いていない家計には，賃金の上昇により総時間の実質的な価値が上がる所得効果が作用しないので，無視できるためである。より直接的には，(2.21) 式の第 2 項は労働力参加していない場合，$L^* = T$ であるため無視できる。よって，賃金の上昇が余暇需要量に与える影響は代替効果だけを考えればよいことになるため，負となる。すなわち賃金の上昇は，労働力参加をしていない家計の余暇需要量を減少させることを通じて，労働力参加をする確率を上昇させるのである。

　ここで，比較静学の結果を図を用いて確認しておこう。図 2.9 において，賃金が w から w' に上昇すると，予算制約線は時計回りに回転する。賃金 w のときの最適点は A，新しい最適点は C である。次に，もとの最適点 A を通る無差別曲線に接するように傾き w' の線を書こう。この平行線と新しい無差別曲線の接する点を B とする。すると，点 A から点 B への動きは，(効用水準で測った) 所得が一定のときの賃金上昇の効果を示している。これが代替効果である。一方で，点 B から点 C への動きは，賃金は一定で，(効用水準で測った) 所得が上昇した効果を表している。これが所得効果である。

　次に，非労働所得 V の増加が余暇需要に与える影響を考えよう。最適解の非労働所得 V に関する偏微分をとり，$M = wT + V$ より $\partial M / \partial V = 1$ という

関係式を用いることによって,

$$\frac{\partial L^*(w, M)}{\partial V} = \frac{\partial L^*}{\partial M} \cdot \frac{\partial M}{\partial V} = \frac{\partial L^*}{\partial M} \tag{2.22}$$

を得る。これは余暇が上級財であれば正の値をとる。すなわち非労働所得 V が増えれば余暇需要量は増加し,結果として労働時間は減少する。

また,非労働所得 V が留保賃金

$$w^r = MRS_{LC}(L, C)|_{L=T, C=V} = \frac{\partial U/\partial L}{\partial U/\partial C}|_{L=T, C=V}$$

に与える影響は明確である。非労働所得 V が増えれば,消費 C が増えて限界効用逓減の仮定より消費の限界効用 $\partial U/\partial C$ は下がる。また,消費 C の増加によって余暇の限界効用 $\partial U/\partial L$ は通常上昇する。したがって,分子が増えて分母が減ることによって,留保賃金は上昇する。結果として,賃金が留保賃金を上回る確率が下がるので就業確率は下がることになる。

たとえば,10億円の資産を持っていて年率2%くらいで安定的に資産の運用ができれば,資産の運用益だけで2000万円が毎年得られる。このような人は働かなくても食べていけるわけで,就業する確率は低くなるであろう。

4　静学的労働供給モデルの実証分析

ここまで本章では,労働供給の経済理論を説明してきた。ただし,これらの理論はまったくの絵空事かもしれない。経済学を学ぶときに大切なのは,学んだ理論を鵜呑みにせず,その理論を疑うことである。しかしそのときに,たとえば「効用関数という概念が非現実的だから,その後の推論そのものも全部価値がない」といった批判には意味がないことに注意してほしい。経済学的には,仮定が多少現実離れしているように見えても,理論から導かれる予測が現実のデータをうまく説明できるのならば別に問題はないと考えるからだ。大切なのは,理論が出す予測を現実のデータを使って検証することなのである。そして理論が現実をうまく説明できない,つまりデータによる反証が繰り返されるのならば,その理論は再考すべきである。

　また，理論をどのように検証できるかを考えることは，抽象的な理論が持つ含意を実感することにもつながるため，学習上も重要である。それでは，本節では労働供給の理論を検証した実証分析を紹介していこう。

4.1　労働力参加の実証分析

　先の理論分析によって，賃金が留保賃金を上回ると人々は労働力参加することが予測された。そして，非労働所得が増えると留保賃金が上がることも予測された。すなわち，他の条件を一定とすれば賃金が高い人や非労働所得が低い人のほうが就業確率が高いことが予測される。これらの予測が正しいかどうかをデータを使って検証することを考えよう。個人の就業の有無，賃金，非労働所得が記録されたデータが手に入ったとしよう。

　議論は大雑把ではあるが，各個人 i の y_i, w_i, V_i の間には次の関係があると仮定しよう。

$$y_i = \beta_0 + \beta_1 w_i + \beta_2 V_i + u_i \tag{2.23}$$

ここで，y_i は就業の有無（就業状態について，就業しているときに 1，就業していないときに 0 をとる 2 値変数），w_i は時間当たり賃金，V_i は非労働所得（月当たりの不労所得）が記録されているとしよう。

　前節までの複雑な式に比べて，この式は異様なほど単純である。このような線形の関数がどのようにして出てくるのか不思議に思われるかもしれないが，これを現実の近似と考えるのである。ここで，u_i は誤差項を表している。**誤差項**とは，w_i や V_i 以外の y_i の決定要因である。(2.23) の関係式に u_i が追加されているのは，w_i や V_i がわかったとしても，ある個人が働くか（$y_i = 1$），働かないか（$y_i = 0$）は完全に予測することはできないからである。完全に予測できない大きな要因は，データには含まれておらず，研究者には**観察できない**（unobservable）**要因**があるためである。誤差項の記号 u は "unobserved factors"（観察できない要因）からきている。

　私たちはデータとして数多くの個人の y_i, w_i, V_i を手にしているが，$\beta_0, \beta_1,$ β_2 については知らない。これらの値のことを計量経済学では（未知）**パラメ**

ータという。これらのパラメータについて，労働供給の理論は賃金が高ければ労働力参加をする確率が高くなると予測していたので，$\beta_1 > 0$ であることが期待される。ただし，現在労働力参加をしていない家計には賃金上昇の所得効果が働かないことに注意してほしい。また，非労働所得が高ければ労働力参加をする確率は低くなると予測してたので，$\beta_2 < 0$ であることが期待される。これらの符号条件が満たされているかどうかを調べるのが理論の検証ということになる。

　そのためにはパラメータを推定する必要があるが，**最小 2 乗法**（ordinary least square: OLS）と呼ばれる推定手法を使うのがはじめの一歩である。詳しくは計量経済学の教科書にゆずることにして，ここでは推定手法の概要について説明しよう[5]。パラメータ $\beta_0, \beta_1, \beta_2$ の推定値をそれぞれ $\hat{\beta}_0, \hat{\beta}_1, \hat{\beta}_2$ と定義して，誤差項の代わりに**残差** $\hat{u}$ を定義して (2.23) 式を書き直すと次の関係式が得られる。

$$y_i = \hat{\beta}_0 + \hat{\beta}_1 w_i + \hat{\beta}_2 V_i + \hat{u}_i \tag{2.24}$$

　このとき，

$$\sum_{i=1}^{N} \hat{u}_i^2 = \sum_{i=1}^{N} (y_i - \hat{\beta}_0 - \hat{\beta}_1 w_i - \hat{\beta}_2 V_i)^2$$

を最小化するように $\hat{\beta}_0, \hat{\beta}_1, \hat{\beta}_2$ を選ぶのが，最小 2 乗法である。このように推定された $\hat{\beta}_0, \hat{\beta}_1, \hat{\beta}_2$ は，**最小 2 乗推定量**と呼ばれる。パラメータ $\beta_0, \beta_1, \beta_2$ は定数であるが，推定量 $\hat{\beta}_0, \hat{\beta}_1, \hat{\beta}_2$ は推定に用いるサンプル（標本）$\{y_i, w_i, V_i\}_{i=1}^{N}$ が違う場合には異なる値をとる。

　具体例を使って考えてみよう。労働供給モデルを推定するために，ランダム・サンプリング（無作為抽出）の結果選ばれた 1 万人の日本人が入ったサンプルを使って推定を行うとしよう。このとき，どの 1 万人が選ばれるかはランダムである。よって，どの 1 万人が選ばれたサンプルを使って推定するかによって推定値は異なった値をとる。そのため推定量 $\hat{\beta}_0, \hat{\beta}_1, \hat{\beta}_2$ は**確率変数**と

---

5)　計量経済学の入門書としては田中 (2015) を，より本格的な教科書としては西山ほか (2019) をお薦めする。

なる。確率変数なので $\hat{\beta}_0, \hat{\beta}_1, \hat{\beta}_2$ が正しい値 $\beta_0, \beta_1, \beta_2$ と一致するという偶然は起こらないことになる。

しかし，最小2乗推定量 $\hat{\beta}_0, \hat{\beta}_1, \hat{\beta}_2$ は確率変数であるので，正しい値をとらないにしても少なくともその期待値は真の値となってほしい。つまり，

$$E(\hat{\beta}_j) = \beta_j, \quad j = 1, 2, 3$$

は成立してほしい。このように推定量の期待値が真の値と等しくなるとき，推定量は「不偏」であるという。最小2乗推定量が**不偏推定量**となるための条件の1つは，

$$E(u_i|w_i, V_i) = 0$$

が成立していることである。これは時間当たり賃金 w_i や非労働所得 V_i が与えられたときに，平均的に誤差項 u_i が0になるということである。

$E(u_i|w_i, V_i) = 0$ が成立することを「**外生性**が満たされている」というが，外生性が満たされているかどうかは検証することができない。この仮定が満たされているかどうかは，経済学の視点から検討するしかないのである。仮定の経済学的な意味をとらえるためには，u_i に賃金と非労働所得以外で就業するかどうかに影響する変数すべてが含まれているということを認識する必要がある。たとえば，ある個人は働く意欲が高い人だとすると，同程度の賃金や非労働所得の人に比べて労働力参加をする確率は高くなる。これはすなわち，u_i が大きいということだ。

誤差項 u_i が働く意欲が高いか否かを含むものと考えて，もう一度 $E(u_i|w_i, V_i) = 0$ が成立しているかを考えてみよう。とくに条件の変数になっている非労働所得 V_i を考えてみよう。非労働所得が高い人というのは，典型的には持っている資産が多くて資産の運用益も大きい人だと考えられる。そして今，資産をたくさん持っている人というのは，過去にたくさん働いて高い所得を得て貯蓄をした人であるという傾向はないだろうか。仮にそうだとすると，非労働所得が高い人は働く意欲も高い人である傾向があるということになる。こうなると，V_i が高いと平均的に u_i も高いことになるので，$E(u_i|w_i, V_i) = 0$ は成立しない。このように，誤差項と説明変数の間に相関関

図2.10　最小2乗推定量のバイアス

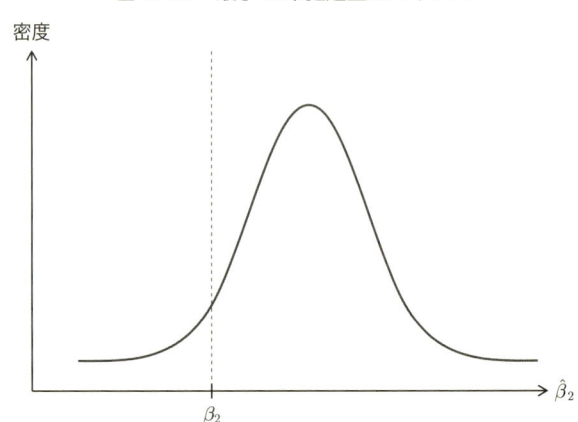

係があることを「**内生性がある**」という。この場合，非労働所得が内生変数であるということになる。

　それでは，説明変数である非労働所得 V_i と誤差項 u_i に正の相関があるときに，

$$y_i = \beta_0 + \beta_1 w_i + \beta_2 V_i + u_i \tag{2.25}$$

を推定すると，どのような問題が生じるのだろうか。本来は非労働所得が高いと就業する確率は下がる傾向があるため $\beta_2 < 0$ を予測しているにもかかわらず，非労働所得が高い人には同時に働く意欲の高い人だという傾向（u_i が大きい）もあって，結果として就業確率を押し上げてしまうように見えてしまう。そうすると，推定される $\hat{\beta}_2$ は平均的に見て真の値よりも大きな値となり，$E(\hat{\beta}_2) > \beta_2$ となってしまうことが予測される。このように，推定量の期待値と真の値がずれてしまうことを「**バイアスが発生している**」という。ここの例のように説明変数と誤差項に正の相関関係があると，その変数の係数の推定量には上方にバイアスが掛かる。このように推定量にバイアスが掛かっている様子を図示したのが図2.10である。推定された $\hat{\beta}_2$ が平均的には真の値 β_2 よりも大きな値をとることが，この図を見ればイメージできるだろう。

　このような内生性の問題に対応しながら，非労働所得が就業決定に与える影響を推定するためには，どのようすればよいのだろうか。1つの方法は，労働

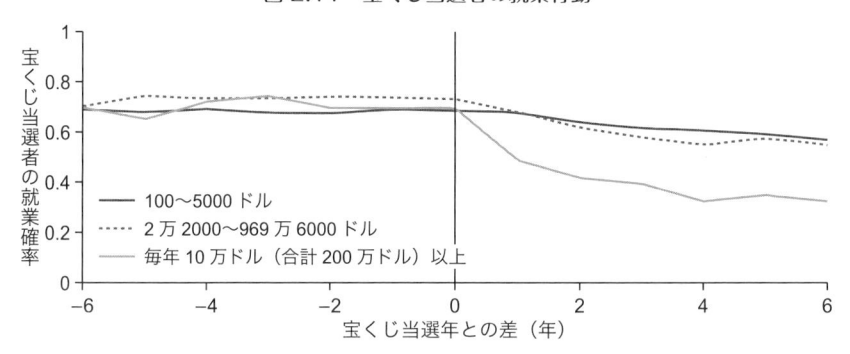

図 2.11　宝くじ当選者の就業行動

（出所）　Imbens et al. (2001), Figure 2 より作成。

者の余暇への選好等を含んだ u とはまったく無関係に非労働所得 V が変動したときに就業率がどのように変動するかを調べることである。

　まったく偶然に非労働所得が降ってくる状況として思い浮かぶのが，宝くじに当たるという状況である。このアイデアを実際に実行したのが Imbens et al. (2001) である。彼らは 1984 年から 1988 年にかけてアメリカ・マサチューセッツ州で宝くじを買って賞金を当てた人を対象にアンケート調査を行った。1995 年から 1996 年にかけて約 1500 人にアンケート調査票を送り 700 人から回収した。そして，アンケート結果を行政記録である社会保険料の払い込みデータと接続した。社会保険料は所得に応じて変わるため，払い込みデータには就業状態などが記録されている。このように作成された 496 名を対象に分析は行われた。

　彼らは当たった賞金の金額をもとに 3 つのグループを定義して，賞金が当たる前後の就業確率を比較した。3 つのグループとは，

- 100〜5000 ドルが当たった人（259 名）
- 2 万 2000〜969 万 6000 ドルが当たった人（237 名）
- 毎年 10 万ドルを 20 年間，合計 200 万ドル以上が当たった人（43 名）

の 3 つのグループである。なお 3 つめのグループは 2 つめのグループの一部である。

　その結果は図 2.11 に示した通りだが，100〜5000 ドルが当たったグループ

は濃い実線，2 万 2000〜969 万 6000 ドルが当たった人は破線，毎年 10 万ド
ル（合計 200 万ドル）以上が当たった人は薄い実線で就業確率が描かれている。
最後の毎年 10 万ドル（合計 200 万ドル）以上が当たった人のグループとは，日
本円にして毎年約 1000 万円以上を 20 年にわたって分割でもらう人たちのグ
ループであり，このくらい大きな賞金が当たると就業確率が下がるだろうと予
想されるグループである。

　3 つのグループの就業確率は，宝くじに当たるまでは 3 グループともおおよ
そ 70％ くらいで推移しており，同質のグループであったことが確認できる。
Imbens et al. (2001) の研究がすばらしいのは，これを示すことにより 3 つの
グループが比較可能なグループであることを明確に示している点である。しか
し，宝くじが当たった瞬間から毎年約 1000 万円を受け取るグループの就業確
率が下がり始め，6 年後には 35％ 前後まで落ちている。他のグループの就業
確率も若干低下しているが，60％ を少し切るくらいの高水準を維持しており，
毎年約 1000 万円を受け取るグループとは好対照を成している。

　これはまさに，非労働所得の増加が留保賃金を引き上げ，就業確率を下げる
という所得効果が働いていることの証拠である。(2.25) 式の β_2 が負であるこ
との明確な証拠を示しているといえよう。

　次に，賃金が就業決定に与える影響を考えてみよう。もう一度，就業・非就
業の決定式を振り返ると，

$$y_i = \beta_0 + \beta_1 w_i + \beta_2 V_i + u_i \tag{2.26}$$

であった。

　ここで，時間当たり賃金が上昇すると留保賃金を上回る可能性が上がり，就
業確率は上がるはずなので，$\beta_1 > 0$ が予測される。しかし，これもデータを
用いて推定することが難しい関係である。なぜならば，賃金が高い人は働く意
欲も高いと考えると，w_i と u_i は正の相関関係を持ってしまうためである。こ
の場合，最小 2 乗推定量 $\hat{\beta}_2$ は上方向にバイアスを持ち，$E(\hat{\beta}_2) > \beta_2$ となっ
てしまう。

　この問題にうまく対処したのが Bianchi et al. (2001) である。彼らはアイ
スランドの 1987 年から 1988 年にかけての税制改革を利用することで分析し

図2.12　アイスランドの就業率：1960〜1996 年

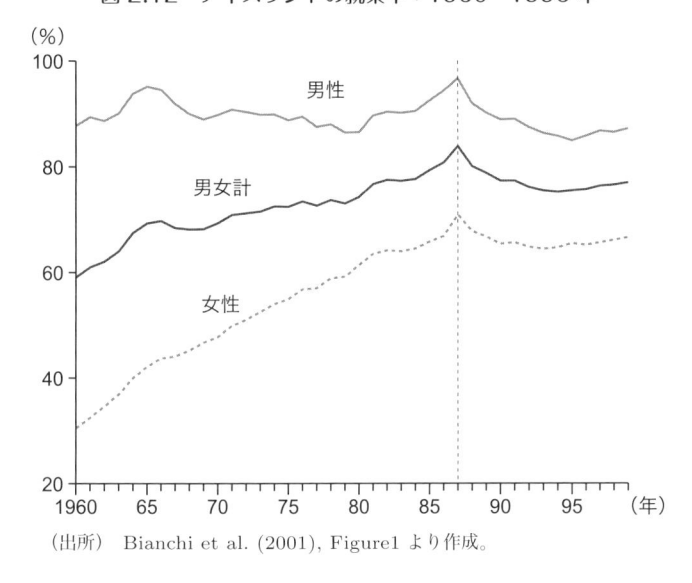

（出所）　Bianchi et al. (2001), Figure1 より作成。

た。この税制改革によって，アイスランドの所得税は28.3% から56.3% の累進課税制度から35.2% の単一税率制度に移行した。結果として，平均税率は14.5% から8.0% に減少した。この制度改革自体も労働供給に影響を与えうる興味深い変化だが，さらに興味深いのは税制改革によって課税の対象となる所得が前年所得から当年所得に代わったことである。結果として，1987 年の課税は1986 年所得に対してなされ，1988 年の課税は1988 年所得に対してなされることになった。つまり，1987 年の所得は課税されることがなかったのである。労働者が就業・非就業の決定にあたって考慮する時間当たり賃金は，課税がなされた後の手取り時間当たり賃金であるため，1987 年に労働所得に対して課税されなかったことは労働者の就業意欲を刺激したはずである。

　1987 年の所得が課税されないことはマスコミでも広く報道され，国民に広く知られることになったという。この課税がなされないことが人々の就業意識を刺激し，図2.12 に示すように1987 年は前後の年よりも就業率が上がるという現象が観察された。このことは，(2.26) 式の β_1 が正であることに対して，明確な証拠を示している。

　ここまで紹介してきた宝くじや税制改正の例は，特殊な状況ではあるもの

の, 説明変数が誤差項とは無関係に変動する状況を用いて, 統計モデルのパラメータを推定しようという試みである。このようなアプローチは**自然実験**（natural experiment）と呼ばれている。実験が難しい経済学において, あたかも実験が行われたかのような状況を使って, 因果関係を推定しようとするアプローチであり, 本書でもたびたび登場することになる。

4.2 ★女性の労働力参加の実証分析

　ここで個人の就業状況が学歴, 婚姻関係, 子どもの数などとともに記録されているミクロデータ, たとえば総務省の「就業構造基本調査」などの個票データが入手可能な状況で, 上記の理論モデルの検証をどのように行うことができるかを見てみよう。なお**ミクロデータ**とは, 個人や世帯, 企業といった個別の主体の行動を記録したデータのことをいう。

　ここではとくに女性に焦点を当てて, ある女性が働くか働かないかの意思決定を実証分析することを考えよう。ある女性が働くことを決めるのは, 市場労働より得られる賃金が留保賃金を超えるときである。留保賃金は,

$$w^r = MRS_{(L,\,C)}|_{L=T,\,C=V} = -\frac{\partial U/\partial L}{\partial U/\partial C}\,(L=T,\,C=V)$$

で与えられているが, 結婚していたり小さな子どもがいるような状況では高くなることが予想される。また非労働所得が上昇すると消費量が増え, $\partial^2 U/\partial C^2 < 0$ のため, 余暇の消費に対する限界代替率は上昇し, 結果として留保賃金は上昇する。ある女性が属する家計 i の属性と非労働所得を含む k 個の V_i を含む変数群を $x_{11i}, x_{12i}, \cdots, x_{1ki}$ と置き, 留保賃金がその線形関数と観察できない要因 u_{1i} によって決定されているとして, 次のような定式化が可能であると考えよう。

$$\ln w_i^r = \sum_{j=1}^{k} x_{1ji}\gamma_{1ji} + u_{1i} \tag{2.27}$$

　このように定義される留保賃金を賃金が上回るときに, 女性は働くことになる。この働くか働かないかの意思決定を分析したいのだが, このときに働いて

いない女性については賃金 w が観察されないということが問題となる。賃金が観察されないということは，彼女たちが働いたときに得られる賃金がゼロであることを必ずしも意味しない。そこで，すべての個人について観察される教育年数などの賃金に影響を与える変数群を $x_{21i}, x_{22i}, \cdots, x_{2hi}$ として，賃金がこれらの変数の線形関数と観察できない要因によって，次のように書けると想定しよう。

$$\ln w_i = \sum_{j=1}^{h} x_{2ji}\gamma_{2ji} + u_{2i} \tag{2.28}$$

ここで，留保賃金や賃金に関して左辺に自然対数をとっているのは，賃金を教育年数などの個人属性として，(2.27) 式のように賃金の自然対数をとるとデータの当てはまりが良いことが知られているためである。

　女性が働くようになるのは，賃金が留保賃金を上回るとき（$\ln w^r < \ln w$）であるが，以上のように賃金と留保賃金を表現するとその条件は，

$$u_{1i} - u_{2i} < -\sum_{j=1}^{k} x_{1ji}\gamma_{1ji} + \sum_{j=1}^{h} x_{2ji}\gamma_{2ji}$$

が成立するときである。この条件は 2 つの誤差項をまとめて $u_i = u_{1i} - u_{2i}$ を定義し，さらに $x_{11i}, x_{12i}, \cdots, x_{1ki}$ と $x_{21i}, x_{22i}, \cdots, x_{2ki}$ にそれぞれ含まれる変数のうち重なる部分を取りまとめて新たな変数群 $x_1, x_2, \cdots, x_l$ を定義し，その変数群に対応する係数群を $\gamma_1, \gamma_2, \cdots, \gamma_l$ と定義すれば，

$$u_i < \sum_{j=1}^{l} x_{ji}\gamma_j$$

のときに女性は働くと表すことができる。女性が働いているときに 1，働いていないときには 0 をとるダミー変数 y_i は「就業構造基本調査」などのミクロデータを用いれば容易に定義できるし，$x_{1i}, x_{2i}, \cdots, x_{ki}$ も定義できる。このデータを用いて，女性の賃金と留保賃金がどのように決定されているかを係数 $\gamma_1, \cdots, \gamma_l$ を推定して知ることが，労働力参加の実証分析の目的となる。このため，変数ベクトル x が与えられたときに就業確率がどうなるか，すなわ

ち $\Pr(y_i = 1|x_{1i} \cdots x_{li})$ を推定することが目的となる。この確率関数を明示的に示すためには u_i の分布についての仮定を置く必要があるが，ここでは u_i の x_i の条件付き期待値が標準正規分布に従うと仮定しよう。すなわち，

$$u_i | x_i \sim N(0, 1)$$

である。この仮定のもとでは，

$$\Pr(y_i = 1|x_i) = \Pr\left(u_i < \sum_{j=1}^{l} x_{ji} y_j\right) = \Phi\left(\sum_{j=1}^{l} x_{ji} \gamma_j\right)$$

と書くことができる。ここでは Φ は標準正規分布の累積分布関数である。このモデルを**プロビット・モデル**という。**最尤推定法**という手法を用いてこのモデルにおける $\gamma_1, \gamma_2, \cdots, \gamma_l$ を推定することによって，賃金決定式のパラメータと留保賃金水準決定式のパラメータの合成された誘導系のパラメータを推定することができる。

　上記のプロビット推定がより望ましい方法ではあるが，以下では，より簡便であり多くの場合プロビット推定とあまり変わらない結果が得られることが知られている通常の最小 2 乗推定の結果を考えよう[6]。つまり働いているときに 1 をとり，働いていないときに 0 をとる従属変数 y_i を独立変数群 $x_{1i}, x_{2i}, \cdots, x_{li}$ に回帰するのである。このモデルは**線形確率モデル**と呼ばれている。このような実証分析を 1975 年のアメリカの 30〜60 歳の既婚女性 753 人の Mroz (1987) のデータに対して行った結果を紹介しよう。

　ここで，被説明変数は労働力参加をしているか否かの 2 値変数である。説明変数に含まれているのは，本人の教育年数 (たとえば，高卒なら 12 年)，年齢，6 歳未満の子どもの数，6 歳以上 18 歳以下の子どもの数，夫の教育年数である。ここで，本人の教育年数は本人の賃金に対してプラスの影響を与えると考えられる。その一方で，年齢の増加は家事負担の増加などによって留保賃金を引き上げることが考えられる。6 歳未満の子どもの数，6 歳以上 18 歳以下の子どもの数も，留保賃金を引き上げることが考えられる。また，夫の教育

---

6)　プロビット・モデルや最尤推定法についての詳細は，西山ほか（2019）などを参照してほしい。

表 2.1 記述統計量

変数名	サンプルサイズ	平均値	標準偏差	最小値	最大値
労働力参加	753	0.568	0.496	0	1
教育年数	753	12.287	2.280	5	17
年齢	753	42.538	8.073	30	60
6 歳未満の子どもの数	753	0.238	0.524	0	3
6 歳以上 18 歳以下の子どもの数	753	1.353	1.320	0	8
夫の教育年数	753	12.491	3.021	3	17

（出所） Mroz (1987) より作成。

年数の増加は夫の所得の増加をもたらすことが考えられ，これも留保賃金を引き上げることが考えられる。

分析に使用するデータの記述統計量は表 2.1 の通りである。表からサンプルの既婚女性のうちおよそ 57% が労働力参加していることがわかる。平均年齢は約 43 歳，平均教育年数は 12.3 年でほぼ高卒の教育年数である。6 歳未満の子どもの数は平均で 0.2 人，6 歳以上 18 歳以下の子どもの数は平均で 1.4 人である。夫の教育年数の平均は 12.5 年であり妻の教育年数より若干長い。

最小 2 乗推定を行った結果が表 2.2 に示されている。これによると，教育年数が 1 年伸びると，労働力参加確率は約 5% ポイント上昇する。たとえば，高卒と大卒だと教育年数は 4 年違うから労働力率は約 20% ポイント異なることになる。年齢が 1 歳上昇すると労働力参加確率は約 1.4% ポイント減少する。また，6 歳未満の子どもが 1 人増えると労働力参加確率は約 30% ポイント減少する。その一方で，6 歳から 18 歳までの子どもの数は，労働力参加確率にほとんど影響を与えない。最後に夫の教育年数の影響であるが，夫の教育年数が 1 年伸びると労働力参加確率は約 1.7% ポイント減少する。これは夫の教育年数が高くなると所得が高くなり，非労働所得が高くなるため，所得効果が働き就業確率が下がることを示している。これらの係数の値は，すべて理論的に予想されていたことと合致していることがわかる。

なお，最小 2 乗推定の結果のなかに報告されている標準誤差[7]は，係数が正

---

7) 回帰モデルを推定するときに，誤差項の分散が説明変数に依存することを「不均一分散がある」という。この場合は，「不均一分散に頑健な標準誤差」を用いる。詳細は，西山ほか（2019）を参照してほしい。

表 2.2　推定結果

被説明変数：女性の労働力参加

教育年数	0.056
	(0.009)
年齢	−0.014
	(0.002)
6 歳未満の子どもの数	−0.303
	(0.033)
6 歳以上 18 歳以下の子どもの数	−0.017
	(0.014)
夫の教育年数	−0.017
	(0.007)
定数項	0.776
	(0.158)

(注)　$N = 753$，カッコ内は不均一分散に頑健な標準誤差である。
(出所)　Mroz (1987) のデータより筆者作成。

確に推定されているほど小さな値となる。同じ母集団モデルを推定しても，母集団から無作為抽出されるサンプルが異なると，同じサンプルサイズであったとしても推定される係数の値は標本ごとに異なる。そのため推定される係数は標本誤差を持つことになるが，その標本誤差を**標準誤差** (standard error) という。詳しくは計量経済学の教科書にゆずるが，係数を標準誤差で割った t 値が絶対値で 1.96 を超えるときに，その係数は 95% 水準で**統計的に有意**である，という。

　ここでの推定結果は，ほぼすべての係数が統計的に有意であることを示している。このことは，推定された係数がゼロとは異なる値をとっているのが単なる偶然である確率が小さい，ということを示している。

4.3　★労働時間の実証研究

　次に，労働力参加をしている人たちについて，労働供給の**賃金弾力性**を推定する方法を考えてみよう（ここではひとまず，労働力参加が内生的に決定され，そのことがいわゆる**サンプル・セレクション・バイアス**をもたらすことは捨象して議論をする）。労働供給の賃金弾力性を推定する目的の 1 つは，労働課税によって税引後の賃金が減少し，労働時間と余暇時間の分配が歪むことの費用を測定するこ

とである。この場合，労働供給の賃金変化に対するヒックス弾力性を測定することが重要になる（ヒックス弾力性について，詳しくは 48 ページからの補論参照）。

　一般的に労働供給モデルの推定は個人レベルのデータを用いて，労働時間 $H_i = T_i - L_i$ を被説明変数として，以下の計量経済学的なモデルの推定を通じて行われる。

$$\ln H_i = \beta_0 + \beta_1 \ln(w)_i + \beta_2 \ln(V)_i + \sum_{j=3}^{k} x_{ji}\beta_k + e_i \tag{2.29}$$

ここで，H は単位期間内の労働時間（たとえば週当たりの労働時間），w_i は時間当たり賃金，V_i は資産所得などの非労働所得，$x_{3i}, x_{4i}, \cdots, x_{ki}$ は教育水準などの個人属性を示す変数群である。

　仮に上記の式のパラメータ $\beta_0, \beta_1, \beta_2, \cdots, \beta_k$ を，計量経済学的な手法と個人レベルのデータを用いて不偏推定することに成功したとしよう。これらの推定パラメータからヒックス弾力性はどのように計算できるのだろうか。

　時間制約 $H = T - L$ を考えると，任意の変数 x に対して $\partial H/\partial x = -\partial L/\partial x$ となるため，先のスルツキー方程式 (2.21) は，

$$\frac{\partial H}{\partial w} = \frac{\partial H}{\partial w}|_{U=\bar{U}} + \frac{\partial H}{\partial M}H \tag{2.30}$$

となる。この方程式を弾力性の形にするため，w/H を両辺に掛けて，

$$\frac{w}{H} \cdot \frac{\partial H}{\partial w} = \frac{w}{H} \cdot \frac{\partial H}{\partial w}|_{U=\bar{U}} + \frac{w}{H} \cdot \frac{\partial H}{\partial M}H \tag{2.31}$$

を得る。これを変形すると，ヒックス弾力性を以下の形で書くことができる。

$$\frac{w}{H} \cdot \frac{\partial H}{\partial w}|_{U=\bar{U}} = \frac{w}{H} \cdot \frac{\partial H}{\partial w} - w\frac{\partial H}{\partial M} \tag{2.32}$$

　推定式 (2.29) は両辺が対数であるため，推定されている係数は弾力性になる。すなわち，

$$\frac{w}{H} \cdot \frac{\partial H}{\partial w} = \beta_1, \quad \frac{V}{H} \cdot \frac{\partial H}{\partial V} = \beta_2$$

である。ここで $M = wT + V$ であることに着目すると

$$\frac{\partial H}{\partial M} = \frac{\partial H}{\partial V}$$

である。したがって，$w\frac{\partial H}{\partial M} = w\frac{\partial H}{\partial V} = w\frac{H}{V} \cdot \frac{V}{H} \cdot \frac{\partial H}{\partial V} = \frac{wH}{V}\beta_2$ が得られる。これらの結果を (2.32) 式に代入すると，

$$\frac{w}{H} \cdot \frac{\partial H}{\partial w}\Big|_{U=\bar{U}} = \beta_1 - \beta_2 \frac{wH}{V} \tag{2.33}$$

が得られる。

　直観的には，ヒックス弾力性である推定パラメータ β_1 は，賃金が上がり代替効果を通じて労働時間が増える効果と，所得効果を通じて労働時間が減る効果の合計値を示しているので，後者の効果を分離する必要がある。ここで，労働所得と非労働所得の比率は wH/V であるため，その比率に所得弾力性 β_2 を掛けることによって後者の効果を分離していると考えられる。

　推定結果から計算される $(w/H)(\partial H/\partial w) = \beta_1$ は労働供給の賃金に対する**非補償弾力性**，あるいは**マーシャル弾力性**，$\beta_1 - \beta_2(wH/V)$ は労働供給の賃金に対する**補償弾力性**，あるいは**ヒックス弾力性**と呼ばれる。なお，ヒックス弾力性は時間当たり賃金 w，労働時間 H，非労働所得 V によって変わる。そのため個人によって値が異なるのだが，これらの値の標本平均を代入するケースが多い。

　労働供給の非補償弾力性や補償弾力性に関する実証研究は欧米諸国を中心に数多い。Borjas (2015) はアメリカの推定結果を概観したうえで，代替効果と所得効果の合計である非補償弾力性は，男性労働者に関しては，おおむね -0.1 というのがおおまかな合意である，とまとめている。そして，補償弾力性はおおよそ 0.1 である，としている。これは賃金が 10% 上がると，代替効果によって労働供給量はおおよそ 1% 上がるが，所得効果によって 2% 下がるので，合計で 1% 労働供給量が減るという議論である。ここでは，所得効果が代替効果を上回っていることがわかる。その一方で女性については，代替効果が所得効果を上回り，非補償弾力性はおおよそ 0.2 である，としている。これは，賃金が 10% 上がると女性の労働供給量が 2% 増えることを意味する。

　日本に関する厳密な実証研究としては，次の 2 つが挙げられる。まず

Bessho and Hayashi (2011) は，25〜55歳の既婚片働きの男性労働者について0.26程度が非補償弾力性の値であるとしている。内訳は，代替効果を示す補償弾力性が0.73前後で，所得弾力性が −0.47 である。

次にYamada (2011) は，既婚の女性について，税制改革によって税引後賃金が変動することを用いて弾力性を推定している。この研究によれば，税引後賃金が10%上がると労働供給量は8%上がるとしている。すなわち，非補償弾力性は0.8という結果を示している。

5　各家計の労働供給関数から市場の労働供給関数へ

ここまでの議論では，家計が時間当たり賃金 w や非労働所得 V が与えられたときに，どのように消費量と余暇時間を選ぶかを紹介してきた。また，時間の制約式から余暇時間を選ぶということは，労働時間を選ぶことに等しいということも紹介した。各家計 i が非労働所得などの条件を一定としたときに，ある時間当たり賃金のもとでどれだけの時間働くかについての対応関係を示す関数 $l_i(w)$ を，各家計の労働供給関数という。各家計の労働供給関数は代替効果が大きいときは $\partial l_i(w)/\partial w > 0$ という増加関数になるし，所得効果が大きいときは $\partial l_i(w)/\partial w < 0$ という減少関数になる。

ここでは，各家計の労働供給関数 $l_i(w)$ を集計して労働市場全体の労働供給関数を求めることを考えてみよう。**労働市場**とは，特定の期間の特定の地域などで区切られた範囲のことをいう。たとえば，「1995年の埼玉県の労働市場」といった具合である。この労働市場には N 世帯の家計がいるとしよう。このとき，労働市場全体の労働供給関数 $L(w)$ は，

$$L(w) = \sum_{i=1}^{N} l_i(w) \tag{2.34}$$

と表すことができる。ここで $i = 1, 2, \cdots, N$ である。これは，図で表すと各家計の労働供給関数を横に足し合わせていくイメージの曲線となる。

賃金が上がっていくと，労働市場全体の労働供給量は，次の2つの影響で

変化する。まず 1 つめの影響は，賃金が上がることで，それぞれの家計が持つ留保賃金を上回るケースが増えるため，今まで労働参加していなかった家計が労働参加するようになる，というものである。このように今まで参加していなかった経済主体が参加することによって変化が生み出される部分のことを**エクステンシブ・マージン**（extensive margine；外延）という。労働参加していなかった家計においては賃金上昇による所得効果は働かないため，賃金上昇はエクステンシブ・マージンにおいて労働供給量を増加させる効果を持つ。2 つめの影響は，賃金が上がることで，すでに労働参加していた家計の労働供給量が変化する，というものである。すでに参加している経済主体の行動が変化する部分のことを**インテンシブ・マージン**（intensive margin；内延）という。すでに労働参加している家計にとって，賃金上昇は代替効果を通じて労働供給量を増加させる一方で，所得効果を通じて労働供給量を減少させるため，賃金上昇が市場の労働供給量をインテンシブ・マージンにおいて増加させるか減少させるかは明らかではない。

　労働市場全体の労働供給関数が賃金に関して増加関数か減少関数かは理論的にどちらともいえない。しかしながら，実際的に考えると，既婚女性や高齢者といった人々を含めて考えると労働参加率が 100％ からは遠く，賃金上昇がエクステンシブ・マージンを通じて作用する余地が大きいといえる。そのため，労働市場全体の労働供給関数は賃金に関して増加関数となっていると考えて差し支えないであろう。

補論　★スルツキー方程式

　財 x_1, x_2 に対応する価格 p_1, p_2 が与えられているとしよう。このとき，効用関数

$$U(x_1, x_2)$$

を予算制約

$$p_1 x_1 + p_2 x_2 = y$$

のもとで最大化することを考える。ただし，y は所得である。この最大化問題を解いて得られる通常の需要関数を

$$x_1^m(p_1, p_2, y), \quad x_2^m(p_1, p_2, y)$$

と書く。この通常の需要関数は，**非補償需要関数**，あるいは**マーシャル需要関数**とも呼ばれる。

　価格と所得が与えられたときに各財がどれだけ需要されるかを示すのが通常の需要関数であるが，価格とある効用水準が与えられたときに各財がどれだけ需要されるかを示す**補償需要関数**という概念もある。これは，ある効用水準を達成することを制約として支出を最小化するような財の組合せを求めることで得られる。すなわち，

$$\min_{x_1, x_2} p_1 x_1 + p_2 x_2$$

$$\text{s.t. } U(x_1, x_2) = \bar{U}$$

の解が補償需要関数

$$x_1^h(p_1, p_2, \bar{U}), \quad x_2^h(p_1, p_2, \bar{U})$$

である。補償需要関数は，**ヒックス需要関数**と呼ばれることもある。補償需要が求められると効用水準 $\bar{U}$ を価格 p_1, p_2 のもとで達成するために必要な予算額がわかる。これを**支出関数**といい，

$$e(p_1, p_2, \bar{U}) = p_1 x_1^h(p_1, p_2, \bar{U}) + p_2 x_2^h(p_1, p_2, \bar{U}) \tag{2.35}$$

で表される。この支出関数を用いると，それぞれの定義から，

$$x_i^h(p_1, p_2, U) = x_i^m(p_1, p_2, e(p_1, p_2, U)), \quad i = 1, 2$$

が言える。ここで特定の財の価格 p_i について偏微分をとると，

$$\frac{\partial x_i^h(p_1, p_2, U)}{\partial p_i} = \frac{\partial x_i^m(p_1, p_2, y)}{\partial p_i} + \frac{\partial x_i^m}{\partial y} \cdot \frac{\partial e(p_1, p_2, U)}{\partial p_i}$$

が得られる。ここで**包絡線定理**より，

$$\frac{\partial e(p, U)}{\partial p_i} = x_i$$

が成立する。これを用いると，以下の式，

$$\frac{\partial x_i^m(p, w)}{\partial p_i} = \frac{\partial x_i^h(p, U)}{\partial p_i} - \frac{\partial x_i^m}{\partial y} x_i \tag{2.36}$$

が得られる。これが，**スルツキー方程式**である。

　ここで，包絡線定理について若干の説明を加えておこう。支出最小化問題

$$\min_{x_1, x_2} p_1 x_1 + p_2 x_2$$

$$\text{s.t. } u(x_1, x_2) = \bar{U}$$

は，制約式を陰関数を使って $x_2 = h(x_1)$ と表すと，

$$\min_{x_1} p_1 x_1 + p_2 h(x_1)$$

と表せる。この最小化問題を解くと 1 階条件は，

$$p_1 + p_2 \frac{\partial h}{\partial x_1} = 0 \tag{2.37}$$

となる。この式を解くと解 x_1^* が求められ，$x_2^* = h(x_1^*)$ が求められる。これら
の解より支出関数

$$e = p_1 x_1^* + p_2 x_2^* = p_1 x_1^* + p_2 h(x_1^*)$$

が求められるが，支出関数の p_1 に関する偏微分の値は，

$$\frac{\partial e}{\partial p_1} = x_1^* + \left(p_1 + p_2 \frac{\partial h}{\partial x_1^*} \right) \frac{\partial x_1^*}{\partial p_1}$$

である。ここで (2.37) 式の結果を用いると，

$$\frac{\partial e}{\partial p_1} = x_1^* \tag{2.38}$$

が得られる。詳しくは Jehle and Reny (2001) などの中級以上のミクロ経済学
のテキストを参照してほしい。

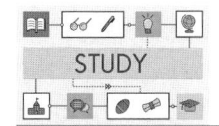

演習問題 ●

【確認問題】

[2-1] 山本さんの効用関数は

$$U(C, L) = (C - 20000) \times (L - 80)$$

で与えられている。消費財価格は 1 であり，時間は週に 168 時間与えられており，これを余暇と仕事に割り振る。山本さんの時間当たり賃金は 500 円であり，週に 32,000 円の非労働所得を得ている。このとき，以下の問いに答えなさい。

(1) 山本さんの予算制約線を書きなさい。

(2) 山本さんの消費の余暇に対する限界代替率は $L = 100$ かつ予算制約線上において いくつか求めなさい。

(3) 山本さんの留保賃金はいくらか求めなさい。

(4) 山本さんの最適消費量と余暇時間を求めなさい。

[2-2] ある労働者の効用関数が $U = L^{0.5}C^{0.5}$ で与えられている。ただし，C は消費，L は余暇時間を示している。消費財 1 単位が 1 円，時間当たり賃金が 1000 円のとき，効用を最大化する労働者は週 168 時間のうち何時間を余暇に割り振るか，求めなさい。また，時間当たり賃金が 1200 円のときは何時間を割り振るか，求めなさい。

[2-3] 先進国の長期データ（図 2.3 参照）を見ると労働生産性が上昇するに伴って時間当たり賃金が上がってきたことが確認できる。同時に労働時間は短くなってきている。このことは，長期的な代替効果と所得効果の大きさについて，どのようなことを示唆するか，答えなさい。

[2-4] 一定税率 t で，労働課税だけが行われている経済を考える（課税後の賃金は $(1 - t)w$）。ここで，労働課税をやめて税率 t の消費税を導入したとき（課税後の価格は $(1 + t)p$），どのような変化が起こるだろうか。t が小さな値で，$(1 - t)$ が $1/(1 + t)$ とほぼ等しい，として考えなさい。なお，この経済には非労働所得は存在しないとする。

【発展問題】

[2-5] 余暇・消費選択モデルでは，働き始めると最初の時間から賃金支払いの対象となっていた。しかし現実には，賃金が支払われない時間，たとえば通勤時間が存在する。通常の余暇・消費選択モデルの枠組みで通勤時間が存在するときにどのような予算制約になるかを図示しなさい。さらに，このときの留保賃金を図中に示しなさい。

【実証問題】

[2-6] 家計の調査より個人レベルの労働時間（l），時間当たり賃金（w），非労働所得（I）を記録したデータが手に入るとしよう。このデータを用いて労働供給関数

$$l = \beta_0 + \beta_1 w + \beta_2 I + u$$

を最小2乗推定するとしよう。

(1) 推定されたパラメータが正しい因果関係を示すために満たされるべき仮定を述べなさい。

(2) 上記の仮定は，現実には満たされないケースが多い。それはどのような要因のためか，説明しなさい。

第**3**章

労働供給モデルの応用

　本章ではまず，前章で学んだ労働供給のモデルを利用して，政府の福祉政策が労働供給に与える影響について分析する。さらに発展的な内容として，家計が現在から将来までを視野に入れて労働供給を行うときにどのような意思決定を行うかを分析する。

1 福祉政策が労働供給に与える影響

1.1 日本の生活保護

　2016年10月現在，東京都の最低賃金は1時間当たり932円である。最近増えつつあるパートやアルバイトなどの非正社員のなかには最低賃金付近で働く人々も多く，彼らの生活は決して楽ではない。仮に時間当たり賃金が1000円であったとしても，前章で見たようにフルタイムで働いた場合の年間労働時間はおよそ2000時間だから，年収は200万円にしかならない。子どものいるシングルマザーは生活が成り立たないか，相当苦しいものにならざるをえない。このような状況のもとで，国は日本国憲法25条で保障された「健康で文化的な最低限度の生活を営む権利」を担保するため，貧困世帯を対象に所得移転を行っている。これが**生活保護**である。生活保護は貧困解消を目的とした政策であるが，その一方で労働供給インセンティブへの影響も指摘されている。

そこで，生活保護制度が労働供給にどのような影響を与えるかを検討してみよう。

　国からの移転額は「生活保護額」と呼ばれるが，その額は世帯構成と居住地域によって決まる生活扶助基準額と収入（就労収入，年金収入，親族からの援助などを合算したもの）の差額となる。2016 年 4 月 1 日現在，30 歳，4 歳，2 歳の母子世帯の場合東京都区部の場合 18 万 8140 円が生活扶助基準額である[1]。この制度のため，基本的に労働所得が増えるとその分，生活保護額が減額される。細かいことを言えば，勤労所得控除の制度があり一定額まで労働所得を得ても生活保護額は減額されないようになっているが，勤労所得控除額を超えた場合には，労働所得が増えると増加分の 9 割の生活保護額が減るという仕組みになっている。

　生活保護制度のもとで貧困世帯が直面する予算制約は，図 3.1 の太い実線のような形をしている。勤労所得控除を超えた部分では労働時間を増やしても所得が増えないため消費も増やせない。逆の見方をすると，予算制約線が水平に近い領域においては余暇を増やすための機会費用がほぼゼロであるため，消費の余暇に対する限界代替率が正である限り，余暇を増やすというインセンティブが働いているのである。結果として，予算制約線が水平に近くなっている部分の右端の選択が最適な選択として選ばれる可能性が高くなる。つまり勤労所得控除額目一杯まで働いて，それ以上は働かないというインセンティブである。もっとも，勤労所得控除額の分だけ働くという職場を探すのは難しいと考えられるので，現実的には働かないという選択をする世帯も多いだろう。

　このように現在の日本の生活保護制度は，就労意欲を削いでしまう側面を持っている。そのため，制度の運用で受給資格を厳しく問うことで，生活保護受給世帯が拡大することを防いできたという面がある。しかし，貧困が社会問題として注目を浴びるなかで行政が生活保護認定を厳しく行うことへの批判もあり，受給資格審査の簡素化を求める声も強い。その一方で，生活保護受給世帯が国ならびに地方自治体からの所得移転に頼り切っているという批判も強く，生活保護額引き下げへの政治的な圧力も強まりつつある。

---

1)　厚生労働省ホームページ（http://www.mhlw.go.jp/file/06-Seisakujouhou-12000000-Shakaiengokyoku-Shakai/QandA_3.pdf）2017 年 3 月 3 日閲覧。

図 3.1 生活保護制度のもとでの予算制約

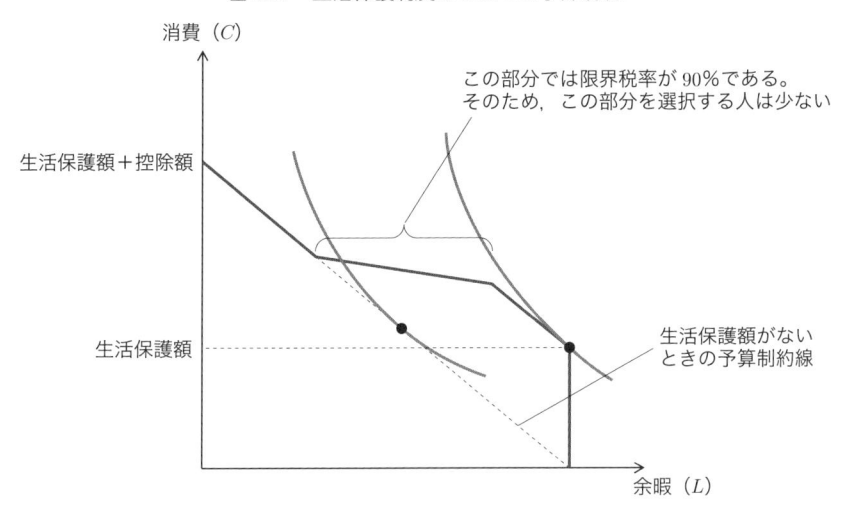

生活保護制度が持つ就労意欲削減効果を改善する別建ての対貧困政策を設計し，生活保護制度は本当に働くことができない人を限定的に救う制度として整備し直さないことには，政治的摩擦は今後より一層高まっていくことだろう。

1.2 アメリカの勤労所得税額控除

就労意欲を削がずに貧困世帯への所得移転を行う制度として，アメリカやイギリスで行われている政策が**給付付き税額控除**である。税は世帯が国などに対して支払うものであり，所得と税率の積から税控除額を引いた額が税額となる[2]。通常は，このように計算された税額がマイナスになっても国からの移転は受けられないけれども，税額がマイナスになった場合に国から世帯に所得を移転するという制度が給付付き税額控除である。この制度のもとで税控除額を一定の範囲内で労働所得が増えたら増やすという形にすると，あたかも時間当たり賃金に補助を出しているような形にすることができる。

以下，2005 年現在のアメリカにおける給付付き税額控除制度である**勤労所**

---

2) 所得とは，収入から必要経費を引いたものであり，この所得が課税対象となる。

図 3.2　給付付き税額控除制度のもとでの予算制約

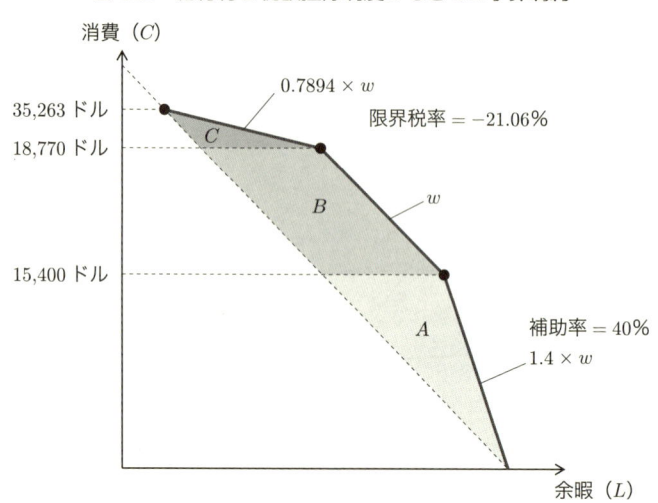

得税額控除（Earned Income Tax Credit; EITC）を紹介しながら，給付付き税額控除制度が世帯の予算制約に与える影響を考えよう。EITC とは貧困世帯に対する政府の補助政策であるが，受け取るためには3つの条件を満たす必要がある。1つめは，労働所得があることである。2つめは，その労働所得が一定の基準額を下回っていなければならないということである。そして3つめは，19 歳未満の子どもか障害者と暮らしていなければならないということである。

　ここでは，制度の対象となる子どもが2人いるシングルマザーを想定する。EITC の対象となる世帯は労働所得が年3万 5263 ドルまでの世帯である。このうち，年収1万 1000 ドルまでは実質的に 40％ の補助率になるように税額控除が決まっている。補助額は1万 1000 ドルの時点で 4400 ドルとなるが，これが上限となり，年収1万 4370 ドルまでは補助の減額はない。1万 4370 ドルを超えると，労働所得が1ドル追加されるごとに 21.06％ 補助額が減少する。補助額がゼロになるのが3万 5263 ドルというわけである。

　この制度のもとでは，世帯の予算制約は図 3.2 のように台形となる。A の領域では，時間当たり賃金 w が増えているので，代替効果を通じて労働を促進する効果がある。ただし，所得効果を通じては労働時間を減らす効果が働く。B の領域では，時間当たり賃金 w は変わらず，政府からの所得移転の分だけ

所得効果が働き，労働時間を減らす効果が働く。C の領域では，時間当たり賃金 w が21.06％減少するので，代替効果を通じて労働時間を減少させる効果があり，さらに所得効果を通じても労働時間を減少させる効果がある。

ここで大切なポイントが2つある。1つは，現在働いていない人にとってEITC は就労促進の効果しか持たない点である。これは現在働いていない人にとって時間当たり賃金が上がっても所得効果は働かず，代替効果だけが働くためである。もう1つは，補助金減額の仕方である。貧困対策である以上，ある程度以上の所得を得ている人には補助金額を減らしていかざるをえない。しかしある所得以上は，所得増加と補助金減額を1対1で対応させてしまうと日本の生活保護制度のように就労意欲を削いでしまう。アメリカの制度では1万4370ドルを超えた時点で補助金額を減額するようになっているが，1ドル所得が増えると補助が21.06％減るという関係で，減らし方が緩やかである。このように緩やかに補助金額を減額していくことが，就労意欲を削いでしまわないためには重要なのである。

このように，給付付き税額控除には現在働いていない人々の就労意欲を刺激する効果が期待できるが，実際のところ，上記のような理論通りの効果はあったのだろうか。この疑問に答える実証研究が，Eissa and Liebman (1996) による研究である。アメリカ政府は伝統的に 18 歳以下の子どもがいて十分な所得がない世帯に対して「要扶養児童家庭扶助（Aid for Families with Dependent Children; AFDC）」によって貧困対策を行ってきた。しかし，この制度は日本の生活保護制度のように実質的に労働所得が1ドル増えると政府からの補助金が1ドル減るような設計となっていたため，労働供給を抑制するものとして批判されてきた。そこで，アメリカ政府は AFDC を縮小し，EITC を拡大するという貧困政策の改革を行ってきた。その一環として，1986 年に税制改革法（Tax Reform Act of 1986）による EITC の拡大が行われた。この改革によって実質的な賃金補助率は11％から14％に拡大され，補助金が適用される所得は5000ドルから6080ドルに拡大された。そのほかにも制度の拡充が行われたのだが，どれも基本的に就労促進的な改革であった。

この EITC の拡大が就労促進にどの程度効果があったかを調べるためには，EITC の対象となっている子どもがいる貧困世帯の就業率の変化を調べればい

表 3.1 1986 年の EITC の拡大と就業率の変化（%）

	拡大前 1984〜1986 年	拡大後 1988〜1990	差	差の差推定量
子どものいる 非婚女性	72.9	75.3	2.4	
子どものいない 非婚女性	95.2	95.2	0.0	2.4

（出所）Eissa and Liebman (1996) より作成。

い。典型的にはシングルマザーである。しかし単純に 1986 年前後のシングルマザーの就業率の変化を比べただけでは、この制度変更などの影響を景気循環の影響による就業率変化と区別することができない。そこで、シングルマザーと就業行動が似ていると考えられるものの、EITC 政策変化の影響を受けていないと考えられる人々を比較対照グループ（後で説明する統制群）として使うことと考える。さまざまなグループが考えられるが、もっともらしいのは子どもがいない非婚女性を比較対照に用いることである。子どものいない非婚女性への労働需要はシングルマザーへの労働需要と似ていると考えられる一方で、子どもがいない非婚女性は EITC の対象ではないので、政策変更の影響を受けないと考えられるためである。

実証分析の結果は表 3.1 にまとめられている。子どものいる非婚女性の就業率は、EITC の拡大前には 72.9％であったものが拡大後には 75.3％まで 2.4 ポイント上昇した。この就業率の上昇分は景気などの改善などの影響の可能性もあるが、子どものいない非婚女性の就業率の変化に注目する政策変更の前後で 95.2％と変化しない。仮に非婚女性に対する労働需要への景気循環の影響が、子どもの有無に関係なく共通であるとすれば、子どものいる非婚女性の就業率の前後差である 2.4％ポイントから、子どものいない非婚女性の就業率の前後差である 0％ポイントを引いた「差の差」2.4％ポイントが、EITC の拡大の効果であると考えることができる。つまり、EITC の拡大は理論の予測通り就業率を向上させたと考えられる。

このような「差の差」を用いた政策効果の分析は、さまざまな政策の分析に幅広く用いられている。政策変更の影響を受ける人々のことを**処置群**（treatment group）、政策変更の影響を受けない人々のことを**統制群**（control group）

Column ② 税制と市場の歪み

　女性活躍推進や同一労働同一賃金の実現は第二次安倍政権が政策目標として大きく掲げるものであり，2016年の参議院選挙においても争点の1つとなった。これらの政策目標の実現を目指して掲げられている政策手段は，保育所の整備，同一労働同一賃金の実現に向けたガイドラインの策定，最低賃金の引き上げなど，財源の問題や副作用を無視すれば，有権者受けする政策だと言える。選挙前に多くの有権者が反発するような政策を掲げることができないという事情もあるのだろう。

　選挙が終わった後で，政権の本気度が試されるのが，一部有権者の痛みを伴う政策をどの程度実行できるかどうかである。政府にしかできず，政策課題とされている女性活躍推進や同一労働同一賃金の実現に確実に貢献しうるのが，配偶者控除や第三号被保険者制度といった女性の家計補助的な働き方を前提とする制度の見直しである。これらの制度の縮小・廃止は，一部世帯の税・社会保険料負担を増加させることになるため，反発は避けられない。

　OECD（経済協力開発機構）は，平均所得の67%を稼ぐ夫がいる世帯から，同じく平均所得の67%を稼ぐ妻が働きに出たときにどれくらい実質的な税負担があるかを世界各国で計算している。日本の数字は51%であり，妻が働き始めても追加的な所得の半分以上が課税される状況になっていることがわかる（OECD family index）。日本は調査対象のOECD 28カ国中，デンマーク，アイスランドについで2番目の高さである。これは，配偶者控除や第三号被保険者の制度ゆえに，妻が働き始めると夫の税額が増え，妻自身が社会保険料を支払わなければいけなくなるためという側面が大きい。

　これらの制度は，いわゆる103万円の壁，130万円の壁などと報じられるように，妻の所得を一定額以下に抑えるような動機づけを与えるので短時間労働者の供給圧力となり，正社員と非正社員の賃金格差を拡大させるように作用することにもつながりうるものであり，同一労働同一賃金実現の足かせであるとも考えられる。政府は，民間経済活動への介入の前に，自らが作り出している市場の歪みを正すべきであろう。

と呼ぶ。**差の差推定法**（difference-in-difference; DD）が正しい政策効果を推定するためには，政策変更以外の要因からの影響が処置群と統制群で等しいことが必要になる（共通トレンドの仮定）。この例では景気循環による就業率の変動が非婚の母と子どものいない非婚女性に同じ影響を与えるという仮定が必要にな

る。この仮定のもっともらしさを検証するために，1985年以前の長期にわたる非婚の母と子どものいない非婚女性の就業率を比較し，似たような動き方をしているかを検証するという方法がある。この差の差推定法は，本書のなかでも繰り返し登場する重要な手法の1つであり，第5章ではより詳しい解説を行っている。

2 ★動学的労働供給モデルの理論

　ここまでは各家計が1期間しか生きない静学的なモデルを検討してきたが，現実には人々は多期間にわたって生き，将来のことなども考えながら労働供給を行っている。そこで本節では，多期間にわたって生存する家計がどのように労働供給の意思決定を行っているか，という動学的なモデルを考える。

　とくに関心があるのが，やはり賃金が変動したときに労働供給量がどのように変動するかである。動学的なモデルでは，賃金が変動するといったときに2種類の変動が考えられる。1つは短期的に賃金が変動するケースで，たとえば同じ会社に勤め続けているものの今年の景気がよくてボーナスがたくさん出たために，一時的に賃金が上がるという場合である。もう1つは長期的に変動するケースであり，たとえば転職をしたために賃金が長期にわたって上がったというケースである。

　直感的に考えると，短期的に賃金が上昇してもそれが長く続かないことを知っていれば，今が書き入れ時とばかりに今期の労働供給は増えることが予想される。もっとも，一時的な賃金増であれば所得上昇の意義は小さく，所得効果は限定的であることが予想される。その一方で，賃金の上昇が永続的であることを知っていれば，生涯所得が増えたことによって，より余暇を楽しむために労働時間を減らすという所得効果も出てくることが考えられる。

　このように，同じ賃金の変化に対する労働供給量の反応を考えても，賃金変化を短期的なものと認識するか長期的なものと認識するかによって，反応が異なることが予想される。このため，労働供給行動を考えるに当たって動学的側面に注意を払うことが重要なのである。

　ここで，T 期間生きる家計の効用最大化行動を考えよう。不確実性はなく，将来の賃金，一定の利子率は意思決定の時点ですべて明らかになっているとする。また，初期時点の資産 A_0 は与えられている。このとき，家計は将来発生する効用を今日発生する効用と同様に評価するわけではないだろう。人々は将来の効用を現在の効用よりも小さく評価すると考えるのが自然である。このことを表現するために，次期の効用は $1/(1+\rho)$（ただし $\rho > 0$）を掛けて評価しているものと考えよう。$\rho > 0$ より，$1/(1+\rho)$ は 1 よりも小さくなるので，将来の効用を現在の効用よりも小さく評価していることを示している。また ρ が小さいほど，より将来の効用に対する評価が高い，つまり我慢強いことを示している。この ρ は**割引率**と呼ばれるものである（第 7 章でも詳しく説明しているので参照してほしい）。したがって，次期の効用は，

$$(1+\rho)^{-1}U(L_t, C_t)$$

と表され，2 期先の効用は，

$$(1+\rho)^{-1}(1+\rho)^{-1}U(L_t, C_t) = (1+\rho)^{-2}U(L_t, C_t)$$

と表される。

　生涯効用は各期について分離可能であり，以下の形で与えられるものとする。

$$\sum_{t=0}^{T}(1+\rho)^{-t}U(L_t, C_t) \tag{3.1}$$

上記の目的関数は，以下の生涯予算制約のもとで最大化される。

$$\sum_{t=0}^{T}(1+r)^{-t}(C_t + w_t L_t) = A_0 + \sum_{t=0}^{T}(1+r)^{-t}w_t T = B \tag{3.2}$$

ここで，r は利子率を表し，B は消費ならびに余暇に振り分けることができる生涯資産を表している。このとき，効用最大化問題のラグランジュ関数は，

$$\mathcal{L} = \sum_{t=0}^{T} (1+\rho)^{-t} U(L_t, C_t) + \lambda \left(B - \sum_{t=0}^{T} (1+r)^{-t} (C_t + w_t L_t) \right) \tag{3.3}$$

で与えられるため，最大化の 1 階条件は L_t と C_t に関してそれぞれ以下のように与えられる。

$$(1+\rho)^{-t} \frac{\partial U}{\partial L}(L_t, C_t) - \lambda(1+r)^{-t} w_t = 0 \tag{3.4}$$

$$(1+\rho)^{-t} \frac{\partial U}{\partial C}(L_t, C_t) - \lambda(1+r)^{-t} = 0 \tag{3.5}$$

これら 2 つの条件式より，(3.4) 式を (3.5) 式で割ると，各期の余暇と消費に関しては次の関係が成り立つことがわかる。

$$\frac{\partial U/\partial L}{\partial U/\partial C} = w_t \tag{3.6}$$

これはすなわち，「消費の余暇に対する限界代替率が賃金に等しい」という条件であり，静学的な効用最大化問題を解く場合と等しい。これを**時間内（in-tertemporal）の最適化条件**という。

また (3.5) 式の 1 期後の式は，

$$(1+\rho)^{-(t+1)} \frac{\partial U}{\partial C}(L_{t+1}, C_{t+1}) - \lambda(1+r)^{-(t+1)} = 0 \tag{3.7}$$

であるため，(3.5) 式を上記の式で割ると，

$$\frac{\frac{\partial U}{\partial C}(L_t, C_t)}{\frac{\partial U}{\partial C}(L_{t+1}, C_{t+1})} = \frac{1+r}{1+\rho} \tag{3.8}$$

が得られる。これは消費に関する**オイラー方程式**と呼ばれるが，通時的な最適化条件となっている。この式は，各期の消費をどのように割り振るかを示す式となっている。利子率 r が大きいときには左辺の比率も大きなものとなる必要があるが，そのためには C_t を減らし，$\frac{\partial U}{\partial C}(L_t, C_t)$ を大きくし，その分 C_{t+1} を大きく，$\frac{\partial U}{\partial C}(L_{t+1}, C_{t+1})$ を小さくするという調整が必要になる。利子率が高いときには消費を先伸ばしにしたい，という直感的にもイメージしやすい結果である。その一方で，家計の割引率 ρ が高い場合，C_t を増やし，C_{t+1}

を減らすという調整が必要になる。我慢ができない家計が早くに消費するというのも直感的である。興味深い例は，$r = \rho$ のケースであるが，この場合，この式だけを見ると $L_t = L_{t+1}$, $C_t = C_{t+1}$ とするのが望ましい。このことは，労働供給と消費をできる限り平準化することが望ましいということを示している。

　以上の点に着目すると，動学的な効用最大化問題は (1) 生涯所得を各期にどれだけ割り振るかという問題と，(2) 割り振られた所得をいかに消費と余暇に振り分けるかという 2 段階の問題に分離できることがわかる。これを **2 段階予算制約** という。

　要約すると，1 段階目の問題は，

$$\max_{\{b_t\}_{t=0}^T} \sum_{t=0}^T (1+\rho)^{-t} V(b_t), \quad \text{s.t.} \ \sum_{t=0}^T (1+r)^{-t} b_t = B \tag{3.9}$$

であり，ここで $V(b_t)$ とは，2 段階目の問題の解

$$V(b_t) = \max_{L_t, C_t} U(L_t, C_t), \quad \text{s.t.} \ C_t + w_t L_t = b_t \tag{3.10}$$

を用いたものとなっており，b_t が与えられたもとで得られる効用の最大値となっている。1 段階目の問題は各期に資源をどのように割り振るかという問題であり，2 段階目の問題は各期への資源を消費と余暇にどのように割り振るかという問題である。

3　★2段階予算制約に基づく労働供給モデルの実証

　本節では，前節で学んだ 2 段階予算制約の知識を用いて，動学的モデルと整合的な労働供給関数を 1 時点のデータを用いて推定する方法を考えよう。

　2 段階目の問題は，効用最大化問題

$$\max_{L_t, C_t} U(L_t, C_t) \tag{3.11}$$

を，1 段階目の問題の解 b_t を所与とした以下の予算制約式のもとで解くこと

である。

$$w_t L_t + C_t = b_t = w_t T - \Delta A_t \tag{3.12}$$

ここでは，今期に利用できる資源は，すべての時間資源を労働に振り向けたときの労働所得 $w_t T$ と，資産の取り崩し分 $-\Delta A_t$ の和であることに注意してほしい。w_t も T も家計にとっては外から与えられるものであるため，1 段階目の問題の解 b_t を所与とすることはすなわち今期の資産の取り崩し分 $-\Delta A_t$ を所与とすることに等しい。よって最適余暇時間と消費量は，期間内の配分を決める時間当たり賃金 w_t と，各期への配分を決定した 1 段階目の問題の解である $-\Delta A_t$ の関数，すなわち，

$$L_t^*(w_t, -\Delta A_t), \quad C_t^*(w_t, -\Delta A_t) \tag{3.13}$$

となる。ここで，$\Delta A_t = A_t - A_{t-1}$ を計算するためには 2 時点のデータが必要である。しかし，(3.12) 式を変形して得られる，

$$-\Delta A_t = C_t - w_t(T - L_t) = C_t - w_t H_t \tag{3.14}$$

より，資産の取り崩し分は消費から労働所得を引いたものであることがわかる。つまり，消費のデータさえあれば 1 時点のデータで推定が行えるのである。

　以上の議論と $H^*(w_t, C_t - w_t H_t) = T - L^*(w_t, C_t - w_t H_t)$ を用いて，労働供給関数が準対数線形で近似されるとすると，静学モデルの労働供給関数の推定式

$$H = \beta_0 + \beta_1 \ln(w) + \beta_2(C_t - w_t H_t) + \sum_{j=3}^{k} x_j \beta_j + e \tag{3.15}$$

は，動学的な最適化問題を 2 段階予算制約を用いて解いた際の労働供給関数を推定していることになる。ただし，H は単位期間内の労働時間 (たとえば週当たりの労働時間)，w は時間当たり賃金，$(C_t - w_t H_t)$ は単位期間内の消費から労働所得を引いたもの，$x_3, \cdots, x_k$ は個人の属性変数群である。

　データセットのなかに消費額も含まれているのであれば，上記の式をそのま

ま推定できる。実際には労働系の家計調査（たとえば「労働力調査」）には消費額が含まれていないケースも多い。その場合には $C_t - w_t H_t = b_t - w_t T$ であるため，本質的には1段階目の問題の解 b_t を説明変数に含めればよいことになる。1段階目の問題 (3.9) 式を見ると $b_t = b(B, \rho, r)$ であるため，生涯資産の現在割引価値，時間選好率，利子率（これはすべての主体が同じ利子率に直面していると考えれば定数項に吸収される）を代理するような変数を推定式のなかに含めることになる。

4 ★フリッシュ弾力性

　動学的労働供給モデルにおける労働供給の賃金弾力性として，フリッシュ弾力性という概念もある。これは生涯所得の限界価値を一定としたときに，今期の賃金の変動が今期の労働供給にどのような影響を与えるかという概念である。先の分析で与えられた動学的最適化問題の1階条件 (3.4), (3.5) 式を再述すると，

$$(1+\rho)^{-t}\frac{\partial U}{\partial L}(L_t, C_t) - \lambda(1+r)^{-t}w_t = 0 \tag{3.16}$$

$$(1+\rho)^{-t}\frac{\partial U}{\partial C}(L_t, C_t) - \lambda(1+r)^{-t} = 0 \tag{3.17}$$

であるが，ここで λ を所与とすれば，余暇時間と消費量の最適解は $L_t^*(w_t, r, \rho, \lambda)$ と $C_t^*(w_t, r, \rho, \lambda)$ で表すことができる。ここで，λ が生涯効用最大化問題の生涯予算制約のラグランジュ乗数であることに着目すると，λ は生涯資産の現在割引価値の限界効用である。最大化された生涯効用が生涯資産の現在割引価値について強凹関数であれば，λ は生涯所得の現在割引価値に関して単調減少関数となるため，λ を一定にすることは生涯資産の現在割引価値を一定にすることに等しい。ちなみに生涯資産の現在割引価値の増加は λ を減少させる一方で，余暇は上級財であるため，余暇需要量を増加させるので，$L_t^*(w_t, r, \rho, \lambda)$ は λ に関して減少関数となる。

　ここで**フリッシュ弾力性**とは，生涯資産の現在割引価値を変化させないよう

な初期時点で想定された賃金の変化に対して，労働供給量がどのように変化するかを表すものである。時間制約式を用いると，

$$H^*(w_t, r, \rho, \lambda) = T - L^*(w_t, r, \rho, \lambda)$$

と書けるので，フリッシュ弾力性は，

$$\frac{\partial \ln H^*(w_t, r, \rho, \lambda)}{\partial \ln w_t}$$

と定義される。仮に，関数 $H^*(w_t, r, \rho, \lambda)$ が準対数線形で近似できるとすると，

$$H = \beta_0 + \beta_1 \ln(w) + \beta_2 r + \beta_3 \rho + \beta_4 \lambda + u \tag{3.18}$$

が得られる。フリッシュ弾力性は $\frac{w}{H} \cdot \frac{\partial H}{\partial w}$ であるが，$\frac{\partial H}{\partial \ln(w)} \cdot \frac{\partial \ln(w)}{\partial w} = \beta_1 \frac{1}{w}$ であるため，上式の β_1 / H がフリッシュ弾力性である。

　この推定式の問題点は個人の時間選好率 ρ，ならびに資産の限界価値 λ が観察できず，式の推定ができないことである。しかし，これらの値は各個人について時間を通じて一定の値をとるためパネルデータがあれば時点間の階差をとり，

$$\Delta H = \beta_1 \Delta \ln(w) + \beta_2 \Delta r + \Delta u \tag{3.19}$$

を推定することで，フリッシュ弾力性を推定することができるようになる。ここでは，入力が個人のなかでは時間を通じて変化しないことを利用している。パネルデータが入手できない場合，λ が生涯所得の単調関数であることに注目し，生涯所得を代理するような変数，たとえば，本人の教育水準や親の教育水準といった変数を，(3.18) 式の λ の代わりに式の右辺に導入して推定をするという考え方もある。つまり，本人の教育水準や親の教育水準を一定とすると $\ln(w)$ の変動は 1 時点での変化であると考えられるので，$\ln(w)$ の係数を β_1 を用いてフリッシュ弾力性を計算できると考えるのである。

5 ★労働供給弾力性の推定：イギリスの事例

家計の動学的労働供給問題を 2 段階予算制約を用いて解いた労働供給式

$$H = \beta_0 + \beta_1 \ln(w) + \beta_2(C_t - w_t H_t) + \sum_{j=3}^{k} x_j \beta_j + u \qquad (3.20)$$

を現実のデータを用いて推定しようとする際に，しばしば研究の対象となるのは既婚女性の労働供給行動である。これは単純に，既婚女性は週当たりの労働時間がさまざまであり，供給関数の推定を行うことに意義が見出しやすいことによる。一方で男性や非婚女性については，多くの人々が週に 40 時間前後働いているものの，時間当たり賃金は人によって大きく異なるという事情があることから，データを用いて推定を行う前から労働供給の賃金弾力性はきわめて小さいだろうという予想ができる。実際に，それは多くの国で観察されている推定結果である。

労働供給式 (3.20) 式を推定しようとする際に，右辺の説明変数と誤差項 u が相関するという内生性の問題に直面する。

まず賃金 w であるが，これは家計が労働供給の意思決定の際に直面する賃金であるべきなので，税引前の時間当たり賃金から限界税率を引いた税引後時間当たり賃金を用いるべきである。すると，誤差項に含まれる観察不能な要因によって長時間働く傾向がある人は所得が高くなり，累進課税制をとる多くの国の税制のもとでは高い限界税率が適用され税引後の時間当たり賃金が下落する可能性がある。とくに所得控除が高く設定されている国では，短時間しか働かない労働者の少なからぬものが非課税であるため，課税対象となったときとの限界税率の差が大きくなるため，誤差項と税引後賃金は強い負の相関関係を持つことになる。

また，資産の取り崩し額，あるいは「非労働所得」や「仮想所得」と呼ばれる $(C_t - w_t H_t)$ は左辺変数 (H_t) を含んでおり，誤差項が大きな値をとる場合，労働時間が長くなるため，全体では小さな値をとることになり，誤差項と負の相関関係を持つ内生変数となる。

　イギリスにおける 1978〜1992 年の期間の税制改革がもたらした税引後賃金の変化を自然実験として用いながら，これら税引後賃金や非労働所得の内生性を回避して労働供給関数を推定しようとする試みが Blundell et al. (1998) である。彼らが着目したのは，同期間の限界税率の低下と，所得控除の上下動によってもたらされた税引後賃金や非労働所得の外生変動であり，たとえばこの期間に最高税率は 83% から 40% に低下し，同時に大部分の課税対象の既婚女性が支払っている「基本税率」は 33% から 25% に下落した。また所得控除額も最大 10% 上下動をした。

　これらの税制改革の影響は学歴や生年で定義されるグループごとに大きく異なっており，結果として税引後賃金はグループごとに異なった動きをすることになった。彼らは，これらのグループごとの税引後賃金の平均値の動きに対してグループごとの労働時間の平均値がどのように変動したのかを使って，労働供給の賃金弾力性を推定した。この被説明変数のグループ平均の変動を用いて説明変数のグループ平均の変動への影響を推定する推定手法は，**グループ推定**とも呼ばれている。

　それでは Blundell et al. (1998) が，このグループ推定をどのように行ったのかを具体的に紹介していこう。既婚女性の労働供給行動を分析するに当たってとりわけ難しいのは，このグループのなかではかなりの割合にのぼる，働いていない人々をどのように扱うかという問題である。しかしながら，さしあたりはこの問題を捨象して議論を進めよう。つまり，既婚女性の労働力参加は賃金水準とは独立にランダムに決定されていること，すなわち労働力参加の外生性を仮定しよう。

　彼らは i を個人を示すインデックス，g をグループを示すインデックス，t を時間を示すインデックスとしたときに，

$$E(u_{it}|p_{it}, g, t) = E(u_{it}|g, t) = a_g + m_t \tag{3.21}$$

という誤差項の条件付き期待値に関する仮定を置いている。**条件付き期待値**とは，ある確率変数の値を特定の値に固定したときの他の確率変数の期待値のことである。次に，識別のために用いた仮定とは，w_{it} の g ごとの平均値の時系列での動きが g ごとに異なるという仮定である。

前者の条件付き期待値の仮定は誤差項の期待値はグループごと，時間ごとに異なることをまず示している。たとえば，高学歴者が長時間労働をいとわない選好を平均的に持っていることなどが，この仮定では許されている。また，賃金や非労働所得の変動ではとらえきれない，労働時間に影響を与えるマクロ経済的な要因が年によって異なることも仮定されている。しかしながら，a_g と m_t が線形に分離されて表現されていることより，このマクロ的な要因はすべてのグループに同じ影響を与えることが仮定されている。この仮定は，後者のグループ別平均賃金の時系列の動きがグループごとに異なるという仮定は識別のために必要な仮定となる。これはなぜかというと，グループごとの賃金の平均値の時系列の動きがグループごとに異ならないと，平均賃金の変動によって平均労働時間が変化したのか，前述のマクロ経済効果によって平均労働時間が変化したのかを区別できなくなるためである。

ここで労働供給の構造式（ここでは個人の属性変数群 x は無視して議論を進める）と誤差項の条件付き期待値の仮定を組み合わせると，以下の式が得られる。

$$E(H_{it}|g,t) = \beta_0 + \beta_1 E[\ln(w)|g,t]$$
$$+ \beta_2 E[(C-wh)|g,t] + a_g + m_t \tag{3.22}$$

この式を誤差項を用いた表現に直すと，以下が得られる。

$$H = \beta_0 + \beta_1 E[\ln(w)|g,t]$$
$$+ \beta_2 E[(C-wh)|g,t] + a_g + m_t + e_{it}$$

ここで使われている誤差項 e_{it} は，(3.20) 式以降で用いられてきた誤差項 u_{it} とは別のものである。この場合，$E(e_{it}|g,t) = 0$ が成立しているため，最小2乗推定によってバイアスの掛からない推定量を得ることができる。しかし，$E[\ln(w)|g,t]$ や $E[(C-wh)|g,t]$ は母集団の値であるため実際の推定にあたってはこれらを標本から推定する必要がある。これらの母集団平均は

$$\ln(w)_{it} = a_{1g} + m_{1t} + \gamma_{1gt} + v_{1it}, \tag{3.23}$$
$$(C-wh)_{it} = a_{2g} + m_{2t} + \gamma_{2gt} + v_{2it} \tag{3.24}$$

と書くことができる。$\ln(w), (C-wh)$ のそれぞれについて異なる $a_{ig}, m_{it}(i =$

$1, 2)$ を用いている。また，$\gamma_{igt}(i = 1, 2)$ は，それぞれの group-time effect を表している。$E(v_{1it}|g, t) = 0$ と $E(v_{2it}|g, t) = 0$ が成立することになる。

以上の議論をふまえると，

$$H_{it} = \beta_0 + \beta_1 \ln(w)_{it} + \beta_2 (C_{it} - w_{it}H_{it}) + a_g + m_t + u_{it} \tag{3.25}$$

を $\ln(w)_{it}$ と $(C_{it} - w_{it}H_{it})$ を内生変数として扱い，a_g，m_t，$a_g m_t$ を操作変数として用いて操作変数法という方法で推定を行うことで，β_1 と β_2 の一致推定量を得ることができる（操作変数推定法については，第 5 章で詳しく説明する）。これは $\ln(w)$ と $(c - wh)$ のグループごとの時系列の動きで h の動きを説明しようとする推定量であるため，**グループ推定量**とも呼ばれる。

このような推定を行った結果，Blundell et al. (1998) は女性の労働供給の弾力性が子どもの年齢によって大きく異なることを見出している。非補償弾力性は 0.130（子どもが 11 歳以上のとき）から 0.371（子どもが 3〜4 歳のとき）まで変化し，補償弾力性は 0.140（子どもがいないとき）から 0.439（子どもが 3〜4 歳のとき）まで変化するとしている。

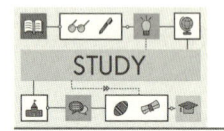
STUDY

演習問題 ●

【確認問題】

[3-1] 課税の単位を個人とするか家族（世帯）とするかは国によって異なっている。個人を課税の単位とする国の場合，夫と妻の所得はそれぞれ独立して課税される。一方で家族を課税の単位とする国の場合，夫婦の収入を合計したうえで課税対象となる所得が計算されることになる。ここで累積課税制度が導入されている国に住む夫が高額所得者である夫婦を考えよう。妻の就業をより促進すると考えられる税制は，個人課税の制度と家族課税の制度のどちらか。理由を付して論じなさい。

[3-2] 労働者が多期間にわたる労働供給の意思決定をしている動学的な状況を考える。労働者が将来の賃金水準を完全に知っているとしたとき，短期的な賃金上昇と長期的な賃金上昇のどちらが現在の労働時間を増加させるかを論じなさい。

第4章

労 働 需 要

　日本銀行は足元の経済状況を把握し金融政策に活かすため，民間企業を対象に「全国企業短期経済観測調査」（いわゆる「日銀短観」）と呼ばれる調査を年に4回行っている。このなかで重要な調査項目の1つが「貴社の雇用人員」という項目である。企業はこの質問に対して「過剰」「適正」「不足」という3つの選択肢から回答を選ぶ。このうち，「過剰」を選んだ企業の割合から「不足」を選んだ企業の割合を引いたものを「雇用人員判断DI」（ディフュージョン・インデックス）という。図4.1は資本金10億円以上の大企業の雇用人員判断DIの時系列グラフであるが，2007年や2008年にはマイナスの値をとって人員が不足しているとする企業が多かったのに対して，2009年3月にはこの値は一気に20にまで跳ね上がり，人員が過剰であると判断する企業が増えたことが見てとれる。これは2008年9月にアメリカで大手の投資銀行リーマン・ブラザーズが倒産したことに端を発して世界的な金融危機（リーマン・ショック）が発生し，世界全体の経済取引の規模が急速に縮小し，各企業が財・サービスを生産しても売れなくなるという需要減の影響であると言われている。それでは各企業の生産する財・サービスの需要減は，労働に対する需要にどのような経路で影響を与えるのだろうか。

　1991年のバブル崩壊以降，日本銀行は金融を緩和し企業が資金調達する際の金利を引き下げるような政策誘導を行ってきた。結果として1990年代後半以降，日本銀行が発表する基準貸付利率は1%を下回る超低金利の経済環境が生まれることになった。これは企業が資本調達する際のコストを引き下げる

図4.1 雇用人員のDI 過剰―不足 日本銀行短観

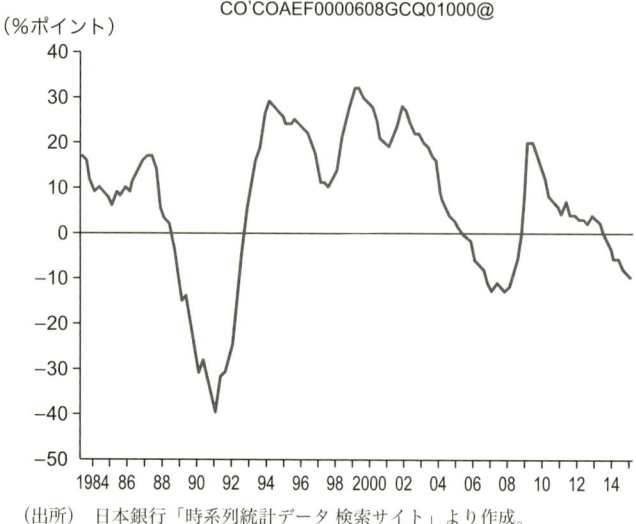

全国短観・判断項目（雇用人員）
D.I. ／雇用人員／大企業／全産業／実績
CO'COAEF0000608GCQ01000@

（出所）日本銀行「時系列統計データ 検索サイト」より作成。
（https://www.stat-search.boj.or.jp/index.html）

ことにつながっている。その一方で，労働の価格である名目賃金が低下を始める
のは1997年以降であり，1990年代前半は資本サービスの価格は労働の価
格である賃金よりも先に低下してきた。こうした資本の労働に対する相対価格
の低下は，資本と労働の需要にそれぞれどのような影響を与えてきたのだろう
か。

　本章では，企業が労働者をどれだけ雇い入れるかを分析することで，労働
需要がどのように決定されるかを分析する。そのなかで，企業が生産する財・
サービスに対する需要の減少や，労働と資本の相対コストの変化が労働需要に
どのような影響を与えるかについて，企業の利潤最大化行動を前提としたモデ
ルで分析することを通じて統一的に理解する。

　経済学において，企業は，建物や機械設備などの資本と労働者を組み合わせ
て財と呼ばれる商品やサービスを生産して販売する主体として抽象的にとら
えられる。生産した財の数量に財の価格を掛けたもので売上が決まるが，その
売上から資本や労働者に対する支払いである費用を引いたものが企業の利潤で

ある。この利潤を最大化するように企業は行動しているものとして企業の行動を分析する。企業は，利潤最大化行動のなかでどれだけの労働者を雇い入れるか，という**労働需要**が生まれてくるのである。

まずは企業が資本と労働を組み合わせて財を生産するという数量的な関係を，数式で表現しよう。資本や労働といった生産に用いる要素を**生産要素**というが，生産関数は生産要素を生産財に変換していく技術を表現していると考えることができる。

1 生産関数と企業の利潤

1.1 生 産 関 数

時間 × 人数で定義される労働投入量 L と，機械設備や工場などの建物が生み出す資本サービス K が生産要素として使用されると，技術的関係を示す関数 F を通じて生産量 Q が決定される。この関数関係を**生産関数**と呼び，以下のように記述する。なお，ここまでの章では雇用量を示す表記として E を用いてきたが，この章では生産関数における労働投入量の標準的な表記である L を用いている。

$$Q = F(L, K) \tag{4.1}$$

ここではさしあたり，労働者によって学歴が異なるなどの理由で生産性が異なることは捨象する。労働投入を限界的に増やしたときの生産量の限界的な増加量を**限界生産物**（marginal product; MP）と呼ぶが，これは正の値をとるものとする。つまり，$\partial F/\partial L > 0$ である。ただし，労働投入を増加させるに従って，労働者が就く仕事が基幹的な仕事から周縁的な仕事に変化していくため，生産量増加への貢献は次第に減少していくと考える。つまり，$\partial^2 F/\partial L^2 < 0$ である。

このようにある生産要素の投入量を，ほかの生産要素の投入量を一定にしながら，増加させていくと限界生産物が低下していく傾向のことを，**収穫逓**

減の法則という。資本に関しても，同様の議論が成り立ち，$\partial F/\partial K > 0$ と $\partial^2 F/\partial K < 0$ が成立するものとする。

1.2 企業の利潤

企業は経済学的な利潤を最大化するように行動していると考える。それでは，**利潤**とはどのように表現されるのだろうか。利潤を π と表現し，生産物価格を p，時間当たり賃金を w，資本サービス 1 単位当たりの使用料（単位価格）が r であるとすると，企業の利潤は以下のように表現される。

$$\pi = pQ - wL - rK \tag{4.2}$$

なお，ここで考察の対象としている企業は，市場全体から見ると小さな存在で，この企業の生産量や要素需要量は生産物市場や生産要素市場全体で決まる価格には影響を与えないものとする。よって，完全競争の製品市場で生産物を価格 p で販売し，完全競争の労働市場で労働者を時間当たり賃金 w で雇用し，完全競争の資本市場で資本サービスを単位価格 r で買い入れる。資本サービスの価格とは，K だけの価値がある資本を生産に投入することによって減耗してしまう減耗率と，その資本を資本市場から調達するのに掛かる金利を足し合わせて得られる。仮に K を企業が保有していたとしても，その資本を資本市場に提供すれば金利収入が得られたはずなので，機会費用としての金利負担は発生していると考える。

このように生産物価格 p，時間当たり賃金 w，資本サービス価格 r といった諸価格が与えられたものとして行動する経済主体を**プライス・テイカー**（価格受容者）というが，この企業は，財市場，労働市場，資本市場のそれぞれにおいてプライス・テイカーとして行動する。各企業は実際には賃金を決めて求人をかけているわけなので，プライス・テイカーの仮定は不自然に聞こえるかもしれない。しかし，現実をよく見てみると，各企業の人事担当者は賃金相場に敏感である。自社の賃金が業界相場を下回ると，誰も自社で働いてくれないし，業界相場より高い賃金を払ってしまうと，利潤が減少してしまう。結果として，多くの企業は求人をかける際に，労働市場の相場賃金を意識して求人を

かけているケースが多い。したがって，各企業が業界相場の賃金を支払うという想定，つまりプライス・テイカーの仮定はそれほど突飛なものではないだろう。財市場における価格づけについても，各企業が同質の財を生産している場合には，結局のところ業界の相場で価格づけをするのが最も合理的な行動なので，これも突飛な仮定とは言えない。

2 短期の利潤最大化

ここではまず，短期の利潤最大化行動を考えよう。**短期**とは資本ストックの量が一定量に固定されている，すなわち $K = \bar{K}$ が成立する期間である。資本ストックの量を調整するということは，具体的には工場を新たに建てたり，新しいオフィスを構えたりするということであり，比較的時間が掛かると考えられるため，短期ではそれが固定されているとするのである。短期の生産量は，

$$Q = F(L, \bar{K}) \tag{4.3}$$

で決まるが，L と Q の関係は図 4.2 のようになると想定する。労働投入を増やすと徐々に限界生産性が低減してくるため，曲線の傾きが緩やかになってくる。また，曲線上の点と原点を結ぶ直線の傾きである平均生産性も低下する。図 4.3 には労働投入に伴って限界生産物（MP）と**平均生産物**（average product; AP）がどのように変化するかが記されている。限界生産性を示す曲線と平均生産性を示す曲線が交わる点で，平均生産性は最も大きくなる。これは，限界生産性が平均生産性を上回る領域では平均生産性が上がっていくこと，逆に限界生産性が平均生産性を下回る領域では平均生産性が下がっていくことを意味している。

このことは，例を使って考えるとわかりやすい。ある教室に多数の学生が集まっており，それぞれが試験の点数を持ち寄って，教室にいる学生の平均点を計算したとする。ここに，ある学生が遅刻して入ってきたとしよう。この学生の試験の点数がそれまでの平均点よりも高ければ平均点は上がるし，この学生の点数がそれまでの平均点よりも低ければ平均点は下がる。教室にいる学生の

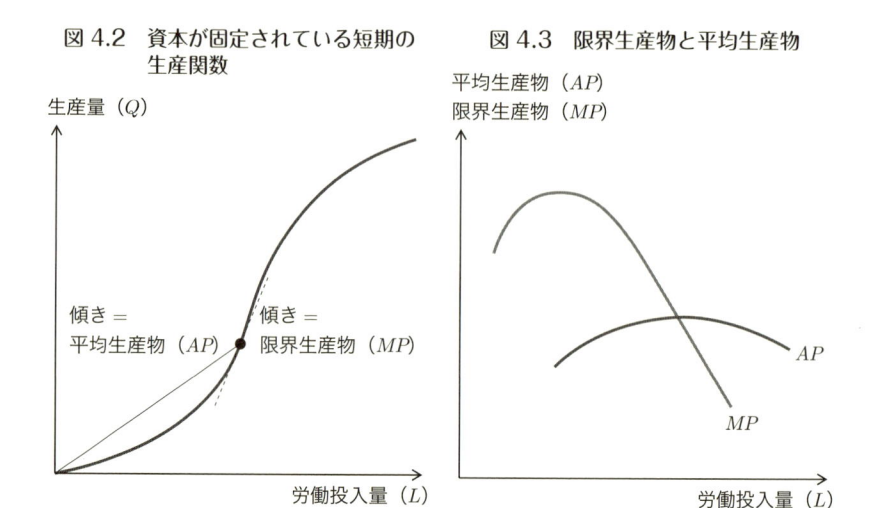

図 4.2　資本が固定されている短期の
　　　　生産関数

生産量（Q）

傾き＝
平均生産物（AP）

傾き＝
限界生産物（MP）

労働投入量（L）

図 4.3　限界生産物と平均生産物

平均生産物（AP）
限界生産物（MP）

AP

MP

労働投入量（L）

平均点を平均生産物，遅れて入ってきた学生の点数を限界生産物と考えると，平均生産物と限界生産物の関係と同じである。

　この短期の生産関数が与えられたとき，企業の利潤最大化問題は以下のように定式化される。

$$\max_{\{L\}} \pi = pF(L, \bar{K}) - wL - r\bar{K} \tag{4.4}$$

　この問題の最適解は (4.4) 式の L に関する偏微分 $\partial F/\partial L\ (= MP_L)$ の式を 0 と置いて得られる 1 階条件

$$pMP_L(L, \bar{K}) = w \tag{4.5}$$

によって与えられる[1]。左辺は労働の限界生産物（MP_L）に生産物価格（p）を掛けたもので，労働の限界生産物の価値を示しているため，**労働の限界生産物価値**と呼ばれる。左辺の p はプライス・テイカーの仮定によって一定であるが，労働の限界生産物は，収穫逓減の法則より，L に関して減少関数である。一方で，右辺はプライス・テイカーの仮定によって一定である。左辺と右辺が

---

1)　ちなみに 2 階条件は，$p\partial^2 F/\partial L^2 < 0$ について $\partial^2 F/\partial L^2 < 0$ という収穫逓減が仮定されているので，(4.4) 式の L に関する 2 階偏微分が $pMP_{LL}(C, \bar{K}) < 0$ となることにより満たされる。

図 4.4 労働の限界生産物価値と賃金

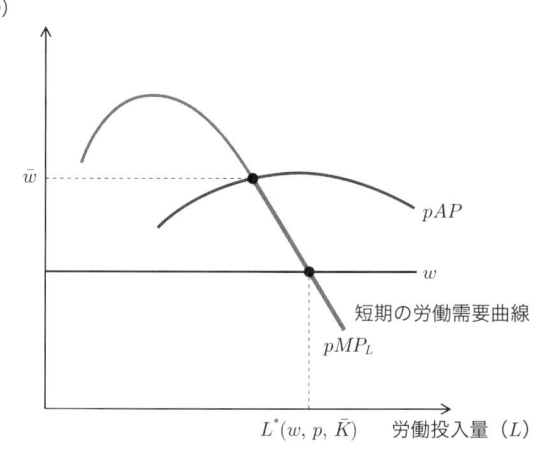

L の変化とともにどのように変化するかの関係を示したものが図 4.4 である。

　この図において，利潤最大化条件が満たされるのは限界生産物価値 pMP_L の曲線と，時間当たり賃金 w を示す水平線が交わるところで，この水準に労働投入量は決定される。この最適労働投入量は賃金が上がると減少する一方で，生産物価格が上昇すると増加する。そのため，資本ストックの量が固定されている短期においては，労働需要は賃金と生産物価格の関数として与えられることになる。これを，

$$L^*(w, p, \bar{K}) \tag{4.6}$$

と記述する。図 4.4 からも明らかなように，賃金 w が増加すると労働需要は減少する。これは，労働投入を減少させることで，労働の限界生産物価値を引き上げるという調整が，労働の限界生産物価値と賃金が等しくなる水準まで行われるためである。一方で生産物価格 p が上昇すると，図 4.4 における pMP_L が上がり，労働需要量は増加する。これは生産物価格が増加することで，労働の限界生産物価値が上昇し，企業は労働の限界生産物価値が賃金に等しい水準に低下するまで労働投入を増加させるためである。

　さて，ここで賃金が大きく上昇したり，生産物価格が大きく下落したときに

何が起こるかを考えよう。賃金が大きく上昇したり，生産物価格が大きく下落すると企業の利潤は赤字となる。この赤字の幅が，生産を取りやめたときにも資本への支払いによって発生する赤字幅 $r\bar{K}$ を上回ると，企業は生産を取りやめたほうがいいことになる。別の言い方をすると，資本への支払いは生産をしてもしなくても発生するので，生産するか生産しないかには影響しない，ということである。すなわち，短期における資本への支払いは，**サンクコスト（埋没費用）** である。労働投入量を変化させることよって，変化させることができる利潤部分が赤字，つまり，

$$pF(L, \bar{K}) - wL < 0 \tag{4.7}$$

が成立すると，企業は生産を取りやめる。すなわち，

$$w > \frac{pF(L, \bar{K})}{L} = pAP \tag{4.8}$$

という条件になると企業は生産を取りやめ，労働需要量はゼロとなる。つまり，先ほどの図 4.4 の w が $pF(L, \bar{K})/L$ より上の部分では，労働需要量はゼロとなる。ここで $F(L, \bar{K})/L$ とは，すなわち短期の労働の平均生産物であり，これに生産物価格 p を掛けたものは，短期の労働平均生産物価値ということになる。短期の労働平均生産物価値を賃金が上回ってしまうというのは，労働者を雇って得られる収入を賃金支払いが上回ってしまうということであり，操業をやめたほうがいいということになる。企業が操業する賃金の上限を $\bar{w}$ とすると，図 4.4 の通りとなる。

　最終的には，労働の平均生産物価値よりも賃金が低い領域における労働の限界生産物価値の曲線が，各企業の**短期の労働需要関数**ということになる。つまり，図 4.4 の pMP_L の $\bar{w}$ よりも w が低い領域が短期の労働需要曲線となる。

3 長期の利潤最大化

　前節までは，資本ストック量を調整できない短期の企業の労働需要行動を分析してきた。次に本節では，資本ストック量も変えられる**長期**において，労働

需要量がどのように決定されるかを考えてみよう。長期においては労働投入量と資本投入量の両方を企業は選ぶことができるため、利潤最大化問題は以下のように表現される。

$$\max_{\{L,K\}} \pi = pF(L,K) - wL - rK \tag{4.9}$$

この問題を解くと、次の2つの1階条件式が得られる。

$$pMP_L(L,K) = w \tag{4.10}$$

$$pMP_K(L,K) = r \tag{4.11}$$

これは、労働の限界生産物価値と賃金が等しくなることと、資本の限界生産物が資本の使用料と等しくなることが、利潤最大化の条件であることを示している[2]。この最適解を定義する2本の式には2つの未知数 L と K が含まれているため、2変数、2方程式を連立して解くことによって、利潤を最大化する労働投入量と資本投入量を求めることができる。ここで企業に与えられている条件は、生産技術 F のほかには、生産物、労働、資本それぞれの市場価格である p, w, r である。そのため、長期の労働需要関数と長期の資本需要関数は、それぞれ、

$$L^*(p,w,r) \tag{4.12}$$

$$K^*(p,w,r) \tag{4.13}$$

と与えられる。

この分析の枠組みに従うと、長期において、企業は利潤最大化の観点から見て最適な労働投入量と資本投入量を決定し、その結果として最適な生産量が、

$$Q^*(p,w,r) = F(L^*(p,w,r),\ K^*(p,w,r)) \tag{4.14}$$

と与えられることになる。ここでは企業は労働投入量と資本投入量を選択し、結果として最適な生産量が選ばれることになっている。

しかしこの論理の流れは、企業がまず最適な生産量を決め、それにあわせ

---

2) ここでも、利潤最大化の2階条件は収穫逓減の法則より満たされている。

て，その生産量を達成するのに適した労働と資本の投入量を決定する，という
より現実的に考えた場合の企業の意思決定にはそぐわないように見える。そこ
で，長期の利潤最大化問題を次の 2 つのステップに分解して考えてみよう。

(1) 最適生産量の決定：生産物の生産費用と財の価格を考慮しながら，利潤
　　最大化をもたらす生産量を決定する。
(2) 生産費用の最小化：利潤最大化する生産量を，最小費用で生産するよう
　　に，労働投入量と資本投入量を決定する。

3.1　費用最小化

　先に提示した 2 つのステップの第 1 段階を考察するには，生産費用の情報
が必要になる。生産量を増やすためには，労働投入量と資本投入量を増やさな
ければいけないから，賃金支払いや資本使用料の支払いが増えるというのはわ
かる。しかし生産物を追加的に増やそうとするときに，労働と資本の投入をそ
れぞれどのように増加させるかは，企業の意思決定であり，それがまさに第 2
段階で行われている意思決定なのである。よって，先に提示した，(1) 最適生
産量の決定，(2) 生産量が与えられたもとでの生産費用の最小化，というステ
ップを逆転させて，第 2 段階の費用最小化問題を解くことから分析を始めよ
う。

　ここでは企業は，生産量 $\bar{Q}$ が与えられたもとで，その生産量を最小の費用
で達成する労働投入量 L と資本投入量 K を選択すると考えよう。この最小化
問題は，数学的には以下のように書くことができる。

$$\min_{\{L,K\}} \ wL + rK \tag{4.15}$$

$$\text{s.t. } Q(L,K) = \bar{Q}$$

さらに最小化問題は，目的関数の符号を逆転させれば，最大化問題に書き換え
ることができるため，

$$\max_{\{L,K\}} -(wL + rK) \tag{4.16}$$

$$\text{s.t. } Q(L,K) = \bar{Q}$$

である。この最大化問題のラグランジュ関数は，

$$\mathcal{L} = -(wL + rK) + \lambda(\bar{Q} - Q(L,K)) \tag{4.17}$$

として与えられる。このラグランジュ関数を用いると，先の費用最小化問題の必要条件は，

$$\frac{\partial \mathcal{L}}{\partial L} = -w - \lambda MP_L = 0 \tag{4.18}$$

$$\frac{\partial \mathcal{L}}{\partial K} = -r - \lambda MP_K = 0 \tag{4.19}$$

$$\bar{Q} - Q(L,K) = 0 \tag{4.20}$$

と与えられる。この3つの方程式には，3変数 L, K, λ が含まれているため，外生変数 $w, r, \bar{Q}$ が与えられると，解 $L^*(w, r, \bar{Q})$, $K^*(w, r, \bar{Q})$, $\lambda^*(w, r, \bar{Q})$ が得られる。すなわち，賃金 w，資本の使用料 r，生産量 $\bar{Q}$ が与えられると，労働需要量，資本需要量，ラグランジュ未定乗数が求まるのである。これらは生産量を条件づけたうえでの要素需要関数であるため，一般的には**条件付き要素需要関数**と呼ばれ，それぞれ条件付き労働需要関数，条件付き資本需要関数と呼ばれる。

費用最小化問題の解である条件付き要素需要関数を目的関数に代入すると，費用関数が得られる。すなわち，$C(w, r, \bar{Q}) = wL^*(w, r, \bar{Q}) + rK^*(w, r, \bar{Q})$ が，要素価格 w と r が与えられたもとで，生産量 $\bar{Q}$ だけ生産するために掛かる最小の費用である。この関数のことを**費用関数**という。

(4.18) 式を (4.19) 式で割ると，

$$\frac{MP_L}{MP_K} = \frac{w}{r} \tag{4.21}$$

が得られる。これは労働の限界生産性と資本の限界生産性の比率が，賃金と資本の使用料の比率となることを示している。左辺の表現は，労働の限界生産性の資本限界生産性に対する相対的な大きさである。たとえば，労働の限界生産

性が資本の限界生産性に比べて 2 倍であれば，労働を 1 単位増やしたときに資本を 2 単位減らしても同じだけの生産量が保てる。このように生産量を変えずに，労働 1 単位の限界的な投入が資本何単位を限界的に削減できるかを資本の労働に対する**技術的限界代替率**という。

　横軸に労働投入量，縦軸に資本投入量をとった平面上に同じ生産量を実現する労働投入量と資本投入量の組合せを描いたものが，**等量線**と呼ばれるものである。等量線の傾きは，生産量を変化させずに労働投入量を限界的に 1 単位増加させたときに資本投入量を限界的に何単位削減できるかを示しているので，資本の労働に対する限界代替率となる。

　それでは，この等量線の傾きである技術的限界代替率は，労働投入量が増えて，資本投入量が減るに従ってどのように変化するのだろうか。傾きの表現である $dK/dL = -MP_L/MP_K$ を見ると，分子の MP_L は収穫逓減の法則より労働投入量が増えるに従って減少し，その一方で，分母の MP_K は資本投入量が減少するに従って増加する。本来は等量線の形状は $\partial F/\partial L \partial K$ という交差微分にも依存するのだがここでは等量線が原点に対して凸であると仮定する（これは生産関数が準凹と仮定することである）。よって，傾きの絶対値は減少していくことになる。

　以上の情報を総合すると，等量線は横軸に労働投入量を，縦軸に資本投入量をとった平面上に右下がりで原点に対して凸な曲線として描けることになる。このように描くことができた等量線は，費用最小化問題の制約条件となる。それでは，目的関数はどのように図の上に描けるのだろうか。費用表現 $C = wL + rK$ を変形すると直線

$$K = \frac{C}{r} - \frac{w}{r}L \tag{4.22}$$

が得られる。これが**等費用線**である。

　費用最小化問題の解は，生産費用 C を最小化するために，等量線上のなるべく左下で接する等費用線に対応する L, K を選ぶことである。このような点は図 4.5 で示されている通り，等量線と等費用線が交わる点ということになる。この点においては，等量線の傾きと等費用線の傾きが等しくなる。このことより，

図 4.5 費用最小化

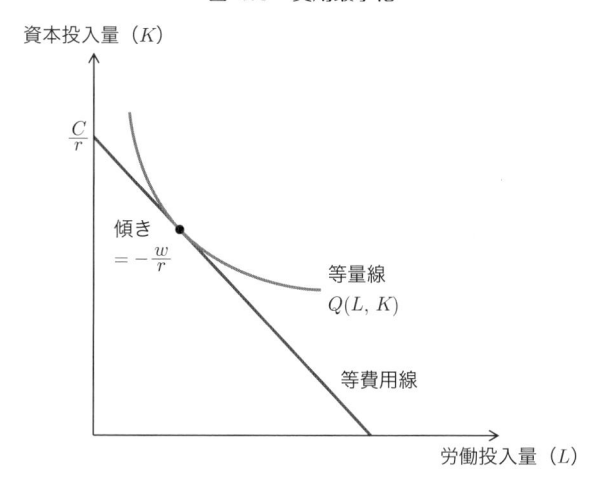

$$MRTS_{LK} = \frac{MP_L}{MP_K} = \frac{w}{r} \tag{4.23}$$

が成立することが費用最小化の必要条件であることがわかる。これは，先ほど 2 つの 1 階条件式 ((4.18) 式と (4.19) 式) を組み合わせて得た費用最小化の条件 ((4.21) 式) と同じであることを確認してほしい。このことは，労働の資本に対する相対的な限界生産性が，労働の資本に対する要素価格比と等しいことが費用最小化の必要条件であると述べていることになる。これは，仮に労働の資本に対する相対的な限界生産性が，労働の資本に対する要素価格比を上回っているならば，労働投入を増やして資本投入を減らすことが望ましいこと，逆に仮に労働の資本に対する相対的な限界生産性が，労働の資本に対する要素価格比を下回っているならば，労働投入を減らして資本投入を増やすことが望ましいことからも，経済学的に明らかであろう。

　ラグランジュ関数を用いた費用最小化問題の必要条件の最初の 2 つの式，(4.18) 式と (4.19) 式を組み合わせることで，「技術的限界代替率 = 要素価格比」という関係が得られる。さらに必要条件の最後の (4.20) 式は等量線そのものであるため，等量線上の点で「技術的限界代替率 = 要素価格比」が成立する点が，費用最小化を実現する労働投入量と資本投入量の組合せであることがわかる。すなわち，図から得られた最適解がラグランジュ関数を用いて得ら

れた最適解と同じであることが確認できる。

3.2　最適生産規模の決定

　費用最小化問題を解くことで，ある生産量 $\bar{Q}$ を生産するのに掛かる最小費用を示す費用関数 $C(w, r, \bar{Q})$ を得ることができた。この費用関数の知識を用いて，最適な生産量 Q がどのように決定されるか第 1 段階の問題を考察してみよう。

　企業が目的とするのは利潤最大化である。生産物価格を p とすると，利潤は $\pi = pQ - C(w, r, Q)$ と表現することができる。したがって，企業の解くべき利潤最大化問題は，

$$\max_{\{Q\}} pQ - C(w, r, \bar{Q}) \tag{4.24}$$

と書くことができる。そして，利潤最大化の必要条件は，

$$p - \frac{\partial C(w, r, \bar{Q})}{\partial Q} = 0 \tag{4.25}$$

で与えられる。p は生産物価格であり，$\partial C(w, r, \bar{Q})/\partial Q$ は限界費用である。

　この必要条件は，横軸に生産量 Q をとり，縦軸に価格 p または限界費用をとった図 4.6 のように表現される。企業はプライス・テイカーとして行動しているから，生産物価格は生産量 Q に依存せずに p で与えられている。したがって，ここで重要なのは生産規模に応じて限界費用がどのように変化するかを示す限界費用曲線の形状である。この形状は生産要素の比例的な増加に対して，生産量がどのように変化するかという規模に関する収穫の性質に依存する。

　たとえば，労働と資本をそれぞれ λ 倍したときに得られる生産量が λ 倍である，つまり，

$$\lambda F(L, K) = F(\lambda L, \lambda K) \tag{4.26}$$

が成立するとき，**規模に関して収穫一定**であるという。この性質が成り立つとき，生産量を λ 倍にしたときに必要とされる生産要素はそれぞれ λ 倍となる

図 4.6　最適生産量の決定

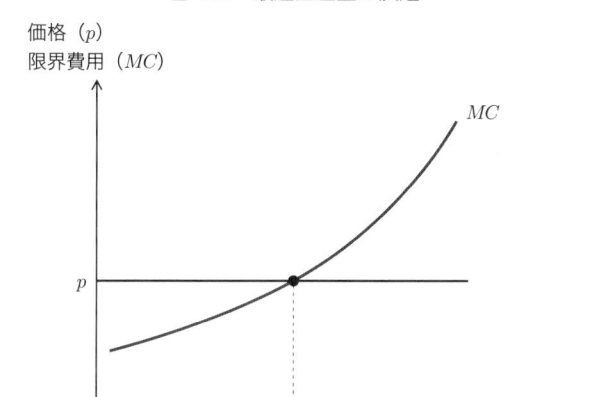

ので，費用を最小化したうえで掛かる費用も λ 倍であることになる。すなわち，費用関数は生産量に関して線形となるため，限界費用は生産量に依存せず一定となる。

　一方で，労働と資本をそれぞれ λ 倍したときに得られる生産量が，もとの生産量 $F(L, K)$ の λ 倍を下回る，つまり，

$$\lambda F(L, K) > F(\lambda L, \lambda K) \tag{4.27}$$

が成立するとき，**規模に関して収穫逓減**であるという。このとき，生産量を λ 倍しようとすると，生産要素は λ 倍以上に投入しなければならなくなるため，費用は生産量に関して，比例的な増加以上に増加することになる。そのため，限界費用は生産量が増加するに従って増加することになる。

　規模に関して収穫逓減とは逆に，

$$\lambda F(L, K) < F(\lambda L, \lambda K) \tag{4.28}$$

が成立するときに，**規模に関して収穫逓増**であるという。このときには，生産規模に関して限界費用は逓減していくことになる。

　同じ生産過程を考慮しているときにも，生産量によって，収穫逓増，収穫一

定，収穫逓減の領域があることが考えられる。たとえば，生産規模が小さいときには，生産規模を比例的に拡大させることで，分業の利益などがうまく働き，収穫逓増となるかもしれないが，ある程度生産規模が拡大するとそのメリットも薄れ，単純に収穫一定の領域に入ってくることが考えられよう。そして，さらに要素投入量を増加して生産規模を拡大していくと，経営上の統制がうまく働かなくなるなどの理由によって，次第に生産量を比例的に拡大することが難しくなってくるだろう。そのため，通常の生産活動については，いつかは規模に関して収穫逓減の領域に達すると考えることができる。

　以上の議論に従うと，生産量が増加するといつかは規模に関して収穫逓減の領域に入るため，限界費用が生産量の増加とともに逓増していく。この状態を示したのが，前出の図 4.6 である。最適な生産量 Q^* は，価格 p の水平線と右上がりの限界費用曲線が交わるところで決まることになる。これが第 1 段階の問題に関する解である。

4　長期の要素需要に関する比較静学

　本節では，長期の要素需要関数 $L^*(w,r,p)$ と $K^*(w,r,p)$ が賃金 w，資本の使用料 r，生産物価格 p の変化に対してどのように変化するかを考察しよう。

　1 つの例として，賃金 w が増加したときの労働需要への影響について考えよう。まず，賃金上昇が費用最小化行動に与える影響を考えよう。賃金が上昇すると，労働の資本に対する相対価格が上昇して，労働の資本に対する技術的限界代替率を上回るようになる。そのため，同一の生産量を保ちつつ，費用を最小化しようとする企業は，等量線に沿う形で労働の投入を減少させて，資本の投入を増加させようとするはずである。この変化は，第 2 章でも説明した**代替効果**である。代替効果は，図 4.7 のなかの点 A から点 B への動きで表される。

　賃金の上昇は，例外を除いて，限界費用を上昇させることにつながる。したがって，利潤最大化問題を解く企業にとっては，最適生産規模の縮小にもつながる。よって，企業の最適生産量に対応する等量線は，より原点に近い位置に

図 4.7　賃金が上昇したときの比較静学

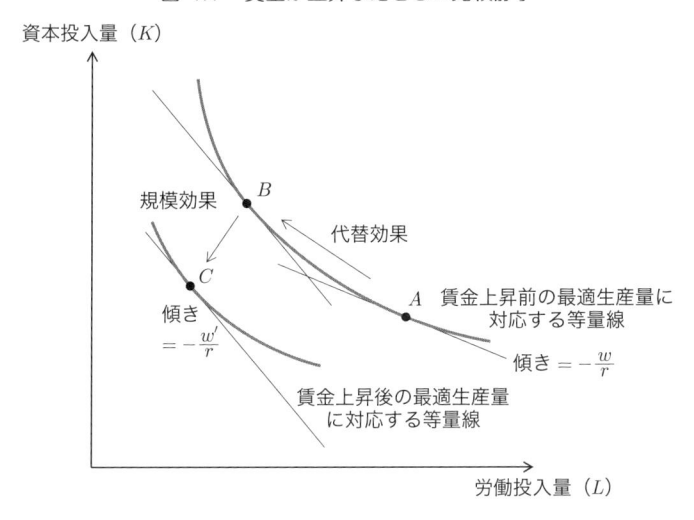

移動することになる。最適生産規模が縮小することによって，労働需要量は減少する。これを**規模効果**という。図 4.7 では新しい要素価格比のもとで，最適な労働と資本の投入量は点 C において決まることになる。

　もう 1 つの身近な例として，技術進歩による資本価格の低下の影響を考えてみよう。近年ではコンピュータ価格の急激な低下が起こったし，かつて産業革命が起こった当時のイギリスでは蒸気機関などの生産機械の価格の急激な低下が起こったと言われている。このような技術進歩が起こると，労働需要が減少して私たちの仕事が奪われてしまうのではないかという不安を多くの人々は抱くようになる。この不安は的中するのだろうか。これまでの議論に基づいて考えてみよう。まず，資本価格が低下すると，労働の相対価格が上昇し労働の技術的限界代替率を上回るようになる。よって，費用最小化を目指す企業は労働を資本で代替しようとするだろう。資本価格の低下によって，労働が資本に置き換わってしまうという不安は，ここまでは的中している。しかし，多くの議論が見逃してしまうのは，この資本価格の低下によって，企業にとっての最適生産規模が拡大し，結果として労働需要も増加するという効果である。最終的に資本価格の低下が労働需要量を減少させるか，増加させるかは，代替効果と規模効果の大小に依存している。仮に代替効果が規模効果を上回っていると

図 4.8　短期と長期の労働需要関数

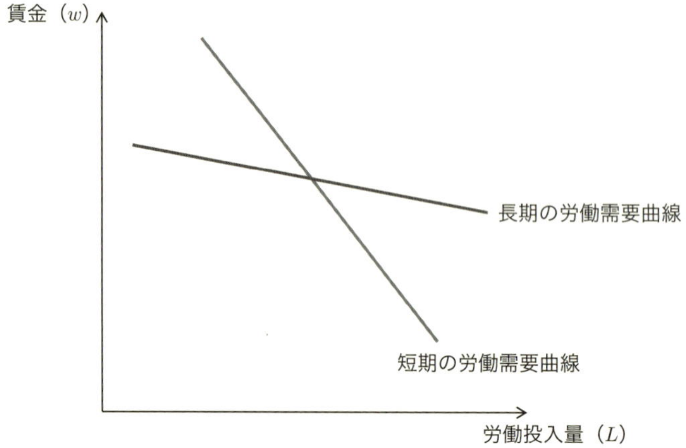

すると，資本価格の低下は労働需要量を減少させる。逆に規模効果が代替効果を上回っているとすると，資本価格の低下は労働需要量をむしろ増加させる。

　では，上記の議論で例外とした，賃金が上昇しても限界費用が上昇しないケースとはどのようなケースだろうか。それは賃金が上昇した結果として，企業が労働をまったく使わなくなり，資本だけで生産を行うようになるケースである。このケースでは，すでに労働が生産過程で使われていないので，賃金が上昇しても限界費用には影響を与えないことになる。よって，考慮すべきは代替効果だけであり，規模効果については無視できることになる。

　ここまで，賃金が変化することで長期の最適労働投入量がどのように変化するかを見てきた。他の条件を一定とすると，賃金が上昇すると賃金が資本の使用料に比べて上昇するため，代替効果を通じて一般的には最適労働投入量は減少する。また，賃金が上昇すると生産の限界費用が上昇するため，最適生産量が減少し，規模効果を通じて最適労働投入量も減少する。このように，賃金と長期の最適労働投入量には関係があるが，その関係を示したものが図 4.8 における**長期の労働需要関数**である。横軸に雇用量，縦軸に賃金をとると，右下がりの関係が描ける。

　長期の労働需要曲線の傾きは短期の労働需要曲線の傾きに比べて緩やかである。これは賃金が上昇した際に働く効果が短期においては規模効果に限定され

ているのに対して，長期においては代替効果も働くため，同じ賃金上昇に対する最適労働投入量の減少が長期のほうが大きな値となるためである。

5　労働と資本の代替の弾力性

5.1　完全代替型生産関数とレオンチェフ型生産関数

　労働の資本に対する相対要素価格が上昇したときに，企業はいったいどれだけ労働を資本に置き換えようとするのだろうか。生産過程や生産技術の特性として，労働と資本の置き換えが簡単であれば，労働の資本に対する相対要素価格の上昇は，労働の資本に対する相対要素需要量を大きく減少させることになるだろう。その一方で，生産技術によっては，労働と資本を置き換えることがほとんど不可能で，相対要素価格が変化しても，相対要素需要量がほとんど変化しないケースもあるだろう。

　このように，相対要素価格の変化に対して相対要素需要量がどのように反応するかは，生産技術に依存する。そして，その生産技術の特性を表す概念として，相対要素価格が 1% 変化したときに，相対要素需要量が何 % 変化するかを示す**代替の弾力性**という概念がある。代替の弾力性は，以下の式で定義される。

$$\eta = -\frac{d(L/K)/(L/K)}{d(w/r)/(w/r)} \tag{4.29}$$

　図 4.9 に代替の弾力性がゼロの場合の等量線，図 4.10 に代替の弾力性が無限大（∞）の場合の等量線が描かれている。それぞれの図に等費用線を描き入れてみて，費用最小化を達成する労働と資本の組合せが，相対要素価格 (w/r) の変化とともにどのように変化するかを考えてみてほしい。図 4.10 の場合には労働の資本に対する相対要素価格が，等量線の傾きの絶対値を超えた瞬間に労働から資本に完全に代替することが確認できるだろう。これを**完全代替の生産関数**という。一方で，図 4.9 の場合には相対要素価格が変化しても労働と資本の投入量は変化しない。この生産関数を**レオンチェフ型生産関数**という。

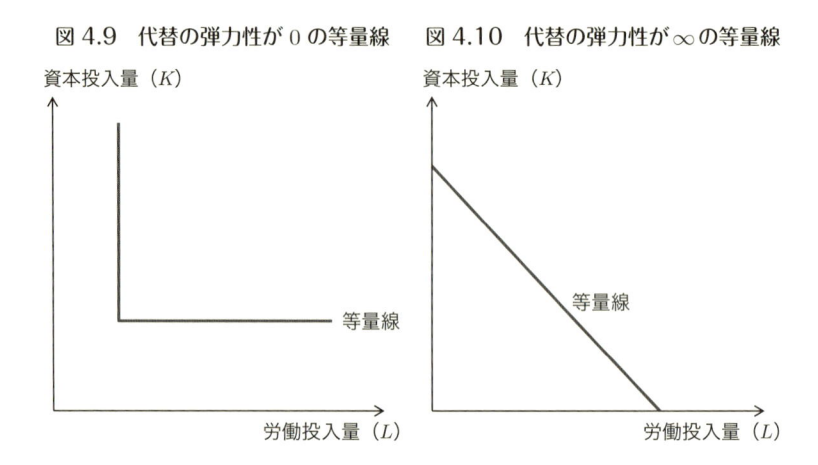

図 4.9　代替の弾力性が 0 の等量線　　図 4.10　代替の弾力性が ∞ の等量線

5.2　CES 型生産関数

代替の弾力性が一定の生産関数として CES 型生産関数がある。**CES 型生産関数**とは，代替の弾力性が一定（constant elasticity of substitution; CES）の生産関数であり，その関数形は，

$$Y = (L^\rho + K^\rho)^{\frac{1}{\rho}} \tag{4.30}$$

で与えられる。生産物価格が $p = 1$，賃金が w，資本の使用料が r で与えられるとすると，利潤は，

$$\pi = (L^\rho + K^\rho)^{\frac{1}{\rho}} - wL - rK \tag{4.31}$$

となる。この表現を L ならびに K について偏微分すると，利潤最大化の必要条件である，

$$\frac{1}{\rho}(L^\rho + K^\rho)^{\frac{1}{\rho}-1}\rho L^{\rho-1} = w \tag{4.32}$$

$$\frac{1}{\rho}(L^\rho + K^\rho)^{\frac{1}{\rho}-1}\rho K^{\rho-1} = r \tag{4.33}$$

が得られる。ここで，(4.32) 式を (4.33) 式で割ると，

$$\left(\frac{L}{K}\right)^{\rho-1} = \frac{w}{r} \tag{4.34}$$

が得られる。これを変形して，

$$\frac{L}{K} = \left(\frac{w}{r}\right)^{\frac{1}{\rho-1}} \tag{4.35}$$

とする。そして，両辺の自然対数をとると，

$$\ln\left(\frac{L}{K}\right) = \frac{1}{\rho-1}\ln\left(\frac{w}{r}\right) \tag{4.36}$$

となる。

　ここで，代替の弾力性の定義より，

$$\eta = -\frac{d(L/K)/(L/K)}{d(w/r)/(w/r)} = -\frac{\partial \ln(L/K)}{\partial \ln(w/r)} = \frac{1}{1-\rho} \tag{4.37}$$

が得られる。つまり，(4.30) 式で表現される生産関数の代替の弾力性は，$1/(1-\rho)$ で一定である。パラメータ $\rho \to \infty$ のとき $\eta \to 0$ であり，代替の弾力性は 0 である。これはすなわち，生産関数がレオンチェフ型関数 $Y = \min(L, K)$ であることを示している。一方，$\rho \to 1$ のとき $\eta \to \infty$ であり，代替の弾力性は無限大である。これはすなわち生産関数が線形関数 $Y = L + K$ であることを示している。さらに，$\rho = 0$ のとき $\eta = 1$ であり，代替の弾力性は 1 である。つまり $\rho = 0$ のときの CES 型生産関数はコブ゠ダグラス型関数となる（コブ゠ダグラス型生産関数については，本章 8 節で詳しく説明する）。$\rho = 0$ のときの (4.30) 式の形式は容易に知ることができるが，代替の弾力性より生産関数がコブ゠ダグラス型，すなわち $Y = L^{\alpha}K^{\beta}, \ 1 > \alpha > 0, \ 1 > \beta > 0$ であることを示している。

　生産関数がコブ゠ダグラス型であるとき，利潤は，

$$\pi = L^{\alpha}K^{\beta} - wL - rK$$

と表せる。この表現を L ならびに K について偏微分すると，利潤最大化の必要条件は，

$$\alpha L^{\alpha-1} K^{\beta} = w \tag{4.38}$$

$$\beta L^{\alpha} K^{\beta-1} = r \tag{4.39}$$

と表せる。(4.38) 式を (4.39) 式で割ると，

$$\frac{\alpha}{\beta} \cdot \frac{K}{L} = \frac{w}{r}$$

が得られる。この式は，

$$\ln(\alpha/\beta) + \ln(K/L) = \ln(w/r)$$

$$\text{または} \quad \ln(\alpha/\beta) - \ln(L/K) = \ln(w/r)$$

と表せることにより，

$$\eta = -\frac{\partial \ln(L/K)}{\partial \ln(w/r)} = 1$$

が得られる。これは代替の弾力性が 1 であることを示している。

代替の弾力性が 1 ということは，賃金が 1% 上昇すると労働投入量が 1% 減少することを意味する。そのため，賃金が変化しても労働に対する支払い総額 wL は変化しないので，生産コスト全体 $wL + rK$ に占める賃金支払い総額 wL の占める割合は変わらないことになる。

6　労働の準固定費の存在

ここまで本章の分析では，労働投入量を明確に定義してはいなかったが，実は労働投入量は 1 人当たりの労働時間と労働者数の積であると暗黙のうちに定義して議論を進めてきた。

この仮定に従えば，1 人の労働者が労働時間を半分にして労働者数を 2 倍にしたときの労働投入量はもとの状態と変わらない。この暗黙の仮定に基づいて，不況期には各労働者が少しずつ労働時間を減らして労働者数を増やすようにしようという**ワーク・シェアリング**が提案されることがある。しかし，すでに働いている労働者の労働時間を 10% 減らして 10% 労働者を増やしたと

きに同じ生産量を実現できるかどうかは仕事の特性によって異なるだろう。場合によっては，仕事を分割したことで生産性が落ちてしまうかもしれない。また，労働者に掛かる費用は時間当たり賃金だけではなくて，人を雇うのに掛かる採用費用や訓練費用といった固定的な部分もあるため，10 人を 10 時間ずつ雇う場合と 20 人を 5 時間ずつ雇う場合では掛かる費用が違うという可能性もある。労働投入量や費用が単純に労働時間と労働者の積に依存すると考えられないとき，企業はどのように労働者数と労働時間の組合せを選ぶのだろうか。

労働者数と労働時間の組合せに関する企業の選択は，次のような費用最小化の解として表現できる。

$$\min \ (F + wH)N, \quad \text{s.t.} \ Q = F(H, N) \tag{4.40}$$

ここで，F は労働者 1 人を雇うのに掛かる固定的な費用である。これを資本の固定費用と区別するため**準固定費用**という。次に，w は時間当たり賃金，H は労働者 1 人当たりの労働時間，N は労働者数である。また制約条件の Q は企業の生産目標であり，$F(H, N)$ は人数と労働時間の組合せからどれだけの生産量を得ることができるかを示した生産関数である。なおここでは，資本については捨象している。生産関数 $F(H, N)$ の形状は，労働者数と 1 人当たり労働時間をそれぞれ増やせば生産量が増えるため，H ならびに N に関して増加関数である。また，1 人当たり労働時間を増やしたときに労働者数をどれだけ減らせるかを限界的に示すのが，労働者数の労働時間に対する技術的限界代替率である。これは，$dN/dH = -(\partial F/\partial H)/(\partial F/\partial N)$ で表される。1 人当たり労働時間を増やして労働者数を減らすにつれて，労働時間の限界生産性は減少し労働者数の限界生産性は増加すると考えられるので，労働時間が増えるにつれて技術的限界代替率は逓減していくと考えられる。

図 4.11 は横軸に 1 人当たり労働時間，縦軸に労働者数をとった図である。ここに，一定の生産量 $\bar{Q}$ を達成する H と N の組合せである等量線を描き入れた。労働者数の労働時間に対する技術的限界代替率が逓減するという仮定より，傾きの絶対値が小さくなっていくため，等量線は原点に対して凸となる。さらに，ある一定の費用 $\bar{C}$ が掛かる H と N の組合せである等費用線も図に描き入れることができる。$(F + wH)N = \bar{C}$ を変形すると，

図 4.11 準固定費用が存在するときの時間と人数の決定

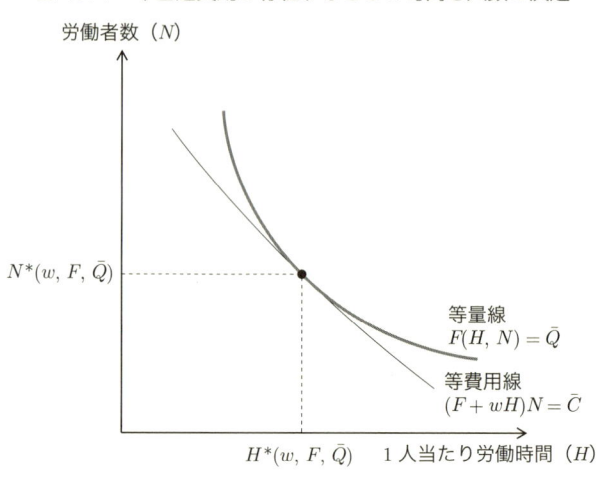

$$N = \frac{\bar{C}}{F + wH} \tag{4.41}$$

が得られる。この等費用線の傾きは $\partial N/\partial H = -\bar{C}w/(F + wH)^2$ であるため負である。また，$\partial^2 N/\partial H^2 = \bar{C}w^2/(F + wH)^3 > 0$ であるため，H が大きくなるほど傾きは緩やかになる。さらに，$\partial^2 N/\partial H\partial F = \bar{C}w/(F + wH)^3 > 0$ であるため，準固定費用 F が大きいほど傾きが緩やかになることもわかる。

　企業は生産量 Q が与えられたときに，費用 C を最小化するような1人当たり労働時間 H と労働者数 N の組合せを選ぶ。これは，等量線と等費用線が接する点において実現される。この点においては，労働者数の限界生産性と労働時間の限界生産性の比率が，労働者数の限界費用と労働時間の限界費用の比率と等しくなっている。費用最小化の結果として選ばれる1人当たり労働時間を $H^*(w, F, Q)$，労働者数を $N^*(w, F, Q)$ と表記すると，賃金 w と準固定費用 F が与えられたもとで生産量 Q を生産しようとすると費用は $C(w, F, Q) = (F + wH^*(w, F, Q))N^*(w, F, Q)$ で表される。

　いったん費用関数が求められれば，最適生産量は企業の利潤を最大化するように求められることになる。仮に企業の生産する財が完全競争的な市場で取引されているとすると，企業の最大化問題は以下のように与えられる。

$$\max_Q \ pQ - C(w, F, Q) \tag{4.42}$$

この問題を解くことによって最適生産量 Q^* が求められるため，これを $H^*(w, F, Q)$ や $N^*(w, F, Q)$ に代入することで，最適な 1 人当たり労働時間や労働者数が求まる。

次に，時間当たり賃金 w や準固定費用 F の増加が，1 人当たり労働時間や労働者数にどのような影響を与えるか考えてみよう。まず，簡単に影響を見ることができる準固定費用の増加の影響から考えよう。準固定費用の増加は等費用線の傾き $\partial N / \partial H = -\bar{C}w / (F + wH)^2$ を緩やかなものとするため，一定の生産量のもとで，労働者数から労働時間への代替をもたらす（図 4.11 の等費用線を平坦にしてみること）。労働者に掛かる準固定費用が増加したときに労働者数を節約して 1 人当たりの労働時間を長くしようとするのは直観的にもイメージしやすいだろう。この変化は，生産量を固定したもとで起こる変化であり，代替効果である。さらに準固定費用が上がると，費用関数 $C(w, F, q)$ が増えるため，最適生産量は減ることになる。このことは，労働者数と労働時間の双方を減らすことになる（図 4.11 の等量線を原点に近づけて左下に移動させること）。この変化は，生産規模が変化したことによって起こる変化であり，規模効果である。準固定費用の増加は代替効果を通じて 1 人当たり労働時間の増加をもたらし，規模効果を通じて 1 人当たり労働時間の減少をもたらすため，準固定費用の増加が労働時間に与える影響は明らかではない。一方で，準固定費用が減少すると，代替効果と規模効果の双方を通じて労働者数は増加することになる。

準固定費用には採用費用や訓練費用といった，労働時間とは関係なく，労働者の頭数に依存して決まる費用がすべて含まれる。また，いったん雇い入れた労働者は解雇が難しいなどといった法的規制や雇用慣行も，準固定費用として作用することになる。このように考えると，新卒労働者を中心に丁寧な採用活動を行って労働者を採用し，長い期間をかけて労働者を訓練したうえで，解雇は最大限回避するという雇用慣行のなかで働く日本の大企業の正社員の労働時間が長いのは，自然な帰結であるとも考えられる。

次に，賃金の増加が 1 人当たり労働時間と雇用量に与える影響を考えるが，

これを明らかにするのは容易ではない。なぜなら，等費用線の傾き $\partial N/\partial H = -Cw/(F+wH)^2$ が時間当たり賃金 w の増加によってどのよう変化するかは，固定的な F と変動的な wH のどちらが大きいかによって変わってくるためである。実際に計算してみると，

$$\frac{\partial [-Cw/(F+wH)^2]}{\partial w} = \frac{C(wH-F)}{(F+wH)^3}$$

となるため，その符号の正負はケース・バイ・ケースである。

　もしも変動的な賃金支払い wH が準固定費用 F を超えているようであればこの符号はプラスであるため，等費用線の傾きは緩やかになる。つまり，準固定費用が増えたときと同じように，代替効果を通じて 1 人当たりの労働時間の増加をもたらす一方で，規模効果を通じて 1 人当たりの労働時間の減少をもたらすため，労働時間に与える影響は明らかではない。一方で，代替効果と規模効果の双方を通じて労働者数は減少することになる。

　逆に，準固定費用 F が変動的な賃金支払い wH を超えているようであればこの符号はマイナスであるため等費用線の傾きは急になる。この場合には，代替効果と規模効果の両方を通じて，1 人当たりの労働時間は減少する。一方で，代替効果を通じて労働者数は増加するが，規模効果を通じて労働者数は減少するため，労働者数がどのように変化するかは明らかではない。

7　各企業の労働需要関数から労働市場の労働需要関数へ

7.1　市場全体の労働需要曲線

　ここまで，短期と長期のどちらにおいても各企業の労働需要関数が基本的には労働の限界生産物価値と等しくなることを示してきた。賃金が下落した場合，労働の限界生産物価値が新しい水準の賃金に等しくなるまで労働投入量が増えることになるが，労働投入量の増加幅は短期と長期によって異なる。短期においては資本ストック量を動かせないため，労働の限界生産物価値が新しい水準の賃金に等しくなるまで労働投入が増えることになる。一方で，長期の場

合にはさらに資本を労働に置き換えることによる労働投入量の増加の効果も加わるため，労働投入量の増加幅はさらに大きくなる。

　労働市場全体の労働需要関数は，ある賃金のもとで各企業が選ぶ労働需要量をすべての企業に関して合計したものとなる。各企業の労働需要関数が右下がりであるため，市場全体の労働需要関数も右下がりとなる。

　短期の労働需要関数に関しては，以下で説明する2つの要因によって市場全体の労働需要関数が右下がりになることを把握しておくことが必要である。1つめは，賃金が下がるとすでに操業している各企業の労働需要量が増加するという要因である。この要因による賃金変化に対する労働需要の変化の反応の大きさが，**インテンシブ・マージン**である。次に2つめの要因として，賃金が下落すると各企業の労働の平均生産物価値を下回るケースが出てくるため，今まで操業していなかった企業が操業し始めることで労働需要量が増えるという変化も起こる。この反応の大きさが，**エクステンシブ・マージン**である。

　賃金の変化に対して，労働需要量がどの程度変化するかを示す指標として，以下の式で定義される**労働需要弾力性**がある。

$$\varepsilon = -\frac{dL/L}{dw/w} \tag{4.43}$$

ここで，分母は賃金の変化率であり，分子は労働需要量の変化率である。双方に変化率をとるのは，賃金や労働需要量の測定の単位を指標に依存しないものとするためである。また，賃金が100円から110円に変わるのと1000円から1010円に変わるのは，同じ10円の変化であっても労働需要に与える影響の大きさは異なることが多いので，変化率を用いている。

7.2　長期の労働需要弾力性

　企業が資本の水準も選べる期間に賃金が1%上がったときに，労働需要量が何%減るかを表す指標が**長期の労働需要弾力性**である。この長期の労働需要の弾力性の大きさは，生産技術や企業を取り巻く市場環境によって決まってくる。マーシャルは**派生需要の法則**という形で，以下の4点がとくに重要であると指摘している。

代替弾力性の上昇： 他の投入要素との代替が容易になることによって，代替効果が大きくなる。よって労働需要弾力性は大きくなる。

生産財需要の価格弾力性の上昇： 生産財需要の価格弾力性が上がると，賃金上昇に伴って限界費用が上がり，生産財価格が上昇することによる生産財需要の減少が大きくなる。よって，規模効果が大きく働くため，労働需要弾力性は大きくなる。

全費用に占める労働費用シェアの上昇： 全費用に占める労働費用シェアが上昇すると，賃金上昇に伴う限界費用の上昇幅が大きくなる。結果として生産財価格の上昇幅も大きくなるため，生産財需要の減少が大きくなる。したがって規模効果が大きくなり，労働需要弾力性は大きくなる。

資本の供給の価格弾力性の上昇： 賃金が上昇すると労働から資本への代替が起こる。しかし，結果として起こる資本需要の増加は資本価格の上昇をもたらし，代替効果の歯止めとして働く。ただし，資本供給の価格弾力性が大きいと，資本需要が増加しても資本価格はそれほど増加しないため，代替効果は大きく働くことになる。そのため，労働需要弾力性は大きくなる。

　以上の 4 つの条件がそれぞれ満たされると，他の条件を一定としたときの，長期の労働需要弾力性が上昇する。つまり，賃金が上昇したときに，労働需要量の減少が大きくなる。

　このマーシャルの派生需要の法則を念頭に置くと，なぜ産業ごとに労働組合の組織率が異なるかを説明できる。労働組合の大きな目的は，組合員の賃金引き上げを目指すことである。しかし，大幅な賃金引き上げを求めることは，企業の労働需要を抑制し，雇用量を減少させてしまうことにもつながる。よって，賃金上昇が大幅な労働需要量の減少をもたらすような産業では，労働組合活動は盛んにならないことが予想される。逆に言うと，賃金が上昇しても雇用量が減らないような産業，すなわち労働需要の賃金弾力性が小さい産業では，労働組合活動が盛んになることが予想される。

　電気・ガスといった公益産業では伝統的に労働組合活動が盛んである。これは労働と資本の代替が難しい，生産財市場が非競争的で需要の価格弾力性が小

さい，全費用に占める労働費用が小さい，などといった要因によって，これらの産業における労働需要の弾力性が小さいことが原因の1つである。一方で，市場が競争的で需要の価格弾力性が大きく，費用に占める労働費用が大きいスーパーマーケットなどの小売業界では労働組合の活動が活発ではない。これは労働需要の弾力性が大きいことが原因である。

　日本航空（JAL）は2010年に破綻したが，パイロットの労働組合が強力で非常に高い水準の賃金を支払っていたことが，その要因の1つであると指摘されている。このことを，マーシャルの派生需要の4法則に従って考えてみよう。1つめは，他の投入要素との代替である。旅客機には機長と副操縦士の2人を勤務させることが法的に求められていて，他の生産要素との代替はできない。2つめは，生産財需要についてである。当時，国内旅客路線は日本航空，全日空（ANA），日本エアシステム（JAS）の3社体制による寡占的な市場構造が長く続いていた状況であった。そのため，競争的な市場構造を持つ他の産業に比べれば，生産財需要の価格弾力性は低かったと考えられる。3つめは，全費用に占めるパイロットへの賃金支払いシェアである。機体の資本費用，燃料費などが莫大であることを勘案すると，旅客機のオペレーション費用に占めるパイロットの人件費は小さい。したがってパイロットの賃金が上がったところで，全体で見ればそれほど大きなコストアップ要因とはならない。4つめは，資本供給の価格弾力性である。パイロットから機械への代替は完全な自動操縦装置の導入などで技術的には可能ではあるかもしれないが，規制によって機長と副操縦士の搭乗が義務づけられていれば，制度的には代替不可能である。そのため，資本供給の価格弾力性はここでは考える必要はない。

　このように，パイロットの労働組合が持っていた強い交渉力には，経済学的な裏づけがあったわけである。

8　コブ゠ダグラス型生産関数，労働生産性，賃金

　この章で学んだ労働需要モデルの重要なメッセージの1つは，「企業の利潤最大化の結果として，労働の限界生産性が賃金と等しくなる」というもので

Column ③　賃金上昇と労働生産性

　　　　　　近年，日本の景気動向にあわせて，賃上げをめぐる労使の議論が盛んに行われている。安倍晋三政権も，「アベノミクス」の成功のためには賃上げが欠かせないとして，さまざまな経路からたびたび，経済界に賃上げを要求してきた。このように進められる労使交渉を見ていると，賃金水準があたかも政治的な交渉の結果として決まっているような錯覚に陥る。

　しかし本章で説明したように，経済学では賃金決定について非常に単純な予測をする。日本国内で生産される付加価値は労働と資本の貢献によってつくられるわけだが，「労働と資本の付加価値生産への貢献度合い」という技術的な関係で賃金が決まるという予測である。仮に，労働投入の伸び率と資本投入の伸び率のそれぞれに対する付加価値の伸び率が一定であるコブ゠ダグラス型生産関数で日本の生産構造が記述できるとすると，時間当たり賃金は時間当たり労働生産性の生産技術定数倍で決まることになる。たとえば，2011年の数字で時間当たり労働生産性が4442円，生産技術定数が0.6であるとすると，時間当たり賃金は2665円に決まる。

　実際に，後出の図4.12のように過去20年ほどの平均時間当たり賃金を，労働生産性を実質化するのに使っているGDPデフレータで実質化した系列を追ってみ

ある。この関係は実際に成立しているのだろうか。実証分析をする際の困難は，労働の限界生産性を測定するのが難しいということである。限界生産性とは，企業が最後に雇った労働者の追加的な生産性なので，実際に測定しようとすると，「最後に雇った労働者は誰か？」「その労働者の生産への貢献はどれだけか？」といった問題が生じる。そのため，実際に測定するのは容易ではない。その一方で，比較的容易なのは労働者の平均生産性の測定である。ある企業が生み出した付加価値額を総労働時間で割れば平均生産性は求められるので，付加価値も総労働時間もデータの入手は比較的楽だからだ。国民経済計算（SNA）などのマクロ統計を使えば一国全体の労働生産性も求めることができる。

　さて，それではどのように限界生産性と平均生産性を関連づければよいだろうか。この関連づけを容易に行える関数形として知られているのが，**コブ゠ダグラス型生産関数**である。コブ゠ダグラス型生産関数とは，

ると，時間当たり賃金は時間当たり労働生産性の6割から7割で推移していることがわかる。生産関数がコブ゠ダグラス型とは限らないことなども考えると，経済学に基づく予測はほぼ当てはまっていると言えるだろう。賃金を実質化するに当たって消費者物価指数（CPI）を使うと，時間当たり労働生産性の上昇ほどには実質賃金が上がっていないことがわかるが，賃金分配理論の検討のためには，賃金はGDPデフレータで実質化するのが適切である。

　労働生産性が上がると賃金が上がるのは，労働生産性が増加すると企業が雇用を増やそうとするため，高賃金を提示しないと新たに労働者を採用することができなくなったり，すでにいる労働者を引き留めることができなくなったりするという，労働市場での競争原理が働くためである。アメリカやイギリスのデータを用いた実証研究でも，その正当性はおおむね支持されている。実証的にも，その正当性が示された理論が持つ含意は単純であり，労働生産性の上昇なくして賃金上昇はありえないことを教えてくれる。すなわち，供給サイドの効率性向上が実現するような構造改革が成功しなければ，いくら政治的な介入が行われても賃上げはなかなか実現されないだろうということである。

$$Y = AL^{\alpha}K^{1-\alpha} \tag{4.44}$$

で表される生産関数である。この生産関数が与えられたとき，企業の利潤最大化問題は，

$$\max_{L,K} AL^{\alpha}K^{1-\alpha} - wL - rK \tag{4.45}$$

である。ここで生産物価格は1に標準化してある。この最大化問題の1階条件は，

$$\frac{\partial \pi}{\partial L} = 0 \Rightarrow A\alpha L^{\alpha-1}K^{1-\alpha} = w \tag{4.46}$$

$$\frac{\partial \pi}{\partial K} = 0 \Rightarrow A(1-\alpha)L^{\alpha}K^{-\alpha} = r \tag{4.47}$$

である。

　(4.46) 式を $Y = AL^{\alpha}K^{1-\alpha}$ を用いて整理すると，

$$w = \alpha \frac{Y}{L} \tag{4.48}$$

となる。この式は，賃金が労働生産性と比例関係にあることを示している。つまり 1 時間当たりの労働生産性が 100 円上がると $100 \times \alpha$ だけ賃金も上がるというわけである。

この関係が成立しているかどうかデータを見てみよう。まず賃金であるが，厚生労働省の「賃金構造基本統計調査」を用いて，

$$\frac{\text{きまって支給する現金給与総額} \times 12 + \text{年間賞与その他特別給与額}}{(\text{所定内労働時間} + \text{所定外労働時間}) \times 12}$$

を時間当たり賃金として用いる。「賃金構造基本統計調査」は 6 月だけの調査であるため，月収に 12 を掛けて年収に変換する必要があることに注意してほしい。

次に労働生産性をとらえたいが，日本全体で 1 年間に生産された付加価値を 1 年間に投入された労働時間で割る必要がある。付加価値については国内総生産 (GDP) を用いる。ここでは暦年のデータを用いる。また労働者の人数をとらえるために総務省の「労働力調査」における就業者数を用い，労働時間は「賃金構造基本統計調査」から (所定内労働時間 + 所定外労働時間) × 12 を計算する。就業者数に労働時間を掛け合わせたものが日本全体の総労働時間である。

時間当たりの労働生産性と賃金を 1981〜2011 年の期間で計算して比例関係にあるかどうかを見てみたいのだが，どちらも貨幣単位 (円) で測られている。ただし，1981〜2011 年の期間で貨幣価値が変わってしまっているので，何らかの価格指数で貨幣価値の変化を調整する必要がある。この価格指数を用いて貨幣価値を一定に保つ作業を，**実質化**という。実質化のために用いることのできる価格指数としては，次に説明する 2 つのものがある。1 つは**消費者物価指数** (CPI) と呼ばれるもので，代表的な世帯が購入する財の組合せについての価格指標である。もう 1 つは **GDP デフレータ**と呼ばれるもので，国内総生産である GDP の構成要素に関する価格指数である。GDP は消費，投資，(輸出 − 輸入) の合計なので，GDP と消費は，投資と (輸出 − 輸入) の分だけずれることになる。そのため，投資財の価格が上がると GDP デフレータは上

図 4.12　時間当たり実質労働生産性と時間当たり実質賃金

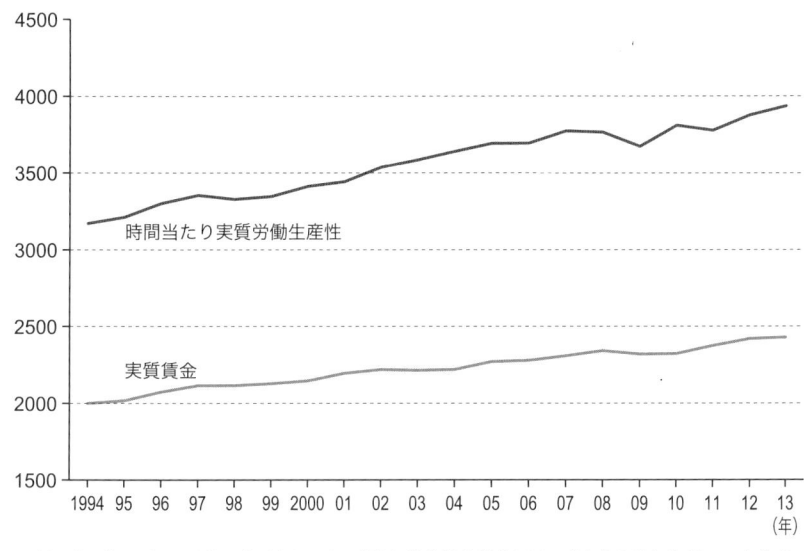

（出所）「国民経済計算」「労働力調査」「賃金構造基本統計調査」「消費者物価指数」より作成。

がるが，消費者物価指数は上がらない。また，輸出品価格が上がると GDP デフレータは上がるが消費者物価指数は変化しない。一方で，輸入品価格が上がると GDP デフレータは下がるが，消費者物価指数は上がる。

　それでは賃金が労働生産性に比例するという理論を検証するためには，どちらの価格指数を使った実質化をするべきだろうか。労働生産性については分子の GDP が GDP デフレータによって実質化されているので，賃金についても GDP デフレータを使って実質化するのが正解だ。

　GDP デフレータで実質化された時間当たり賃金と労働生産性の関係を見たグラフが図 4.12 である。このグラフを見てみると，賃金は労働生産性のおよそ 6 割から 7 割の数字をとっており，コブ゠ダグラス型生産関数がおおよそ当てはまっていることがわかる。

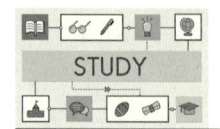

【確認問題】

[4-1] 生産関数が,

$$y = L^{1/3} K^{1/3}$$

で与えられており, 生産物価格は 1, 賃金は w, 資本使用料は r だとする。このとき, 以下の問いに答えなさい。

(1)　労働に関する要素需要関数を (w, r) の関数として書きなさい。そのうえで, w の限界的な変化が労働需要量に与える影響, すなわち総効果を計算しなさい。

(2)　労働に関する条件付き要素需要関数を (w, r, y) の関数として書きなさい。そのうえで, w の限界的な変化が条件付き労働需要量に与える影響, すなわち代替効果を計算しなさい。

(3)　総効果と代替効果から規模効果を計算しなさい。

[4-2] 完全競争市場において, ある企業が財を 600 円で販売している。そして, その企業は右上がりの労働供給曲線

$$E = 0.2w - 120$$

に直面しているとする。ただし, E は時間当たりの労働供給量であり, w は時間当たり賃金である。また, 1 時間の労働は 5 単位の財を生産できるものとする。以下の問いに答えなさい。

(1)　この企業の利潤を最大化する労働投入量を求めなさい。

(2)　この企業が労働者に支払う時間当たり賃金はいくらか求めなさい。

(3)　この企業に 1000 円の最低賃金が課せられたとする。雇用量の変化を求めなさい。

[4-3] 賃金が上昇し収入が支出を下回り相当な赤字になったとしても, 労働者を雇用して操業を続ける企業の特徴について, 費用に占める労働シェアの高低との関係で論じなさい。

[4-4] 東京都では 2005 年から 2010 年にかけて最低賃金が 100 円上がったが, 山梨県

では上がらなかった（仮想の例である）。このとき，2005年と2010年の中卒男子20〜24歳の就業率は以下の通りだった。

	政策変更前	政策変更後
東京都	70.2	68.2
山梨県	75.0	76.0

　また，東京都と山梨県では最低賃金が上がらなければ同じ就業率の変化が実現したと仮定する。この場合の最低賃金引き上げの効果について，説明しなさい。

【発展問題】

[4-5] 企業が労働投入 L と資本投入 K を用いて，生産量 Y を次の生産関数に従って生産している。

$$Y = (L^\rho + K^\rho)^{1/\rho}, \qquad \rho \leq 1$$

この企業の生産物価格は $P = 1$ で与えられており，資本の使用料 r と時間当たり賃金 w が与えられている。企業が利潤最大化行動をとっているときの時間当たり賃金（w）と時間当たり労働生産性（Y/L）の関係を示しなさい。

[4-6] 日本における時間当たり実質賃金と時間当たり労働生産性の関係を見ると，1980年から2010年にかけて，時間当たり実質賃金が時間当たり実質労働生産性に占める割合は徐々に低下している。このことをふまえて，以下の問いに答えなさい。

(1)　上記のモデルが正しいとしたとき，日本経済では何が起きていると考えられるかを説明しなさい。

(2)　この仮説が正しいかどうかを検証するためには，どのように考えればよいだろうか。Y, L, r, w は観察できるが K は資本ストック統計が十分に整備されていないため観察できないものとする。また，国民経済計算を用いれば産出（Y）のほか消費（C），投資（I），輸出（X），輸入（M）などは計測することができる。厳密ではなくてもかまわないので，あなたの考えを述べなさい。

第 **5** 章

労働市場の均衡

これまでの章では，家計による効用最大化の結果としての労働供給行動と，企業による利潤最大化行動の結果としての労働需要行動を分析してきた。これらの分析では，家計は賃金を見ながら労働供給量を決定し，企業も賃金，資本使用料，生産物価格を見ながら労働需要量を決定することが予測されてきた。では，賃金は経済のなかでいったいどのように決定されるのだろうか。本章では，「賃金は労働市場全体の労働供給と労働需要が均衡するように決定される」という理論を紹介する。この需給均衡の理論に従えば，家計や企業といった個々の主体は，労働市場で決定される賃金によって行動が規定される一方で，労働市場における賃金決定は個々の主体の行動の結果として決定されるという整合性のある論理の循環が成立することになる。

1 完全競争の労働市場における均衡

労働市場に無数の労働者と企業が存在し，労働者も企業も労働市場で決まっている賃金を与えられたものとして行動しているとき，その労働市場は**完全競争的**であるという。

労働市場が完全競争的であるとき，家計は賃金と留保賃金（＝働かないときの消費の余暇に対する限界代替率）を比較して，賃金が留保賃金を上回るときに労働サービスを労働市場に提供する。すでに労働サービスを市場に提供する家

計は，消費の余暇に対する限界代替率が賃金と等しくなるように労働サービスを提供している。そのため賃金が上昇すると，余暇を調整し，消費の余暇に対する限界代替率が賃金に等しくなるように行動する。

市場で決まる賃金が上昇すると，留保賃金が高い家計も労働サービスの供給を始めるため，各家計の労働供給を合計した市場全体の労働供給は増加する。第2章でも説明したように，今まで働いていなかった家計が働くようになる変化をエクステンシブ・マージンの変化という。その一方で，すでに働いている家計については，賃金の上昇は代替効果を通じて労働時間の増加をもたらす一方で，所得効果を通じて労働時間の減少をもたらすことになるため，賃金の上昇が労働時間を増加させるか減少させるかは先験的には明らかではない。このように，賃金の変化がすでに働いている家計の労働時間の変化をもたらすことをインテンシブ・マージンの変化という。

賃金の上昇は，労働供給のインテンシブ・マージンを所得効果を通じて減少させる可能性があるとはいえ，経済全体で見てみると，賃金上昇が労働供給の増加をもたらすエクステンシブ・マージンがインテンシブ・マージンに比べると大きいことが知られているし，インテンシブ・マージンにしても代替効果が所得効果を上回る可能性もある。したがって，市場全体の労働供給量は賃金上昇に伴って増加すると考えるのが一般的である。この関係を描いたものが，図5.1における右上がりの労働市場全体の労働供給関数である。

一方で，賃金が与えられたものとして行動する企業は，労働の限界生産物に生産物価格を掛けて得られる労働の限界生産物価値が賃金に等しくなるまで，労働サービスを労働市場から調達する。前章で見たように，短期で資本が固定されている状況を考えると，企業が人を雇うのは賃金が労働の平均生産物価値を下回るときである。よって賃金が下がると，今まで人を雇っていなかった企業が人を雇うようになり，労働市場全体の労働需要量は増加する。このように，賃金が下がることによって新たな企業が労働需要量を増やすという変化が，エクステンシブ・マージンの変化である。また，資本が固定された短期においては収穫逓減の法則により，労働サービスの投入量が増加するに従って労働の限界生産物は減少するため，労働投入量が増加すると，労働の限界生産物価値は減少する。企業は限界生産物価値と賃金が等しくなるまで労働者を雇う

図5.1　労働市場における供給曲線と需要曲線

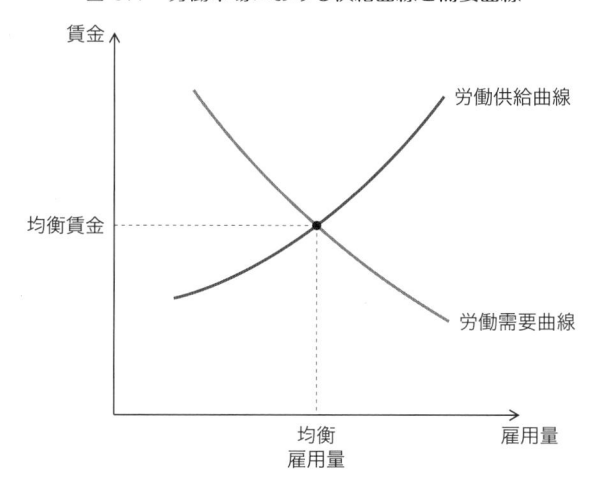

ため，賃金が低ければ雇う労働者が多くなるため，各企業の労働需要関数は右下がりとなる。各企業の労働需要量を市場全体で合計したものが市場の労働需要量となるが，この関係を描いたのが図5.1の右下がりの労働市場全体の労働需要関数である。

　以上の議論において，各家計と各企業は市場で決まる賃金を与えられたものとして，行動を決定していた。それでは，その賃金はいったいどのように決まるのだろうか。この問いに答えるのが，労働市場における**均衡**という考え方である。

　まず，任意の水準に賃金が決まったとしよう。このときにどれだけの労働供給量と労働需要量が生まれるかは，労働供給曲線と労働需要曲線よりわかる。この任意の賃金水準において，たとえば労働供給量が労働需要量を上回っているとすると，何が起こるだろうか。供給量が需要量を上回っているので，労働市場では人が余ることになり，雇ってもらいたい労働者はより低い賃金でも働くことを申し出るようになるため，賃金には下落の圧力が掛かるはずである。賃金が下落すれば供給量と需要量のギャップは埋まってくるが，ギャップがある限り賃金下落の圧力はなくならない。結果として，供給量が需要量と等しくなる水準まで賃金が下落し，その水準で賃金は止まるはずである。

　一方で，任意の賃金水準において，需要量が供給量を上回っているときに

は，人手不足が発生していることになる。人を雇いたい企業は高い賃金を提示するようになるだろうから，賃金上昇の圧力が掛かり賃金は上昇するはずである。

　この賃金上昇が止まるのは，需要量が供給量と等しくなるときである。このように，賃金が変動しなくなる賃金水準を**均衡賃金**という。完全競争の労働市場における賃金と雇用量は，図 5.1 における労働供給曲線と労働需要曲線が交わる点において決まる。

　この需要と供給のグラフは高校の政治経済の教科書にも登場するものであるが，グラフが持っている規範的意義を考えてみると，実は深い含意が得られる。それは「完全競争的な労働市場における均衡賃金は，社会的余剰を最大化する雇用量を実現させる」という含意である。労働供給曲線の背後には，時間の主観的価値である消費の余暇に対する限界代替率が潜んでいる。市場均衡点よりも左側に位置する家計は働いていることになるが，この人たちの時間の主観的価値は賃金よりも低い。たとえば，1 時間の価値が 500 円だと思っている人が時間当たり 1000 円の賃金をもらって働いていたりするということだ。この場合，この家計は労働を市場に提供することによって，賃金 1000 円から時間の主観的価値である 500 円を引いた差額の 500 円を時間と賃金を交換した利益として得ている。これを，**労働者余剰**という。労働者にとっての余剰は，賃金と時間の主観的価値（すなわち消費の余暇に対する限界代替率）との差額である。つまり，均衡賃金と労働供給曲線の垂直方向の距離が時間を企業に提供することによって発生する余剰である。労働者余剰の総額は，図 5.2 に示されるように均衡賃金の水平線よりも下側，労働供給曲線よりも上側の三角形の面積になる。

　一方で，企業は賃金を労働者に提供して労働サービスを入手するという交換を行うが，その交換から得られる余剰は労働の限界生産物価値と均衡賃金の差額である。これは労働需要曲線と均衡賃金の間の垂直方向の距離である。そのため図 5.2 に示されるように，均衡賃金水準よりも上側，労働需要曲線よりも下側の三角形の面積が**企業余剰**の総額となる。

　労働者余剰と企業余剰を合計したものを**社会的余剰**というが，労働市場における競争均衡は，この社会的余剰を最大化する。これは，労働市場で最後に雇

図 5.2 労働市場における余剰

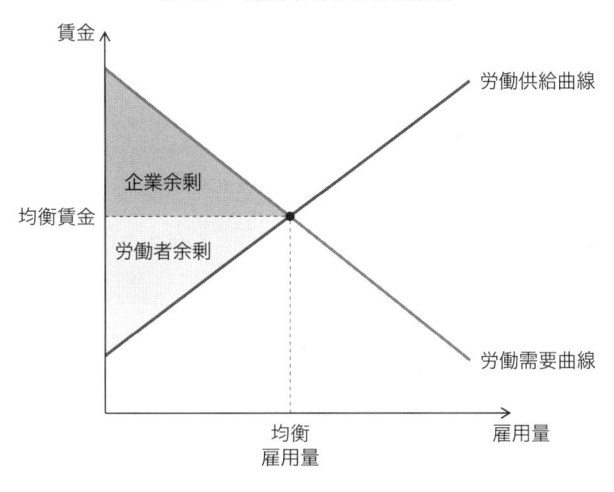

われる労働者の余暇の主観的価値を金銭で表したもの（消費の余暇に対する限界代替率）と労働の限界生産性を金銭で表したもの（労働の限界生産物価値）が等しいことから得られる特性である。

　もしも雇用量が均衡雇用量よりも少なければ，労働需要曲線は労働供給曲線よりも上に位置する。これはつまり労働の限界生産物価値が消費の余暇に対する限界代替率を上回っていることを意味する。たとえば，先にも触れた労働の限界生産物価値が 1000 円のときに，労働者の 1 時間の主観的価値が 500 円という状況である。この場合，労働者にとって 500 円の価値しかないものが 1000 円で売れるわけだから，もっと働いたほうがよいということになる。逆にもし，雇用量が均衡雇用量よりも多ければ，限界生産性が余暇の主観的価値よりも低いことになる。それならば働く時間を減らしたほうがよいということになる。

　労働市場の均衡メカニズムが興味深いのは，企業と労働者がそれぞれ意思決定しているのに，あたかも 1 人の労働者が自分自身にとって最適な労働投入量を決めているかのような雇用量が実現している点である。このような状態が実現するのは，労働市場に存在する多数の企業と労働者がそれぞれ賃金という 1 つの値を見て最適な行動をした結果，競争均衡点においては，それぞれの企業が労働の限界生産物価値と賃金を等しくなるように行動し，それぞれの労働

> **Column ④　個人と社会の関係**
>
> 　読者の皆さんは，個々人の行動は社会によって当てはめられた枠のなかで規定されている一方で，個人の前に立ちはだかる怪物のような存在である社会ですら，実は個々人の集合にすぎないという，個人と社会の関係の不思議な循環に素朴な疑問を抱いたことはないだろうか。
>
> 　筆者は大学生の頃にゴムボートで激流下りをするサークルに所属していたのだが，大学 2 年生の頃にパキスタンのインダス川で活動中，同級生が不幸にも誘拐されたことがあった。このときに，筆者たちのサークルは「世間」からその無謀な計画を非難されたのだが，その集中砲火とも言える「世間」からの非難の圧力はすさまじいものだった。しかし，この得体の知れない「世間」といえども個人の集合にすぎないわけで，いったい個人と社会の間の循環的な関係はどのように収束するのだろうかと考えたものだが，まじめに社会科学を勉強していなかった当時の筆者にはどのように考えたらよいのかよくわからず，考えるのを諦めた。
>
> 　経済学において家計や企業が価格を所与のものとして行動する一方で，家計や企業の行動を集計してできる需要や供給の均衡で価格が決まる，という個人と社会の循環の仕掛けは，その現実説明力の高さはともかくとして，論理の一貫性という点においては，かなりすっきりした説明であるように感じられる。

者が消費の余暇に対する限界代替率を賃金と等しくなるように行動するからである。つまり各経済主体の最適化行動の結果が，賃金をシグナルとしてそこに収れんするような状況が起こるのである。このように考えると，賃金が労働市場でいかに重要な役割を果たしているか実感することができるであろう。

2　労働供給関数と労働需要関数の推定

　右上がりの労働供給曲線と右下がりの労働需要曲線。頻繁に目にする図ではあるが，実際にデータを用いて労働供給曲線と労働需要曲線をそれぞれ推定しようとすると，実はかなり難しい。なぜならば，私たちがデータで観察しているのは，労働市場の均衡点すなわち労働需要曲線と労働供給曲線の交点だけで

図 5.3　労働需要曲線のシフト

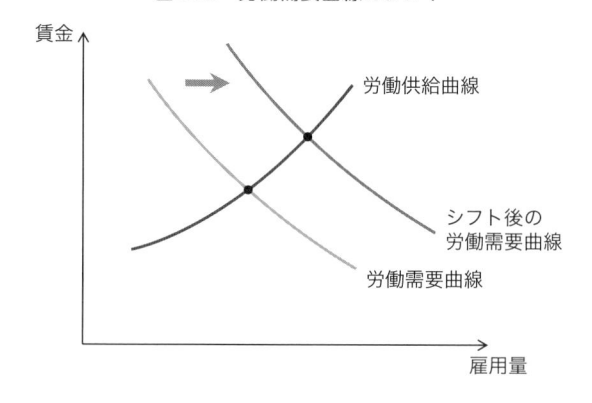

あり，均衡点以外で曲線がどのような形をしているかを知ることができないためである。

　しかしたとえば，図 5.3 のように労働需要曲線だけがシフトしたとしよう。労働需要曲線だけをシフトさせる要因としては，たとえば自動車産業の労働市場における為替レートの変更などがあるだろう。円安になれば輸出産業の労働需要は増加するし，円高になれば輸出産業の労働需要は減少する。このような労働需要曲線だけがシフトするような出来事があると，労働市場の均衡点をつないでいくことで労働供給曲線の形状が明らかになる[1]。

　同様に，労働供給曲線だけがシフトしたとしよう。たとえば，移民政策の変更などが例として挙げられるだろう。仮に日本政府が低技能労働者の就労ビザの発行を増やせば，製造業のブルーカラー労働者の労働供給曲線は右にシフトするだろう。また，就労ビザの発行を減らせば労働供給曲線は左にシフトするだろう。このように労働供給曲線だけがシフトするような出来事があれば，均衡点をつないでいくことで労働需要曲線の形状を知ることができる。

　このように労働需要曲線だけを動かすような要因があれば，労働供給曲線の形状を，労働供給曲線だけを動かすような要因があれば労働需要曲線の形状を，それぞれ識別することができる。この考え方を計量経済学的なテクニックとしてまとめたものが，**操作変数**（instrumental variables; IV）**法**という推定手

　1）　このような需要曲線と供給曲線の推定に関しては，神取（2014）の 160-163 ページ，西山ほか（2019）の第 7 章において詳しく触れられている。

法である。

2.1 ★操作変数推定法を用いた推定

本項の議論は，初歩的な計量経済学の知識を前提としているので，計量経済学を学んだことのない読者は読み飛ばしてしまっても差し支えない。

図5.3に示したように，労働需要曲線だけをシフトさせる要因があったときに，労働供給曲線の形状を推定する方法を考えてみよう。

労働供給曲線を関数の形で表現した労働供給関数は次の線形式で与えられている。

$$emp = \beta_0 + \beta_1 wage + u \tag{5.1}$$

最小2乗法を用いてパラメータ β_0 と β_1 をバイアスなく推定するために必要な条件は，$E(u|wage) = 0$ が満たされることである。しかし，単純に観察された雇用量 emp を時間当たり賃金 $wage$ に回帰しようとすると，この仮定は満たされない。なぜならば，供給を増加させるショックが加わる（u が増加する）と供給曲線が右にシフトするので，市場均衡のメカニズムを通じて賃金 $wage$ が減少してしまい，誤差項 u と賃金 $wage$ の間に負の相関が生まれてしまうためである。つまり，労働供給関数 (5.1) 式の右辺に入っている賃金 $wage$ は，誤差項 u と相関する内生変数である。賃金が内生にならないのは市場の労働需要曲線が完全に弾力的（つまり水平）で，労働供給曲線がシフトしても賃金が変化しない場合である。しかしこのケースでは，賃金は常に一定であり説明変数が変動しないため，推定は行えない。つまり，最小2乗法を用いて労働供給関数を推定することはできない。

労働需要関数が右下がりの一般的な状況で，労働供給関数の形状を推定しようとすれば，労働供給関数の誤差項とは無関係に賃金が動く状況に注目する必要がある。労働供給の動きとは無関係に賃金を動かす要因とは，労働需要をシフトさせる要因である。たとえば，円安で輸出産業の調子がよく，トヨタ自動車などを有する中部地方で自動車関連産業の労働需要が伸び，そのことが地域全体の賃金を上昇させるような状況が考えられる。議論を簡単にするため，円

安のときは 1 をとり，円高のときは 0 をとる変数 z を考えよう。円安は賃金 $wage$ を上昇させるので，$E(wage|z=1) > E(wage|z=0)$ である。しかし円安か円高かは中部地方の労働者の労働供給 emp に直接の影響は与えないと仮定すると，$E(u|z=1) = E(u|z=0) = 0$ である。

　円安のときの労働供給量の期待値は，

$$E(emp|z=1) = \beta_0 + \beta_1 E(wage|z=1) + E(u|z=1) \tag{5.2}$$

である。一方で，円高のときの労働供給量の期待値は，

$$E(emp|z=0) = \beta_0 + \beta_1 E(wage|z=0) + E(u|z=0) \tag{5.3}$$

である。円安のときの労働供給量の期待値から円高のときの労働供給量の期待値を引くと，

$$E(emp|z=1) - E(emp|z=0) = \beta_1[E(wage|z=1) - E(wage|z=0)]$$
$$+ [E(u|z=1) - E(u|z=0)] \tag{5.4}$$

となる。ただし，$E(u|z)=0$ より，$E(u|z=1) - E(u|z=0) = 0$ である。よって，

$$\beta_1 = \frac{E(emp|z=1) - E(emp|z=0)}{E(wage|z=1) - E(wage|z=0)} \tag{5.5}$$

が得られるが，$E(wage|z=1) - E(wage|z=0) > 0$ であることから，この値は定義できる。これが労働供給関数の傾きである。つまり，円安のときと円高のときの雇用量の差を，円安のときと円高のときの賃金の差で割ったものが，労働供給関数の傾きということになる。図 5.4 には，この推定方法が図示してある。

　ここでは労働需要関数をシフトさせる変数として z が 2 つの値しかとらないケースを考えたが，z が連続的な値をとるときにも同様の議論ができることが知られている。このように，右辺に内生変数が含まれているときでも，「内生変数と相関するけれども誤差項とは相関しない変数」（このような変数を「操作変数」と呼ぶ）を用いて係数を推定する手法を，**操作変数法**という。

　労働需要関数を操作変数法で推定するとうまく推定できることを，より直

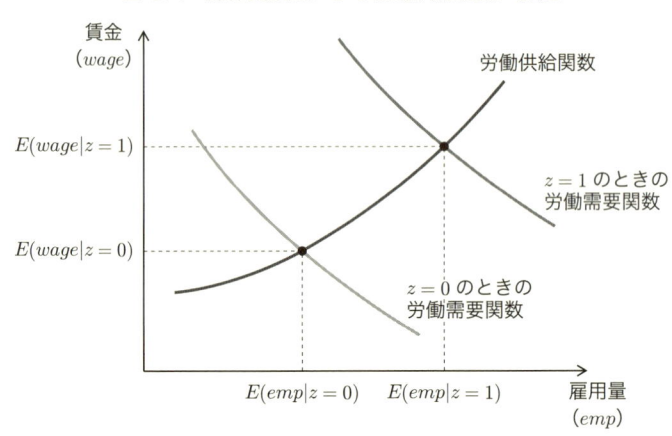

図 5.4　操作変数法による労働供給関数の推定

観的に説明してみよう。大切なのは説明変数である賃金 wage の変動をもたらしている要因を考えることである。均衡賃金は需給の均衡で決まるため，賃金が動く要因は 2 つしかない。労働需要関数をシフトさせる需要ショックと，労働供給関数をシフトさせる供給ショックである。このように整理すると，賃金変動のうち供給ショックによってもたらされたものを使ってしまうと，賃金 wage と供給ショック u が相関してしまい，内生性が発生することがはっきりとする。この問題を回避するために，需要ショックをとらえる操作変数 z を探してきてこの操作変数の変動で説明できる wage の変動部分だけを取り出して wage から emp への一方向の因果関係を推定する。

　ここでは，労働需要関数だけをシフトさせる変数である為替レートの存在を前提として，労働供給関数を識別することを論じた。同様の議論を用いて，労働供給関数だけをシフトさせる変数があれば，労働需要関数を識別することができる。労働供給関数の説明変数となる賃金変動も需要ショックと供給ショックのどちらかで引き起こされている。このとき，労働需要ショックによって引き起こされている賃金変動は内生であるため，最小 2 乗推定量はバイアスを持ってしまう。そこで，労働供給ショックを示す変数を操作変数に用いて操作変数推定を行えば，労働供給要因によって引き起こされている労働需要から見ると外生的な賃金変動だけを推定に用いることになるため，労働需要関数が推定できるようになるのである。

2.2　労働供給関数の識別 (1)：アラスカ油田のケース

労働需要への明確なショックを用いて労働供給関数の形状を推定した研究として，Carrington (1996) を挙げることができる。彼はアメリカのアラスカ州で油田が発見されたことに伴うパイプラインの建設をアラスカ州の建設労働者への需要増加要因としてとらえて，労働供給関数の形状を推定した。1968 年に北極海に面したプルドー湾（Prudhoe Bay）で北米最大の油田が発見された。困難なのは掘削された石油をいかに消費地に運ぶかということであるが，油田からアラスカ南部の港町バルディーズ（Valdes）までの 1270 キロメートルの間に口径 1.2 メートルのパイプラインを建設することになった。パイプライン建設を行った会社は 1974 年から 1977 年にかけて毎夏 2 万 5000 人を雇い，さらに下請け企業は 2 万 5000 人を雇った。パイプラインの設計などの高技能労働者はテキサス州やオクラホマ州の油田地帯から来た一方で，トラック運転手や建設重機のオペレータなど比較的低技能の労働者は地元アラスカ州や他の州からやってくることになった。

このパイプライン建設に伴う労働需要の発生は，労働供給関数の形状を変化させないため，労働供給関数に沿った形での雇用量と賃金の軌跡をデータとして提供するはずである。その結果が図 5.5 のように描かれている。建設期間中（1974〜1977 年）に平均月収は 2500 ドル前後から 4000 ドル前後まで上昇し，その後ほぼもとの水準まで下落した。その一方で，四半期当たりの雇用量は 10 万人から 20 万人まで拡大している。賃金が約 60% 上昇した際に雇用が約 100% 上昇したわけで，供給の弾力性は 1.67 と弾力的だといえる。この弾力的な供給はアラスカ・パイプライン・プロジェクトという大きなプロジェクトを，それほどの賃金上昇を招かずに実行するためには大いに役立ったと考えられる。

ここで，2017 年現在の日本における身近な話題に目を転じてみると，2020 年の東京オリンピックを前にして建設労働者の不足がマスコミ報道をにぎわせた。オリンピックの開催は，競技場の建設などの大規模建設を促し，建設労働者の労働市場における労働需要曲線を右にシフトさせることにつながると考えられる。このとき，労働供給曲線が水平に近く，弾力的であれば，賃金上昇をそれほど招かずに建設プロジェクトを実行することができるだろう。その一方

図 5.5　アラスカの労働所得と雇用

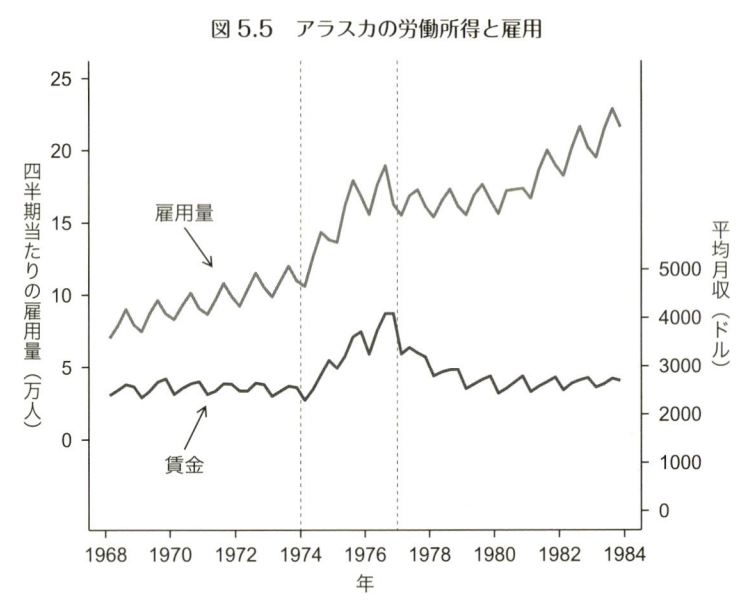

（出所）　Carrington (1996), Fig.3 より作成。月収は 1987 年を基準に実質化して
　　　ある。

で，労働供給曲線が垂直に近く，非弾力的であれば賃金が上昇し労働者はそれ
ほど増えないことになる。すると建設コストだけが上がってしまって，競技場
建設がなかなか進まなかったり，優先順位の低いほかの建設プロジェクトが後
回しになったりすることも懸念される。

2.3　労働供給関数の識別 (2)：日本の建築士のケース

　次に，専門職の労働供給関数の形状について考えてみよう。例として考える
のは，日本の一級建築士である。2007 年 6 月より施行された改正建築基準法
は，元一級建築士による耐震偽装事件を受けたものである。耐震偽装事件と
は，元建築士が国が定める耐震基準を満たさないところまで鉄筋の量を減ら
してコストダウンした設計を，あたかも耐震性能を満たす設計であるかのよう
に偽装し，監督機関を欺いて建築許可をとっていたことが判明したという事件
である。結果として，多くのマンションやホテルが取り壊されることになり，

2005 年前後に大きな社会問題となった。このような偽装が再び起きないように，政府は建築確認・検査体制を厳しくした改正建築基準法を施行した。建築確認・検査体制が厳しくなったため，業務に関わることができる建築士人材が極端に不足して建築確認が滞り，2007 年度下半期の新規着工件数は大きく落ち込むことになった。とくに影響が大きかったのは，マンションなど大型の建築物が多い都心部であった。

　この例において，2007 年の建築基準法改正は一級建築士の労働市場へのプラスの需要ショックであると考えられる。そのため，法改正前後の一級建築士の労働時間や賃金を見ることによって一級建築士の労働供給関数の形状を推定できることになる。ただし，2007 年前後の一級建築士の労働市場を見るだけでは，法改正以外の要因，たとえば景気変動による建築士需要の増減や，建築士試験の難易度の変更などによる供給の増減の影響をも拾ってしまう可能性がある。そのため，法改正による建築士需要の増加がマンションなどの集合住宅が多い地域で見られた一方で，一戸建てが多い地域ではさほど影響がなかったことに着目して，差の差推定を行う（差の差推定については，第 3 章，および本章4.4 項も参照）。

　法改正による一級建築士需要の増加が一戸建てが多い地域ではそれほど起こらなかったと考えられるのは，一戸建てなどの小型の建物は二級建築士や木造建築士といった資格の持ち主でも設計ができるためである。

　表 5.1 は改正建築基準法が施行される前後の建築士の労働市場の様子をまとめた Kawaguchi et al. (2014) による表を一部抜粋したものである。これを見てみると，マンションなどが多い都市部においては 2006 年から 2007 年にかけて 6 月の給与は 3 万 4200 円も上昇したのに対して，農村部では 3300 円減少している。差の差推定値は 3 万 7500 円であるが，標準誤差が 2 万 7500 円と大きいため，この値は統計的に有意にゼロとは異ならない。

　一方で，年間賞与に目を転じてみると都市部では 94 万 3500 円も上昇し前年に比べて倍増している。しかし農村部では賞与はほぼ変わらなかった。差の差推定値は 94 万 4400 円であり，標準誤差が 38 万 2700 円であることから統計的に有意にゼロとは異なっている。

　このことから，改正建築基準法によって都市部で一級建築士への需要増加が

表 5.1　改正建築基準法施行前後の日本の一級建築士の労働市場

		2006 年	2007 年	差	差の差
6 月給与 (百円)	都市部	4,158	4,500	342	375
		(200)	(106)	(226)	(275)
	農村部	3,630	3,597	−33	
		(104)	(117)	(157)	
年間賞与 (百円)	都市部	8,927	18,362	9,435	9,444
		(1,152)	(3,474)	(3,660)	(3,827)
	農村部	5,661	5,652	−9	
		(889)	(676)	(1,117)	
6 月労働時間	都市部	184	187	3	15
		(4)	(5)	(6)	(7)
	農村部	193	181	−12	
		(3)	(3)	(4)	

(注)　カッコ内は標準誤差。
(出所)　Kawaguchi et al. (2014) より作成。

起こったため，彼らの賞与が倍増したといっても差し支えないであろう。

　それでは，労働時間はどの程度増えたのだろうか。6 月の労働時間を見てみると，都市部の一級建築士の労働時間はほとんど変わらず 3 時間くらいの微増にとどまる。そして，この増加幅は統計的には有意にゼロと異ならない。一方で，農村部では労働時間が 12 時間減少していた。そのため，差の差推定値は 15 時間となりこの値は統計的に有意にゼロとは異なる。

　これらの結果から，統計的に有意な効果が観察された情報だけを使って，都市部の一級建築士の労働供給の弾力性を計算してみよう。2006 年時点の都市部一級建築士の年収を，月収を 12 倍したものに年間賞与を足し合わせて計算すると約 588 万円であった。2007 年には賞与が 94 万円，月収が 3 万円それぞれ上がったので，年収はおよそ 23 % 上がった計算になる。その一方で，統計的に有意とは言えないものの 2006 年時点の都市部の一級建築士の労働時間は 184 時間で翌年にかけて 3 時間上がったので，1.6 % ほど上がったことになる。23 % の賃金上昇に対して 1.6 % の労働時間上昇であるため，弾力性はおよそ 0.07 という計算になる。それほど大きな反応とは言えないだろう。

　当時の政府は，耐震偽装事件を受けて建築確認を厳しく行うことでマンションなどの質を向上させることをねらった。実際に品質向上に向けた作業を行う

のは建築士というプロフェッショナルであり，彼らの労働投入量が増えること
が暗黙のうちに仮定されていたといえる。しかしながら，規制強化は彼らの賃
金上昇をもたらしたものの，労働投入量の増加をそれほどもたらさなかった。
プロフェッショナルが不祥事を起こすと，その集団に対する世間の批判は強ま
る。結果として規制の強化が行われることが多いが，プロフェッショナルの労
働供給は非弾力的なことが多く，規制を強化するだけではプロフェッショナル
の賃金上昇を招くだけで，サービス投入量の増加とそれに伴う質の向上が見込
めないケースも多い。このように考えると，実はプロフェッショナルの供給拡
大をもたらすような制度変更が必要であることがわかるだろう。

3　買い手独占の労働市場における均衡

　ここまでは，労働市場において企業も労働者も賃金は与えられたものとして
行動する完全競争の労働市場を想定した分析を行ってきた。しかし，地方の企
業城下町などを考えてみると，少数の企業しか存在せず，その企業がどれだけ
の人を雇うかがその町における賃金水準に影響を与えるようなケースも考えら
れる。この例をより極端にして，労働市場において労働力の買い手である企業
が1社しかないようなケースを，**買い手独占**（monopsony）という。通常，労
働市場には少なくともいくつかの会社が存在するわけで，字義通りの買い手独
占のケースというのはなかなか現実には起こらない。したがって，ここで分析
するのは極端なケースである。ただし，完全競争の労働市場も極端な仮定に基
づいた分析であり，どちらも極端な仮定を置いて分析することで市場メカニズ
ムがどう働くかの思考実験をわかりやすく行うことを目的にしている。
　完全競争の労働市場において企業は，市場賃金で好きなだけ労働者を雇う
ことができると仮定されていた。一方で，買い手独占の労働市場では，労働市
場に1社しか企業が存在しないため，その企業は右上がりの労働供給曲線に
直面することになる。またこの後の分析では，企業はすべての労働者によるす
べての労働時間に対して同一の賃金を支払うと仮定する。この場合の仮定は，
現在時給1000円で人を雇っているコンビニエンス・ストアが，時給を上げな

いと新しい人を雇うことが難しいことを知って，時給 1100 円で新人を雇うことを決めたとき，すでに雇っている人の時給も 1000 円に据え置くことはできず，すでに雇っている人にも時給 1100 円を支払う，という仮定である。現実的な仮定だと言えよう。このとき，労働者を追加的に雇うことの限界費用は，現行の賃金に加えて，新しい労働者を雇うに当たって必要であった賃金の上昇分に既存の労働者の労働時間を掛けたものとなる。

　費用は賃金支払いと資本への支払いの合計で以下のように定義される。なお，この章では雇用量の表記として E を用いる。

$$C = w(E)E + rK \tag{5.6}$$

ここで C は総費用，$w(E)$ は時間当たり賃金，E は人数 × 時間で定義される労働投入量である。このとき，労働の限界費用は，

$$\frac{\partial C}{\partial E} = w'(E)E + w(E) \tag{5.7}$$

である。完全競争の労働市場においては各企業の雇用量は賃金水準に影響を与えないから，$w'(E) = 0$ となり，限界費用は時間当たり賃金 w となる。しかし，企業が右上がりの労働供給曲線に直面しているときには，雇用量を増やすと賃金を上げる必要がある。この増額分が $w'(E)$ であるが，先に述べた仮定より既存の労働者の労働時間すべての賃金を増額する必要があるので，そのための追加的な費用が $w'(E)E$ となるのである。

　ある企業が労働だけを投入財として生産を行っているときにどのように雇用量を決定するかを考えてみよう。この企業は生産財市場では完全競争的市場に直面していて価格 p でどれだけでも売れると考えよう。一方で，労働市場は買い手独占市場で人を雇えば雇うほど賃金を上げなければならないとする。このとき，この企業の利潤は，

$$\pi = pF(E) - C(E) \tag{5.8}$$

と表される。利潤を最大にする雇用量は利潤最大化の 1 階条件

$$\frac{p\partial F}{\partial E} - \frac{\partial C}{\partial E} = pMP_E - [w'(E)E + w(E)] \tag{5.9}$$

図 5.6　買い手独占の労働市場における雇用量と賃金の決定

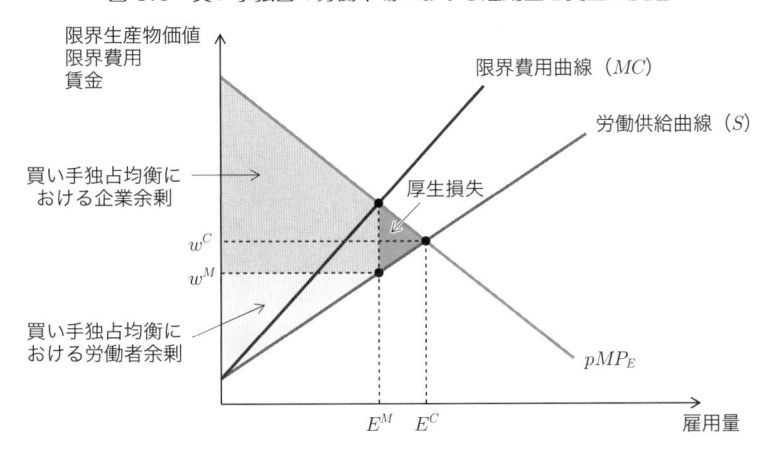

を満たす。

　買い手独占の労働市場における企業の雇用決定は，図 5.6 のような形になっている。企業は労働市場において独占的な雇用主であるため，この企業が直面する労働供給曲線は右上がりとなる。完全競争の労働市場において各企業が均衡賃金でどれだけでも人を雇えるため均衡賃金で水平な労働供給曲線に直面していたのと大きく異なる。先述のように，右上がりの労働供給曲線に直面しているということは，人を多く雇おうと思えば賃金を上げていかなければいけないことを示している。そして先ほど数式を用いて議論したように，今までよりも高い賃金で追加的に労働者を雇うと，すでに雇っている労働者の賃金水準も上げなくてはいけなくなる。そのため労働の限界費用曲線（MC）は，追加的に人を雇うためにどれだけ賃金を上げなければいけないかを示す労働供給曲線（S）よりも上に位置することになる。また限界費用曲線と労働供給曲線の乖離は，すでに雇った労働者の人数が多ければ多いほど大きくなる。一方で労働者を追加的に雇うことによる限界収入は，労働の限界生産物価値曲線（pMP_E）として描かれている。限界生産性が逓減することにより，この曲線は右下がりとなる。企業は限界生産物価値と限界費用が等しくなる雇用量 E^M を選択する。この雇用量を確保するために労働者に提示する必要のある賃金は w^M である。

　仮に，この企業が賃金を所与のものとして行動しているならば，市場の労働

需要曲線はこの企業の労働の限界生産物価値の曲線 pMP_E となる。そのため，労働市場の需給が均衡する賃金水準は w^C であったはずであり，そのときの雇用量は E^C であったはずである。つまり，完全競争市場における雇用量よりも買い手独占市場における雇用量は抑制される。これは雇用を抑制することによって賃金を低く抑えるというインセンティブが企業に働くためである。結果として賃金も完全競争市場で成立する均衡賃金よりも，買い手独占市場で実現する賃金水準のほうが低いものにとどまることになる。

　この買い手独占の市場における E^M という雇用量は社会的に見て非効率的な過少雇用である。雇用量 E^M において企業にとっての追加的な労働投入の価値である労働の限界生産物価値は pMP_E であるのに対して，労働者にとっての追加的な時間の価値は供給曲線上の w^M にとどまっているためである。このため雇用量を増やしたほうが社会的に見て価値の総量を増やすことができる。つまり，企業にとっての追加的な時間の価値が労働者にとっての時間の価値を上回っているため，労働者が時間を企業に提供して対価として賃金を受け取るという交換の機会がまだ残っていることを意味する。雇用量 E^M 上の垂直線，限界生産物価値曲線，労働供給曲線で囲まれる三角形の面積が社会的非効率性（厚生損失）の大きさを示すことになる。

　この社会的に見て非効率な状態は社会的に見て効率的な状態より，企業にとっては望ましい。買い手独占均衡において企業の利潤は労働の限界生産物価値と独占賃金の差額の総額であるため，w^M から右に伸びる水平線，E^M から上に伸びる垂直線，および労働の限界生産物価値（pMP_E）曲線の3つの線に囲まれた台形の面積で表される。一方で，完全競争均衡における企業の利潤は労働の限界生産物価値と競争市場賃金の差額であり，w^C から右に伸びる水平線と，労働の限界生産物価値（pMP_E）曲線で囲まれた三角形の面積で表される。買い手独占のときの利潤は，完全競争のときの利潤よりも大きくなる[2]が，これは競争的市場における賃金よりも買い手独占市場における賃金が低いことによる。そのため，労働者の余剰は減少することになる。労働者の余剰は，賃金

---

2)　企業は買い手独占のときにも，完全競争のときに選ばれる雇用量を選ぶことができる。しかし，買い手独占のときに利潤最大化する雇用量のほうが，完全競争のときに選ばれる雇用量よりも大きな利潤をもたらすことは，利潤最大化の定義より明らかである。

と労働供給曲線の差によって生まれるわけだが，完全競争のときには w^C から右に伸びる水平線と労働供給曲線 (S) で囲まれる大きな三角形であったものが，買い手独占のときには w^M から右に伸びる水平線と労働供給曲線 (S) で囲まれる三角形になり余剰は縮小する。

　買い手独占の市場において非効率性が発生してしまうのは，企業が買い手独占力を発揮して雇用を抑えることで賃金を低く抑える行動をとるためである。企業・労働者の双方が，賃金という労働の希少性を示す市場のシグナルを所与のものとして行動している完全競争の労働市場では，社会的に見て効率的な雇用量が達成されることになるわけだが，買い手独占市場のように企業がシグナルを自分の都合のよいように操作できる状況では，市場は効率的な資源配分を達成することができなくなってしまう。賃金という労働市場のシグナルが果たす重要性がわかる例である。

4　最低賃金と雇用

　ここまでの分析で，労働市場が完全競争的であるにせよ，買い手独占的であるにせよ，労働市場の均衡において賃金が決定されることを見てきた。このように決定される賃金水準が公正な水準よりも低すぎるという判断のもとに，政府が賃金水準の下限を定めることがある。これが**最低賃金**である。日本でも最低賃金法の下で 47 都道府県ごとに地域別最低賃金が設定されている。2016 年 10 月 1 日現在の東京都の最低賃金は 1 時間当たり 932 円である。これよりも低い賃金を払うことは違法であり，雇用主は 50 万円以下の罰金を科され，最低賃金額と実際に支払われた賃金の差額を過去にさかのぼって労働者に支払う必要がある。

　貧困対策の観点から，この最低賃金を引き上げようという意見もある。一方で，最低賃金の引き上げは労働から資本への代替を招く代替効果や事業規模の縮小を招く規模効果を通じて雇用を減少させてしまうのではないかとの懸念も根強い。最低賃金の引き上げが雇用にどのような影響を与えるのか，完全競争の労働市場と，買い手独占の労働市場のケースに分けて分析してみよう。

図 5.7 完全競争の労働市場における最低賃金の影響

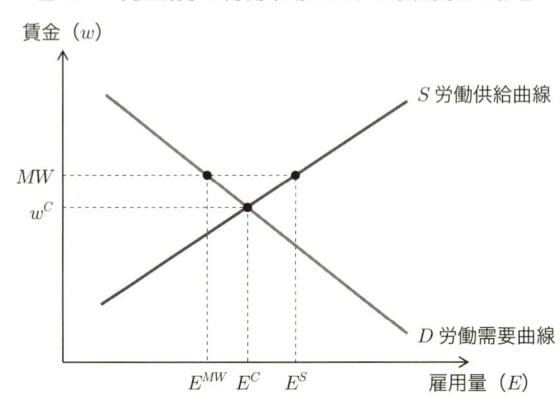

4.1 完全競争の労働市場における最低賃金

労働市場が完全競争的であるときに最低賃金を上げたらどうなるかが，図 5.7 に示されている。完全競争的な労働市場において均衡賃金は w^C に決まっているのだが，この均衡賃金よりも高い最低賃金 MW が課されたとしよう。すると企業は，労働需要曲線に沿って雇用量を E^C から E^{MW} まで減少させることになる。完全労働市場における労働需要曲線は労働の限界生産物価値より導かれているので，雇用量が減少していくなかで労働の限界生産物価値は上昇していく。これは，賃金が上がったのに対応して企業が労働者を減らすなかで，限界生産物価値が低い仕事から労働者を減らしていくためである。また，この労働者数が減っていくなかにはある企業のなかで労働者数が減るというインテンシブ・マージンでの調整もあれば，ある企業が倒産して雇用がなくなるというエクステンシブ・マージンの調整もある。最低賃金を上げれば生産性の低い企業が退出するからよいという意見もあるが，その過程で雇用量が減っていることに注目する必要がある。

均衡賃金よりも高い最低賃金 MW のもとで実現する雇用量 E^{MW} は，社会的に見て非効率な雇用量である。なぜならば労働需要曲線の裏にある労働生産物価値が，労働供給曲線の裏にある労働者にとっての時間の価値を上回っているためである。たとえば，企業にとって 2000 円の価値がある労働者の追加

的な時間が，労働者にとっては 1000 円の価値しかないということが起こってしまうのである。そのため，本来であれば企業と労働者の間で E^{MW} を超えて時間と賃金の交換が行われることが望ましいが，最低賃金の定めに従ってそのような取引が許されなくなるのである。

　また，最低賃金 MW のもとでは労働供給曲線に従って E^S の労働供給量が生まれる。労働需要量が E^{MW} しかないため $E^S - E^{MW}$ は仕事をしたくても仕事を探すことができない失業となってしまうという問題も発生する。このように労働市場が完全競争的であるとするならば，最低賃金の引き上げは望ましくない影響を労働市場に与えてしまう。

4.2　買い手独占の労働市場における最低賃金

　労働市場が買い手独占のときに最低賃金が果たす役割は，労働市場が完全競争のときとはかなり異なる。図 5.8 には労働市場が買い手独占のときの雇用量と賃金の組合せ E^M と w^M が記されている。この雇用量 E^M は，労働の限界生産物価値曲線 pMP_E が労働の限界費用曲線 MC と等しくなるところで決まっていたわけだが，限界費用曲線が労働供給曲線 S よりも上に位置していたのは追加的に労働者を雇おうとすると，すでに雇っている労働者に対しても新しく設定した高い賃金を支払う必要があるからだった。

　ここで最低賃金が引き上げられ，MW の水準で課されるようになると，企業は最初の 1 人から MW の賃金を支払う必要がある。そして，追加的な労働者に対しても MW を支払うため，労働者を追加的に雇うための限界費用も MW となる。この MW の水準が労働供給曲線と交わる E^{MW} まで，企業は MW で追加的な労働者を雇うことができる。最初の労働者から MW を支払っているため，E^{MW} までは労働の限界費用は MW である。しかしながら E^{MW} 以上に労働者を雇おうとすると，追加的な労働者に対しては労働供給曲線に沿って賃金を上げていかなければならなくなる。このときは，すでに最低賃金 MW で雇っていた労働者にも賃上げを適用することになるため，限界費用は高いものになる。具体的には，もとの限界費用曲線の位置まで高いものとなる。これは，もとの限界費用曲線が労働供給曲線に沿って少しずつ賃上げを

図 5.8　買い手独占の労働市場における雇用量と賃金の決定

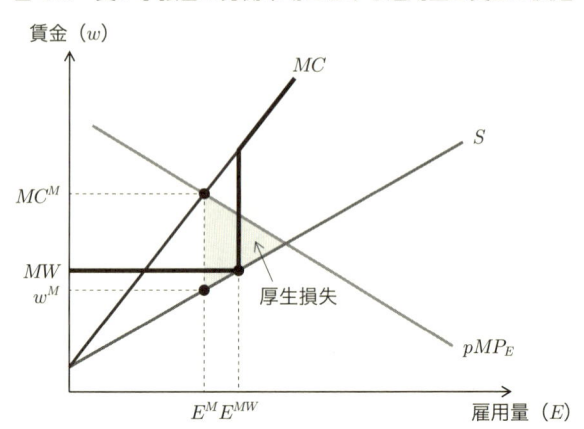

していったときに，限界的に労働者を雇うための費用であったことを思い出せば納得できるものだろう。よって，最低賃金が課されたときの労働の限界費用曲線は雇用量 0 から E^{MW} までは MW の水準で水平であり，雇用量 E^{MW} のところでもとの MC の位置まで上昇し，雇用量が E^{MW} 以上になるともとの MC に沿うという，図 5.8 の太い線で示すような変わった形の限界費用線となる。

　ここでの最適な雇用水準は，労働の限界生産物価値曲線 pMP_E と労働の限界費用曲線 MC が交わる E^{MW} で決まる。これは買い手独占の労働市場で最低賃金が課される前に決まっていた雇用量 E^M よりも大きい。すなわち，最低賃金が課されることによって，雇用量が増えることを示している。一見すると不思議なこの現象は，もとの雇用量 E^M における最低賃金導入前後の限界費用の変化に注目すると，その理由が理解できる。最低賃金導入前には，雇用を増やそうとすると，すでに雇っている労働者の賃金よりも高い賃金をすべての労働者に対して支払う必要があったので，限界費用が高い水準となってしまっていた。しかし，最低賃金導入後は追加的な労働者もこれまでと同じ最低賃金で雇うことになるため，すでに雇っている労働者に対しての追加的な賃金支払いは発生しない。そのため，限界費用はこれまでの労働者と同様に最低賃金となるのである。結果として，もとの雇用量 E^M において，限界費用は MC^M から MW まで下がることになる。雇用の限界費用が下がったことに対

応して雇用量が拡大するのである。

買い手独占の市場では労働市場に 1 社しか企業が存在しないため，自社が雇用量を抑制すれば賃金水準を下げることができる。そのため，あえて雇用量を抑制して賃金を下げるインセンティブがある。最低賃金の導入は，雇用量を減らすと賃金が下がるという経路を断ち切ることを通じて雇用量抑制のインセンティブを削いだ結果として，雇用量を増加させることにつながるのである。ちなみに，完全競争的な労働市場においてはある企業が雇用量を減らしたところで，ほかの企業が労働者を雇うため賃金水準は下がらない。そのため，完全競争の労働市場でも均衡での雇用量が小さすぎるといった問題は発生しない。

買い手独占の労働市場に最低賃金を導入して雇用量を増やすことは，労働市場の効率性を改善するという観点でも望ましい。買い手独占の労働市場で成立する雇用量 E^M においては，労働の限界生産物価値 pMP_E が労働者の限界的な余暇の価値を示す労働供給曲線上の w^M を上回っている。先にも述べたように，これは企業にとっての限界的な時間の価値が労働者にとっての限界的な時間の価値を上回っていることを意味しているため，企業が賃金と引き換えに労働者からより多くの労働時間を受け取ることで，企業，労働者の双方ともにより良い状態に移行できることを意味している。雇用量 E^M から上に伸びる垂直線と，労働の限界生産物価値曲線 pMP_E，労働供給曲線 S の間の三角形の面積が，望ましい労働時間と賃金の交換が行われないことによって発生する厚生損失であるが，この厚生損失は最低賃金の導入によって減少することがわかる。

4.3　最低賃金が雇用に与える影響の実証分析

最低賃金の引き上げが雇用を減らすかどうかは労働市場の状態に左右されることが明らかになった。理論的には最低賃金を引き上げることが雇用を減らすこともあるし，増やすこともあるため，実証分析を行ってその効果を明らかにする必要がある。しかし，最低賃金と雇用の間の因果関係の識別は難しい。これは，景気がよいときに最低賃金を引き上げるという政策の内生性があるためである。ある個人が雇用されるかどうかを emp で表し，最低賃金水準

mw, 雇用量に影響を与えるさまざまな要因を x_2 から x_k で表す。さらに分析者が観察することができない雇用決定要因が u_{ijt} と与えられている。このとき，線形の関数形を仮定すると雇用決定式は，

$$emp_{ijt} = \beta_0 + \beta_1 mw_{jt} + \beta_2 x_{2,ijt} + \beta_3 x_{3,ijt} + \cdots + \beta_k x_{k,ijt} + u_{ijt} \quad (5.10)$$

と与えられる。ここで，添え字 i は個人，j はその個人が住む都道府県，t はデータが観測された時点である。計量経済学の教科書などで理論を学ぶ際には，u は誤差項として処理されることが多いが，現実的には mw, $x_2, \ldots, x_k$ ではとらえることのできない雇用の決定要因がすべて含まれたものである。たとえば，円安で名古屋周辺の自動車関連産業の景気がよく，名古屋地域の雇用状況がよいといった例での要因は $x_2, \cdots, x_k$ でその影響をとらえない限り，誤差項 u に含まれてしまう。「誤差」という言葉が与える印象とは裏腹に，重大な雇用決定要因なのである。

　上記の線形式を最も基本的な最小 2 乗法で推定したときに，最低賃金が雇用に与える因果的影響を識別できるのは，$E(u|mw, x_2, \ldots, x_k) = 0$ という必要条件が成立したときである。しかし，最低賃金がなぜ上がるかを考えると，地域の景気がよく，最低賃金審議会で最低賃金の引き上げが容認されるかどうかが決定要因となる。とすると，最低賃金が高いときには地域の景気がよく雇用状況も望ましく u が高いという状況が起こりやすいことになる。これはすなわち，mw に関して $E(u|mw, x_2, \ldots, x_k)$ が増加関数であることを示唆している。このような状況で，最低賃金の雇用への影響を通常の最小 2 乗法で推定される係数 $\hat{\beta}_1$ は真の値である β よりも大きなものとなる傾向があることが知られている。つまり，仮に本当は最低賃金が上がると雇用が減る傾向 （$\beta_1 < 0$）があるとしても，推定される係数は最低賃金には影響を与えない （$\beta_1 = 0$）という結果をもたらすかもしれないのである。

　労働経済学の研究では，現実のデータから因果関係を推定することが難しい状況がしばしばあるが，問題を解決するために用いられる手法が，第 2 章でも紹介した**自然実験**である。これは，自然科学の分野で実験が因果関係の推定のために用いられていることに対応している。自然科学で行われる**無作為割当**（random assignment）による実験とは，被験体の状況とは無関係に実験的介

入の有無を割り振ることで，介入の結果への影響を推定しようとする試みである。これができれば，介入変数と誤差項 u の間の相関関係はなくなるので，因果関係の推定ができるようになる。

最低賃金の例でも，地域の景気動向などとは関係なく最低賃金をランダムに割り振ることができれば，最低賃金が雇用に与える影響を推定することはできる。しかし，現実的にはそのような社会実験を行うことは難しい。

代わりに，あたかも実験が行われたかのような政策介入を用いて因果関係を推定しようというのが自然実験の考え方である。

4.4 最低賃金が雇用に与える影響：アメリカのケース

Card and Krueger (1994) はアメリカの隣り合う 2 つの州であるニュージャージー州とペンシルバニア州を用いて自然実験を行った。アメリカの最低賃金は，まず連邦の最低賃金が定められており，それに上乗せする形で州ごとの最低賃金が定められる。1992 年当時の連邦最低賃金は 4.25 ドル であったが，ニュージャージー州は 1992 年 4 月 1 日より，最低賃金を 5.05 ドル に引き上げた。その前後に，同じ高速道路沿いにあるニュージャージー州とペンシルバニア州のウェンディーズ，バーガーキング，ケンタッキーフライドチキン，ロイロジャースなどのファーストフード店に普段何人の従業員を雇っているかを電話で質問した。それぞれの店の回答の平均値は表 5.2 の通りである。

ここで，ペンシルバニア州の店舗における雇用の増減は，高速道路沿いの景気変動の要因などをとらえるものと考えられる。つまりこの期間にはペンシルバニア州では雇用が減っていて，景気がよかった時期とは言えないようだ。そのなかにあって，ニュージャージー州では雇用が微増している。2 つの州の 1 店舗当たり平均雇用者数の変化の差は 2.7 人であり，最低賃金を上げたニュージャージー州で相対的に雇用は増加したと言える。この結果より，Card and Krueger (1994) は最低賃金の増加は必ずしも雇用を減少させるとは言えないと結論している。この結果は，この地域のファーストフード産業の労働市場が，買い手独占的な状況であったことを示唆するものと言え，学界の注目を浴びた。

表 5.2　最低賃金上昇前後のファーストフード店の雇用者数（フルタイム換算）

	最賃上げ前	最賃上げ後	差	差の差
ニュージャージー州（処置群）	20.4（人）	21.0（人）	0.6	2.7
ペンシルバニア州（統制群）	23.3	21.2	−2.1	

（出所）　Card and Krueger (1994) より作成。

　しかしその後，この研究は多くの批判にさらされることになる。まず，電話調査によって従業員数が得られており，測定誤差が大きいのではないかという批判があった。これについては，後に賃金台帳を用いた実証研究がなされて，やはりニュージャージー州のほうが雇用減少が大きかったという報告がされている（Neumark and Wascher 2000）。それに対して，Card and Krueger (2000) は同様の賃金台帳を用いた実証研究で反論している。

　また，概念的な反論もある。1つの反論は，最低賃金の増加は労働から資本への代替を促進させたのではないかというものである。このとき，資本集約的なファーストフード産業は労働集約的な一般のレストランに比べると有利であり，一般のレストランで雇用される人数が減ってファーストフードが伸びたのではないかという指摘がされている。加えて，労働調整には時間が掛かるので，最低賃金上昇の前後だけを比べるのは適切ではないという批判もある。これらの点を総合的に考えると，最低賃金が雇用に与える影響を調べるためには幅広い産業をカバーしたデータを用いて，最低賃金が雇用に与える影響にタイムラグがあることを許すようなモデルを推定することが望ましいとされている（Neumark and Wascher 2008）。

■ 差の差の推定

　Card and Krueger (1994) が最低賃金の雇用への影響を調べるために用いた**差の差推定**はさまざまな政策評価のために使われている。第3章1節や本章2.3項でも触れたが，ここで改めて詳しく説明しておこう。ある政策が家計や企業の行動にどのような影響を与えているかを調べようとするときに，政策変化の影響を受ける家計や企業の行動が政策実施前後でどのように変化したかを観察するのは自然な考え方である。しかし，家計や企業の行動はその政策の影響以外のさまざまな環境変化の影響によっても変化する。そのため，政策の影

響を受けた家計や企業の行動変化は政策の影響と環境変化の影響が混ざったものとなっているはずである。よって，政策の影響は直接受けないものの，その他の環境変化の影響は同じように受ける家計や企業の行動変化を観察することによって，環境変化の影響を調べる必要がある。

政策の影響を受ける家計や企業のグループを**処置群**（treatment group），政策の影響を受けないグループを**統制群**（control group）と呼ぶ。処置群の政策介入前後の差は政策の影響と環境変化の影響を示し，統制群の前後の差は環境変化の影響のみを示すため，処置群の差から統制群の差を引けば（「差の差」である）政策の影響を取り出すことができる。これを差の差の推定法という。

差の差の推定法を使って政策効果を推定するに当たっては処置群と統制群が環境変化の要因を共有していることが重要である（共通トレンドの仮定）。そのため政策変化の影響を除いて後は同質だと思われる家計や企業を慎重に統制群に選ぶことが必要である。Card and Krueger (1994) は，最低賃金引き上げがあったニュージャージー州のファーストフード店を処置群に，隣接し景気変動の影響などを共有しているものの最低賃金が引き上げられなかったペンシルバニア州のファーストフード店を統制群に選んだ。

推定された差の差の推定値を使って政策効果があるのかどうかを知るためには，統計的推論を行う必要がある。この統計的推論は回帰分析の枠組みで行うことができる。政策評価の対象となる家計や企業の行動を記録したデータを使い，各家計や企業には i という固有の番号が振られているとしよう。ここでは企業 i の時点 t の行動の結果変数を y_{it}，処置群に所属する企業の場合に 1 をとるダミー変数を d_i，政策変更後に 1 をとるダミー変数を a_t，$(d_i \times a_t)$ を d_i と a_t の交差項，その他の行動決定要因を集約した誤差項を u_{it} と表現しよう。この誤差項は，グループや時点によらず平均値が 0 だと仮定する。ここで回帰式

$$y_{it} = \beta_0 + \beta_1 d_i + \beta_2 a_t + \beta_3(d_i \times a_t) + u_{it} \tag{5.11}$$

を推定すると，差の差の値は β_3 で示される。このことは，表 5.3 に示されているように処置群と統制群の前後の平均値がどのパラメータに対応しているかを調べることで明らかになる。

表 5.3　差の差推定

	介入前	介入後	差	差の差
処置群	$\beta_0 + \beta_1$	$\beta_0 + \beta_1 + \beta_2 + \beta_3$	$\beta_2 + \beta_3$	β_3
統制群	β_0	$\beta_0 + \beta_2$	β_2	

　処置群の政策実施前の y_{it} の平均値は d_i が 1，a_t が 0 であることと u_{it} の平均値が 0 であることから $\beta_0 + \beta_1$ となる。処置群の政策実施後は d_i と a_t の両方が 1 で u_{it} の平均値が 0 だから $\beta_0 + \beta_1 + \beta_2 + \beta_3$ となる。そのため，処置群の前後差は $\beta_2 + \beta_3$ である。同様に統制群の政策実施前は β_0，政策実施後は $\beta_0 + \beta_2$ なので統制群の前後差は β_2 である。そのため，これらの差の差をとれば β_3 だけが残ることになる。さらに Stata や Excel 等の一般的なソフトを用いて回帰分析を実行すると，係数と標準誤差を報告してくれるので，β_3 が 0 であるかどうかの統計的推論を行うことができる。

4.5　最低賃金が雇用に与える影響：日本のケース

　次に，日本における最低賃金が雇用に与える影響を見てみよう。日本には 2 種類の最低賃金がある。1 つは，**地域別最低賃金**と呼ばれるもので各都道府県ごとに決められている最低賃金で，すべての産業で働くすべての労働者に適用される[3]。もう 1 つは，各都道府県・各産業ごとに定められた**特定最低賃金**と呼ばれるものである。ここでは，より広範な労働者に適用される地域別最低賃金を取り上げて紹介しよう。国は毎年 1 度，各都道府県の労働市場の状態や生計費の実態を考慮しながら地域別最低賃金を決めている。2016 年 11 月の時点で，時間当たり最低賃金の最高額は東京都の 932 円，最低額は宮崎県，沖縄県の 714 円である（次に 715 円で鳥取県，高知県，佐賀県，長崎県，熊本県，大分県，鹿児島県）。

　日本の最低賃金は最低賃金法で規定されているが，最低賃金法は 2007 年の改正（2008 年より施行）により次のように変更された。改正前までは各都道府

---

3)　障害者の雇用など一部例外的な措置がある。

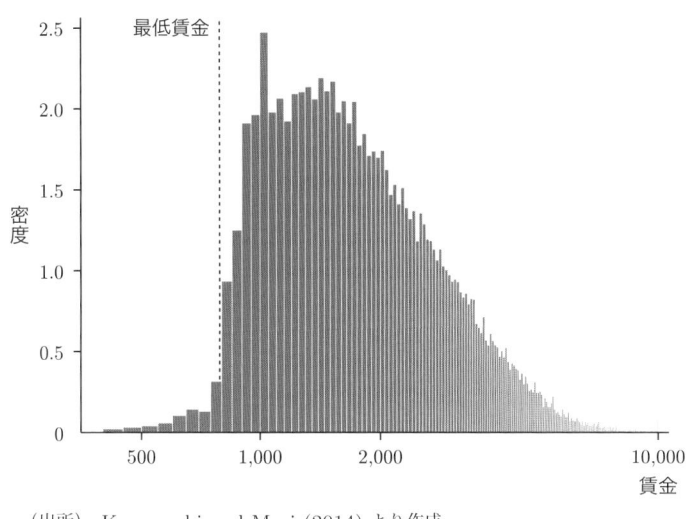

図 5.9　東京の男性賃金分布と最低賃金（2010 年）

（出所）　Kawaguchi and Mori（2014）より作成。

県の労働市場の状態，とくに最低賃金で働く労働者が多いと思われる 30 人以下の小規模事業所の賃上げ状況を見ながら毎年の最低賃金の上げ幅を決めていたのだが，改正後は生活保護費との整合性も考慮するようになった。そのため，住居費が掛かり生活保護費が高い東京圏・大阪圏の都道府県や，光熱費が掛かる北海道・東北地方の都道府県における最低賃金が引き上げられた。そのため，東京の最低賃金は 2006 年の 719 円から 2016 年の 932 円まで 213 円上がったのに対して，2016 年に最低額であった宮崎県と沖縄県の最低賃金は前者が 2006 年の 619 円，後者が同 618 円から 2016 年の 714 円まで，それぞれ 95 円，96 円上がったにとどまった。

　この最低賃金の引き上げは，賃金水準が高く最低賃金はほとんど賃金決定に影響を及ぼさないと考えられてきた東京都においてすら，最低賃金近くで働く労働者を増やすことにつながった。図 5.9 を見ると男性の賃金分布の形状が最低賃金のところで切られるような形となっていることがわかる。

　女性の賃金は全般的に男性よりも低いため，最低賃金は女性の賃金とより深い関係を持つ。図 5.10 を見ると最低賃金の部分が女性の賃金分布のなかに食い込むような形となっていて，男性の賃金分布に比べてその傾向がより顕著で

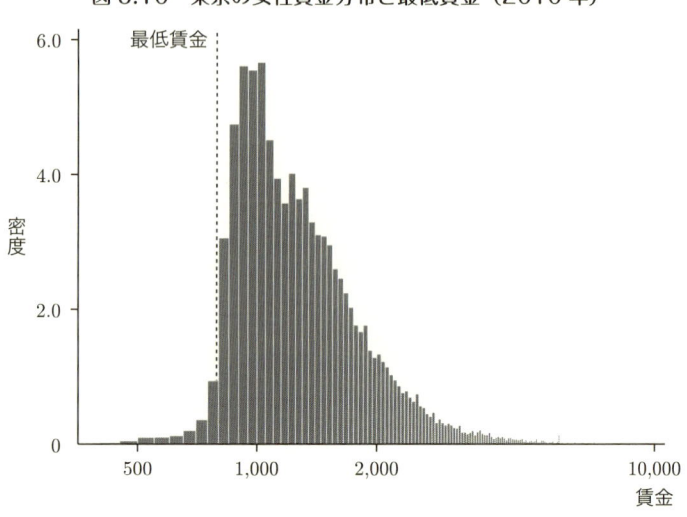

図5.10 東京の女性賃金分布と最低賃金（2010年）

（出所） Kawaguchi and Mori (2014) より作成。

あることが確認できる。これらのグラフを見ると，最低賃金は実際の賃金決定に当たって制約条件として機能していることを確認することができる。

それでは，2007年以降の都市部や北海道・東北地方を中心とした最低賃金の引き上げは，雇用にどのような影響を与えたのだろうか。Kawaguchi and Mori (2014) は最低賃金引き上げによって最も影響を受けたのはもともとの賃金が低い10代労働者であったことを明らかにして，最低賃金引き上げと10代労働者の雇用変化の関係を分析した。

図5.11には2007年から2010年にかけての最低賃金引き上げと10代の就業率（人口に占める就業者の割合）の変化の関係が示されている。この図を見ると，最低賃金の引き上げと10代の就業率の低下には相関関係があることがわかる。もっともこれはおおまかな関係であって，関係に統計的な有意性があるかはわからないし，最低賃金が就業率を引き下げたという因果関係を示しているかどうかもわからない。

Kawaguchi and Mori (2014) は，最低賃金の引き上げが16～19歳の就業率に与えた因果的影響を推定するために回帰分析を行った。その結果は以下の通りであった。

図 5.11 最低賃金引き上げと 10 代就業率の関係（2007〜2010 年）

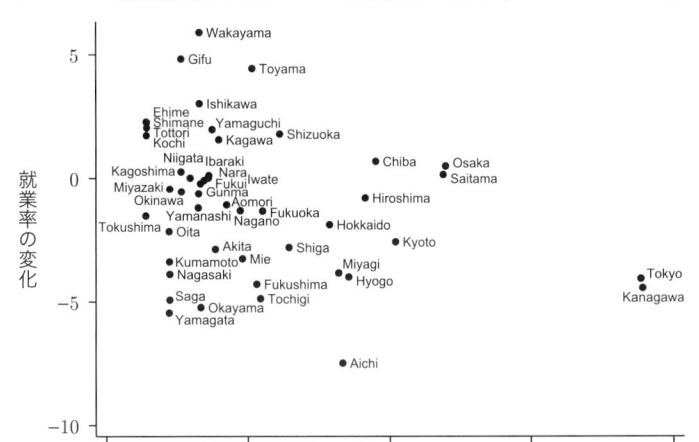

（出所）　Kawaguchi and Mori (2014) より作成。

$$\widehat{emp}_{it} = -\underset{(0.186)}{0.411} \ln mw_{it} - \underset{(-0.172)}{0.012} \, x_{1it} + \underset{(0.021)}{0.023} \, x_{2it} - \underset{(1.023)}{1.095} \, x_{3it} + \hat{d}_i + \hat{d}_t,$$

$$N = 188, \quad R^2 = 0.782$$

ここで，$\ln mw_{it}$ は都道府県 i の t 年における最低賃金の自然対数値，x_{1it} は鉱工業生産指数に 2007 年時点の製造業従事者比率を掛けたもの，x_{2it} は都道府県の有効求人倍率，x_{3it} は全人口に占める 16〜19 歳の人口比率である。これらの追加の説明変数は景気動向や若年労働供給の要因を制御するために式に導入されている。この推定結果は $\ln mw_{it}$ が 0.1 増加する（最低賃金がおおよそ 10% 増加する）と 16〜19 歳の就業率を 0.041，つまりおよそ 4.1% ポイント減少させることを意味している。この期間の 16〜19 歳の就業率平均が 16.4% であったことを考慮すると，およそ 25% の減少である。つまり弾力性にすると 2.5 ということであり，最低賃金の引き上げが 16〜19 歳就業率に大きな負の影響を与えたことが明らかになった。

表 5.4　最低賃金労働者と世帯属性・世帯所得の関係（%）

	非最低賃金労働者	最低賃金労働者
世帯主		
〜99（万円）	0.14	2.27
〜199	1.23	7.26
〜299	4.35	5.38
〜399	6.55	3.03
〜499	7.34	1.92
500〜	37.64	3.88
世帯主以外		
〜99	0.02	0.43
〜199	0.19	1.98
〜299	0.83	5.09
〜399	1.96	8.5
〜499	3.1	9.72
500〜	36.66	50.54

(注)　最低賃金労働者は年収が最低賃金年収（年間労働日数の区間最大値×
　　　1 週間の労働時間の区間最大値 ÷ 5）を下回る労働者である。
(出所)　川口・森 (2009)，表 4 より作成。総務省「平成 14 年 就業構造
　　　基本調査」をもとに計算。

5　最低賃金はよい貧困対策か？

　仮に最低賃金が低技能労働者の雇用を減少させるとしても，雇い続けられる
低技能労働者の賃金は上がるので貧困対策の観点からは望ましいという考え方
もありうる。このような議論が行われる際には，最低賃金労働者は貧困世帯の
世帯員であるという暗黙の前提が与えられている。しかし最低賃金で働く人に
は高校生・大学生のアルバイトや主婦のパートなどである場合も多く，必ずし
も貧困世帯の構成員ではないという可能性もある。そのため，最低賃金労働者
の世帯所得の分布がどうなっているのかを調べることは有意義である。

　最低賃金労働者が所属する世帯所得の分布と，非最低賃金労働者が所属する
世帯所得の分布を比較したのが表 5.4 である。この表を見てみると最低賃金労
働者の 50.54% は，世帯主ではなく世帯所得が 500 万円を超える世帯に所属
していることがわかる。このことは最低賃金労働者が必ずしも貧困世帯の構成
員ではないことを示していると言える。もっとも，この表はきわめて粗い時間

当たり賃金の情報しか得ることができないデータに基づいて作成されているため，確定的な結果とは言えないという点には留意が必要である。しかしそれでも，この結果は，貧困対策を目的とするならば，より貧困世帯にターゲットを絞った政策のほうが有効である可能性を示唆しているということは言えるだろう。

6 税・補助金と帰着

6.1 労働所得課税の影響

　労働者が受け取る賃金支払い明細を見てみると，税や社会保険料が天引きされていることがわかる。国税については収入金額から各種控除額を引いて得られる所得金額に対して課税がされ，**累進課税**となっており，2016 年 4 月 1 日現在の所得税は以下に述べる通りとなっている（表 5.5 も参照）。ここで**控除額**というのは，所得金額階層が変わったときに税額が不連続にならないように設けられたもので，たとえば 195 万円以下のカテゴリーから，195 万円を超え 330 万円以下のカテゴリーに所得金額が移ったときに控除額が 195 万円 × 0.05 ＝ 97,500 円であるため，税額が急に上がるということはないように設計されている。また所得金額が 200 万円の人に対してはすべての所得に対して 10% の税率が適用されるわけではなくて，195 万円以下の所得金額に対しては 5% の税率が適用され，195 万円を超える 5 万円分に対してだけ 10% の税率が適用される。よって所得金額が 200 万円の人の税額は 195 万円 × 0.05 ＋ 5 万円 × 0.1 ＝ 102,500 円となり，所得に占める税額の割合は 102,500/2,000,000 ＝ 0.05125 すなわち 5.125% となる[4]。このように所得に対して平均的に掛かる税率を**平均税率**といい，追加的に所得に掛かる限界的な所得税率を**限界税率**という。

　労働所得への課税は，企業が支払う賃金額と労働者が受け取る賃金額を乖離

---

4) 国税庁のホームページにある通り，実際の計算は 200 万円 × 0.1 − 97,500 円 ＝ 102,500 円と単純である。

表 5.5　所得税の速算表

課税される所得金額	税率（%）	控除額（円）
195 万円以下	5	0
195 万円を超え〜330 万円以下	10	97,500
330 万円を超え〜695 万円以下	20	427,500
695 万円を超え〜900 万円以下	23	636,000
900 万円を超え〜1,800 万円以下	33	1,536,000
1,800 万円を超え〜4,000 万円以下	40	2,796,000
4,000 万円超	45	4,796,000

（出所）　国税庁ホームページより作成。

させることで，市場均衡に影響を与える。ここでは累進課税は無視して，単純化のために時間当たり賃金 w に対して一定額 T の課税がされる状況を考えよう。このとき，労働者が労働供給量を決めるときに気にかけるのは課税後の手取り賃金であるため，労働者が現在と同じ労働時間を市場に供給するのは現在の賃金に T 円が上乗せされたときということになる。そのため，労働供給曲線は T 円分上方にシフトする。

　労働供給曲線が上方シフトする様子は，図 5.12 に示されている。課税前の労働市場均衡では賃金は w であり，雇用量は E である。労働供給曲線が上方シフトした結果，雇用主が支払う賃金は $w' + T$ に上昇し，一方で労働者が受け取る賃金は w' にまで下落する。また，雇用量も E' にまで減少し，課税の影響を受ける。このときに興味深いのは，労働者は T の課税をされたにもかかわらず，実質的な手取り賃金の下落幅は T よりも小さい $w - w'$ であり，支払賃金の上昇という形で雇用主に税の一部である $(w' + T) - w$ を負担させていることである。これは，課税によって手取りが減る労働者が企業に賃上げを求めて，課税後の手取りがあまり減らないように配慮をしてもらったのと同じことが，市場の均衡メカニズムを通じて起こったことを意味する。このように，租税負担の一部を取引相手に負担させることを**転嫁**という。

　賃金に対して課された T 円の税のうち $w - w'$ は労働者が負担し，$(w' + T) - w$ は雇用主が負担している。このように，税が実質的に誰によって負担されているかを税の**帰着**という。税の帰着は制度的に税が労働者と企業のどちらに課されるかには依存せず，図 5.12 からも明らかなように労働需要曲線

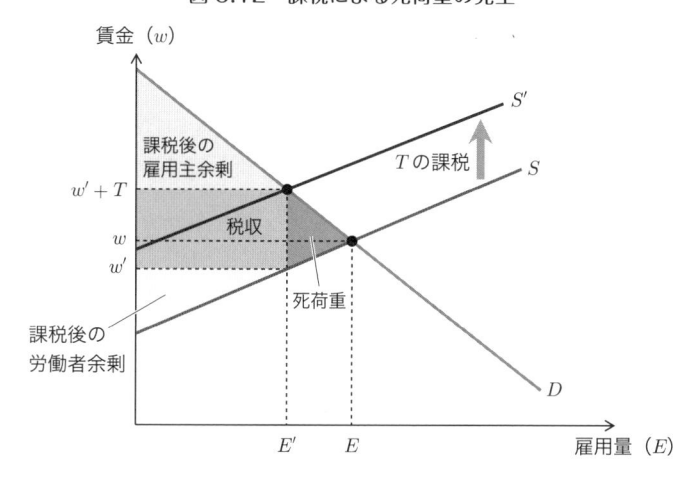

図 5.12　課税による死荷重の発生

（D）と労働供給曲線（S）の傾きの大きさに依存して決まる。仮に労働需要曲線が垂直で，労働需要量が賃金に依存せず非弾力的なときには税負担はすべて企業に帰着する。その一方で，労働供給曲線が垂直で，労働供給量が賃金に依存せず非弾力的なときには税負担のすべてが労働者に帰着する。すなわち，賃金変化に対して行動を変化させない側が実質的な税負担を行うことになる。これを直感的に理解するため，労働需要が非弾力的なときに労働者に対して課税された場合に何が起こるかを考えてみよう。労働需要が非弾力的ということは，賃金がどれだけ上がっても企業は今の雇用量を維持するということであり，企業は言ってみれば太っ腹なので，労働者はすべての税負担を企業に押し付けることができるのである。

　労働所得への課税は雇用量を減らし，このことが**死荷重**と呼ばれる厚生損失を発生させることになる。もう一度，図 5.12 を見てみよう。競争均衡で実現する雇用量 E は，雇用主の余剰と労働者の余剰を合わせた総余剰を最大化させる雇用量である。これは雇用主にとっての労働者の時間の限界価値に対応する労働需要と，労働者にとっての時間の限界価値である労働供給が交わっていることが示唆するように，雇用主と労働者との間で時間と賃金を交換することによって，交換の利益をこれ以上生み出すことができないという雇用量の水準が E であることに起因する。課税後の雇用量 E' においては，企

業にとっての労働者の時間の限界価値は $w' + T$ であり，労働者にとっての時間の限界価値は w' である。よって，本来は時間と賃金を交換することで労働者も雇用主も，ともに状況を改善できる交換の利益が発生していたはずなのに，課税によって雇用主と労働者の直面する価格に楔(くさび)が打ち込まれることで，そのような追加的な交換が起こらないことで損失が発生するのである。損失の大きさは雇用量 E' においては T によって表されるが，E' から E の領域すべてで需要曲線と供給曲線の間の大きさの損失が発生することになる。よって，E' から上に伸びる垂直線と需要曲線，供給曲線で囲まれる三角形の面積（$0.5 \times (E - E') \times T$）が厚生損失の大きさということになる。

課税による厚生損失は，雇用量が減少し時間という希少資源の配分が歪むことから発生する。完全競争均衡では労働者も雇用主も同じ賃金という市場のシグナルを見て行動していて，結果として時間と賃金の交換から発生する交換の利益はすべて刈り尽くされた状況であったものの，課税によって労働者と雇用主の目にするシグナルである賃金がずれてしまうことから資源配分の非効率性が発生するのである。このように労働市場を例にとり，労働の価格である賃金についての情報がすべての主体に共有されていて，効率的な資源配分を実現するに当たって守護神のような働きをしていることをイメージとして頭に刻み込むことは重要である。逆に言うと，企業の労働需要量が賃金に依存しない労働需要が非弾力的なケース，労働者の労働供給量が賃金に依存しない労働供給が非弾力的なケースでは雇用量が変化しないため，課税による厚生損失は発生しない。これはそもそも賃金が，企業あるいは労働者の行動を決定するためのシグナルとしての役割を果たしていなかったためである。

6.2　社会保険料負担の帰着に関する実証分析

増大する社会保険料負担への対応策として，これ以上の労働者負担を避けるために雇用主負担の増加によって対応を行うべきだという議論がある。しかし，前項の理論的な考察が示すように，労働需要が弾力的であり労働供給が非弾力的であるときには，雇用主負担の社会保険料の増加は労働者の受け取る手取り賃金の下落をもたらし実質的な負担は労働者に一部帰着する。

Column ⑤　税負担と生産性

　世界で最も税率が高い国はデンマークである。税負担を示す1つの指標である税収総額（社会保険料収入を含む）がGDPに占める比率は，2012年のOECD（経済協力開発機構）の統計（OECD.Stat Extracts）によれば47.2%となっている。所得の約半分は何らかの形で課税されていることになる。フィンランド，スウェーデン，ノルウェーなど他の北欧諸国も軒並み4割を超えていて国民の負担はきわめて重い。同年の日本の対GDP比は29.5%であり，統計のあるOECD 34カ国のなかで25位と低い値にとどまっている。相対的に低い税負担率は税の「上げしろ」があることをも意味しており，このことが莫大な国債残高にもかかわらず国債価格が下落しない理由の1つとされている。つまり，市場はすでに将来の増税を織り込んでいるのである。心配されるのは，増税によって労働意欲が減退したり，企業の投資やイノベーションへの意欲が減退したりして，生産性が低下してしまうことだ。

　一方，デンマークをはじめとする北欧諸国を旅すると，その豊かさに圧倒される。つまり，北欧諸国は重税国家であると同時に，きわめて生産性が高く豊かな国家でもある。これらの国々は，重い税負担と高い生産性をどのようにして両立しているのだろうか。将来の増税が不可避な私たちにとってこの問いに対する答えは興味深いが，Kleven (2014) によれば，脱税の難しさ，課税対象の広さ，労働促進的な公共サービスの提供の3点が両立のカギであるという。

　Kleven (2014) によると納税者番号，金融取引情報の国への提供，課税対象の広さは租税回避的行動を抑制することで課税による資源配分の歪みを小さくすることに貢献している。また，課税によって減退する労働意欲を保育・介護サービスの充実，公共交通機関の整備，低廉な教育の提供を通じて刺激し，資源配分の歪みを小さくしている。将来の増税が不可避である私たちが北欧諸国から学ぶべき教訓は，制度的なディテールよりも租税によって生じる資源配分の歪みを最小化するという思想である。この思想から出発して日本の事情を考慮しながら細かな制度設計に落とし込んでいくことが，私たちの課題である。

　Hamaaki and Iwamoto (2010) は，社会保険料の雇用主負担率の1%の上昇が労働者の時間当たり賃金にどのような影響を与えたかを分析している。課税前の時間当たり賃金の対数値を，雇用主負担率（%），産業別GDP，時間当たり賃金の1年前の値の対数値，労働投入量対数値の1年前の値，定数項に回帰したとき，雇用主負担率（%）の係数の推定値は0.015で標準誤差は0.003

であった。これは，雇用主負担率の増加が時間当たり賃金を増加させるという結果であり，先行研究において得られた結果と同様であった。ただし，この時点では労働災害保険の雇用主負担率は考慮されていない。しかし，2次式で近似されたタイムトレンドを説明変数に導入し，労働災害保険の雇用主負担をも考慮すると，雇用主負担率の係数は -0.008，標準誤差は 0.003 と推定された。これは雇用主負担率が 1% 上昇すると，時間当たり賃金が 0.8% 低下すること，すなわち雇用主負担分の 8 割が労働者に転嫁されることを意味している。

Hamaaki and Iwamoto (2010) が先行研究とは異なる結果を得た理由は，タイムトレンドを明示的に推定式に導入したことである。先行研究の定式化においては，右肩上がりの賃金上昇は誤差項に含まれていて，右肩上がりの社会保険料の雇用主負担と正相関していたため，雇用主負担の回帰係数に上方向のバイアスが掛かっていた。Hamaaki and Iwamoto (2010) はこのバイアスを取り除くことによって負の係数を得ており，より説得力のある結果である。社会保険料の雇用主負担分の 8 割が労働者に転嫁されているという発見は，今後の政策論議にも影響を与えうるものと言えるだろう。

6.3　給付付き税額控除の導入と帰着

労働供給のインセンティブを阻害することなく政府から貧困世帯への所得移転を行う方法として給付付き税額控除が提案されることがある（詳細は第3章1節を参照）。実質的な賃金補助を行う給付付き税額控除は，現在は就業していない人の就業インセンティブを刺激しつつターゲットを絞った所得移転を行えるため経済学者の間で多くの支持を集めている政策である。労働供給を行う主体である世帯の最適化行動を分析している範囲ではあまり欠点が見えてこない政策であるが，市場均衡の枠組みを通じて政策効果を分析するとまた別の側面が見えてくる。

給付付き税額控除の導入は現在働いていない人の労働力参加を促す効果があるため，労働供給をエクステンシブ・マージンで増加させる。このエクステンシブ・マージンの効果が大きいことが知られているので，そのほかの効果を

図 5.13 給付付き税額控除の導入と帰着

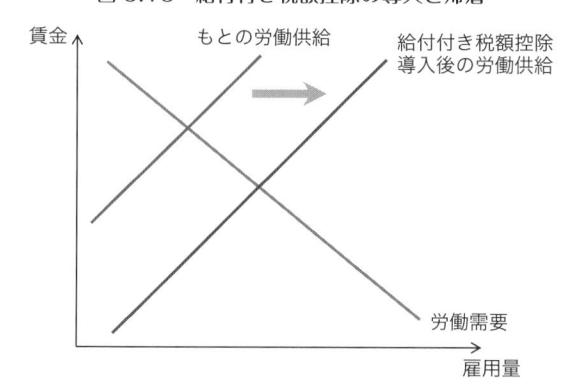

考慮したとしても給付付き税額控除の導入は労働供給関数を右にシフトさせる効果を持つ。図 5.13 はその効果を図示したものであるが，給付付き税額控除の導入が均衡賃金を下落させてしまうことを示している。これは給付付き税額控除の政策効果の一部が雇用主に帰着することを示している。労働需要の弾力性が小さく労働需要曲線が垂直に近いほど，給付付き税額控除導入に伴う均衡賃金の下落は大きくなる。労働需要の弾力性が小さいときには，労働供給増を吸収するように労働需要量が増えないので賃金が下落するのである。Leigh (2010) はアメリカのデータと州ごとに異なる給付付き税額控除の大きさを用いて給付付き税額控除が賃金に与える影響を分析したが，給付付き税額控除が10% 拡大すると高校中退者の賃金が5% 下落し，高卒者の賃金が2% 下落することを発見した。Rothstein (2010) も同様の分析を行っている。

　給付付き税額控除が子どもがいる世帯など特定の世帯に限定されると，これらの世帯の労働供給が増えて均衡賃金が下落し，子どものいない世帯など政策の対象外となった世帯は単に所得の減少を経験してしまうという意図せざる効果を生み出してしまうこともある。このように，市場均衡のメカニズムを通じて政策の意図せざる結果が生まれることに気づくことができるのは，経済学を学習することの大きなメリットである。

図 5.14 政府の研究開発投資と科学者・技術者の労働市場

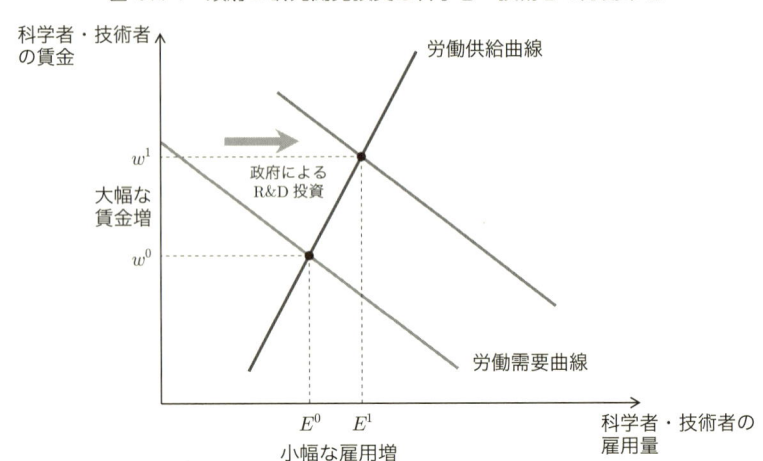

6.4 研究開発補助金の帰着

　研究開発活動の成果は活動に従事する企業や大学にだけでなく，社会全体に帰着するという正の外部性の議論に基づいて，政府が研究開発活動の補助金を出すという活動は世界各国で行われている。しかしこのような研究開発活動に対する補助は，必ずしも社会全体の研究活動を盛んにするとは限らない。研究開発活動は科学者や技術者の働きに大きく依存した活動であり，科学者や技術者は，大学院を含む高等教育機関で長期的な訓練を受けることで育成されるので，とくに短期においては労働供給が非弾力的になるためである。一方で政府が研究開発活動に補助金を出すと，科学者や技術者に対する労働需要は増加する。

　科学者や技術者の労働市場における需要曲線と供給曲線を図 5.14 に示してある。政府の研究開発活動の補助金が増額されると，科学者や技術者の限界生産性は向上するため労働需要曲線は右側にシフトする。しかし，彼らの労働供給曲線が非弾力的で垂直に近いために均衡における科学者や技術者のサービス投入量はあまり増えず，彼らの賃金のみが上昇するという結果になる。科学者や技術者の労働投入量がそれほど増えないということは，研究開発がそれほど進むとは期待できないことをも意味している。

政府の研究開発投資に対する補助金支出が科学者や技術者の賃金と労働時間に与える影響を，アメリカのデータを用いて分析したのが Goolsbee (1998) である。彼は，他の条件を一定としたときに，GDP に占める連邦の研究開発投資額が 10% 増加すると科学技術者の時間当たり賃金を 2.19% 上げる一方で，労働時間を統計的に有意には引き上げないことを明らかにしている。これは連邦による研究開発投資が科学技術者の高賃金に帰着しており，必ずしも研究開発投資活動を盛んにしているわけではないことを示唆している。

また，連邦予算の増額によって科学技術者の賃金が増加することは，連邦予算の影響を受けない民間企業の研究開発活動をクラウド・アウトすることにもつながる。たとえば，政府が iPS 細胞の研究を進めようとして，当該プロジェクトに多額の補助金を付けると生物系研究者の賃金が上がり，iPS 細胞以外の生物系研究者が働いている研究所が人材を確保することが難しくなると考えられる。これもまた，ある種の政策が市場均衡を通じて予期せぬ効果を生じさせる例として重要である。

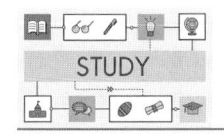

STUDY

演習問題 ●

【確認問題】

[5-1] ある産業において w を時間当たり賃金（円）としたとき，労働供給が $L_s = 1000$，労働需要が $L_d = 4000 - 4w$，とそれぞれ与えられている。このとき，政府が時間当たり 200 円の課税を労働者に対して行ったとして以下の問いに答えなさい。

(1) このときの労働者の実質的な負担はいくらか，求めなさい。

(2) このときに生じる死荷重の大きさはいくらか，求めなさい。

[5-2] 一定税額 T で労働課税が行われている経済を考える。課税の労働者への帰着が大きくなるのはどのようなケースかを，労働供給の賃金弾力性と労働需要の賃金弾力性との関係で説明しなさい。

[5-3] 全国に展開している某ハンバーガーチェーン店は各地域で市場支配力を持ってお

り，ハンバーガーの需要曲線が右下がりになっている。ハンバーガーを 1 つ売るために従業員合計で掛かる延べ労働時間は，どの地域でも同一である。ただし，各支店が立地する各地域の労働市場は完全競争的で各支店は賃金受容者（プライス・テイカー）として行動している。このとき，各支店の雇用量と各支店のハンバーガー市場における独占力との関係について説明しなさい。

[5-4]　買い手独占の理論に基づくと，最低賃金の上昇が雇用の減少に結びつかないケースもある。最低賃金の上昇が雇用の減少に結びつかない理由として，最も本質的な要因を挙げて，その要点を説明しなさい。

[5-5]　企業が労働供給の賃金弾力性が 1 の労働供給曲線に直面している。企業はすべての労働者に同じ賃金を支払うものとする。賃金が 500 円のとき，雇用の限界費用はいくらか，求めなさい。

【発展問題】

[5-6]　2012 年に起きた尖閣諸島の領有権をめぐる日中間の緊張の高まりは，中国からの北海道への観光客を激減させた。このことは，北海道の観光産業の労働供給関数，労働需要関数のどちらの推定を可能にするだろうか。また，そのどちらかをどのように推定するかについて，数式を用いながら具体的に説明しなさい。

[5-7]　最低賃金の上昇が低技能労働者の雇用に与える影響について，低技能労働者の市場を，(a) 完全競争的なケース，(b) 買い手独占的なケース，に分けて，図を用いて説明しなさい。

[5-8]　ある労働市場における労働供給曲線が，以下のように与えられている。

$$L_s = \alpha w, \quad \alpha > 0$$

ただし，L_s は労働供給量，w は時間当たり賃金とする。また，労働のみを生産要素とする企業の生産関数が，以下のように与えられている。

$$y = \ln(l)$$

企業の生産物は完全競争的な市場において価格 1 で販売される。

(1)　完全競争的な労働市場で決まる賃金を所与として企業が行動するときの労働需要関数を求めなさい。なお，労働需要関数とは労働需要量を賃金の関数として書いたものである。

(2)　完全競争市場において，企業が限界生産性に等しい賃金支払いをしなければならない理由を説明しなさい。

(3)　完全競争市場における賃金（w^c）と雇用量（E^c）を求めなさい。

(4) 労働市場に企業が1つしかないとき，企業は右上がりの労働供給曲線に直面し，買い手独占者として行動する。買い手独占者の利潤最大化問題を書きなさい。その際，目的関数を明確にし，どの変数を動かすことで目的関数を最大化するのかを明確にしなさい。

(5) 買い手独占者として行動する企業の利潤を最大化する雇用量（E^m）を求めなさい。

(6) 完全競争市場における雇用量と買い手独占市場における雇用量の大小を比較し，なぜそのような大小関係が成立するかを経済学的な論理を用いて説明しなさい。

【実証問題】

[5-9] 都道府県別の就業率のデータを用いて最低賃金が雇用に与える影響を推定したいとする。推定式は，

$$emp_{it} = \alpha + \beta\, mw_{it} + \cdots + u$$

であり，推定の手法は最小2乗法を用いる。ただし，emp_{it} は i 都道府県の t 年における雇用率，mw_{it} は i 都道府県の t 年における最低賃金であり，説明変数には雇用率を決定するほかの変数も含まれている。最低賃金が雇用率に与える影響を的確に推定するために最も重要な仮定を挙げて，その要点を説明しなさい。

[5-10] 市町村別の低技能労働者の就業率のデータを使い移民の増加が雇用に与える影響を推定する。推定式は，

$$emp_{it} = \alpha + \beta\, img_{it} + \cdots + u$$

であり，推定の手法は最小2乗法を用いる。ただし，emp_{it} は i 市町村の t 年における低技能労働者の就業率，img_{it} は i 市町村の t 年における移民労働者比率（労働者全体に占める移民労働者の比率）であり，説明変数には低技能労働者の就業率を決定するほかの変数も含まれている。移民が就業率に与える影響を的確に推定するために最も重要な仮定を挙げて，その要点を説明しなさい。

[5-11] 沖縄県の観光産業従事者の労働供給関数を推定したいと考えている。このとき，以下の問に答えなさい。

(1) 年次別のデータを用いて以下のモデルを推定する。

$$y_t = \beta_0 + \beta_1 x_{1t} + \beta_2 x_{2t} + \cdots + \beta_k x_{kt} + u_t$$

ただし y_t は t 年における沖縄県の観光産業従事者の人数の自然対数値とし，x_{1i} は t 年における彼らの時間当たり平均賃金の自然対数値，x_{2t} から x_{kt} は

各年の経済状況を示す変数とする。

　このモデルを推定して，労働供給の賃金弾力性 β_1 を推定しようとするときに発生する問題について論じなさい。その際には β_1 の最小 2 乗推定量 $\hat{\beta}_1$ が不偏性（$E\hat{\beta}_1 = \beta_1$）を持つための条件を明示し，その条件がなぜ成立しないかを労働市場の需給均衡の図を用いて説明しなさい。

(2)　沖縄県那覇空港への格安航空会社（LCC）の就航は沖縄県への観光客を増加させたと言われている。那覇空港への LCC 就航便数を z_{1t} としたときに，この変数を操作変数として沖縄県観光従業者の供給関数を推定しようとするとき，この操作変数が満たすべき仮定を 2 つ述べなさい。

第**6**章

補償賃金格差

　ある仕事から労働者が得るものは賃金だけではない。仕事を通じて達成感が得られる仕事もあるだろう。また，仕事をする環境は仕事を選ぶ際に労働者にとっては大きな要因となるであろう。本章では仕事をする環境が異なるときに，同じ技能を持った労働者が異なる賃金を受け取ることになることを示していく。また，さまざまな好みを持った労働者が，さまざまな環境，企業にどのように分かれていくのかについても分析する。そのうえで理論的に得られた結論をどのように実証的に検証するかを議論する。

1 深夜バイトの時給が高いのはなぜか？

　図 6.1 の写真は最近の某所の牛丼チェーン店の求人広告である。これを見てみると，同じ仕事をするアルバイトであるにもかかわらず昼・夕方の時給は1050 円であるのに対して，深夜になると 1320 円になる。見慣れた光景ではあるが，なぜ同じ仕事なのに違う時給が提示されているのだろうか。この現象は，これまでに学んできた労働供給，労働需要，そして労働市場の均衡という枠組みのなかで説明できるのだろうか。仮にできるとして，どのように説明できるのだろうか。

　時間帯によって時給が異なる理由を理解するために大切なのは，同じ牛丼チェーン店の仕事でも深夜の仕事と通常の時間帯の仕事は別の仕事だと考えるこ

図 6.1　牛丼チェーン店の求人広告

（写真提供）　時事通信フォト。

図 6.2　通常時間帯と深夜時間帯の労働市場

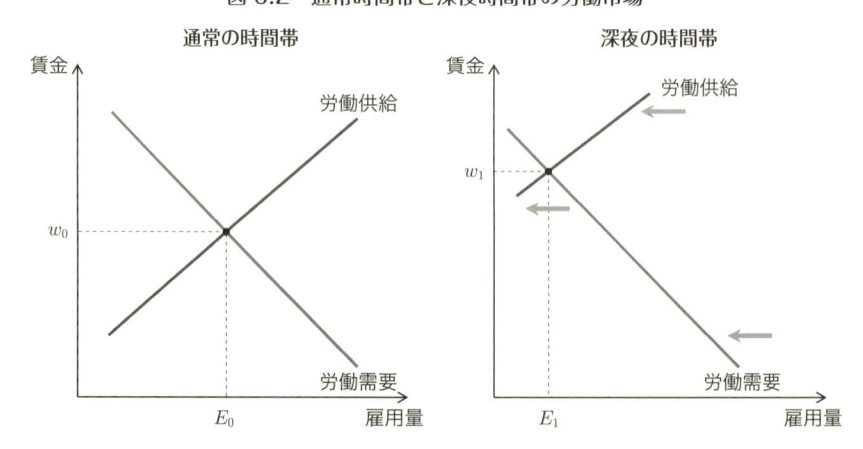

とである。深夜の仕事にはそれに対する労働需要と労働供給があり，昼の仕事にもそれに対する労働需要と労働供給があると考えるのである。

　図 6.2 には，通常の時間帯と深夜の時間帯の労働市場の需要・供給曲線が描かれている。左側の図は通常の時間帯の労働需要曲線と労働供給曲線が描かれていて，均衡賃金は w_0，均衡雇用量は E_0 で決まる。右側の図は深夜の時間帯の労働需要曲線と労働供給曲線を描いたものである。客が少ないことを反映して，深夜の時間帯の労働需要曲線では労働の限界生産物価値は下がると考え

られるので，通常の時間帯の労働需要曲線よりも左側に位置していると考えられる。その一方で深夜の時間帯に働くことは，とくに家庭を持つ女性などにとっては厳しく，この時間帯に働きたいと考える労働者は少ないと考えられるため，労働供給曲線も通常の時間帯の労働供給曲線よりも左側に位置していると考えられる。深夜の時間帯の労働市場における均衡賃金は w_1，均衡雇用量は E_1 で決まる。仮に労働供給が減少することの影響が労働需要が減少することの影響よりも大きいならば，図 6.2 に示したように深夜の時間帯の賃金は通常の時間帯の賃金を上回るものと予想される。この例のように，仕事の環境が生む賃金差を**補償賃金格差**という。労働環境の違いを補償するための賃金差，という意味である。

　ここまでの牛丼チェーン店のパート・アルバイトの例では，同じ仕事でも通常と深夜の時間帯では異なる労働市場が存在すると考えた。職場環境を考えるうえで，働く時間帯に昼間・夕方と深夜という違いがあることに着目したわけだが，職場環境を形成するものとしては時間帯のほかに，仕事中に労働災害に遭う確率の違い，出勤時間の選択をしたり在宅勤務をしたりできるかどうかといった柔軟性の違い，職場が東京丸の内の高層ビルにあるか下町の雑居ビルにあるかといった立地や環境の違い，きれいな社員食堂を格安で利用できるかできないかの違い，などさまざまな要因がある。それでは，こうした職場環境の違いは賃金にどのような影響を与えるのだろうか。次節では，労働災害発生確率を例にとりながら分析を進めていこう。

2 ヘドニック分析

　経済のなかにはさまざまな仕事が存在し，それぞれの仕事の魅力を決定しているのは賃金の高低だけではない。職場環境などさまざまな要因が考えられるが，その職場環境のなかでもとくに重要であると考えられるのは**労働災害**（労災）の発生確率であろう。吉村昭の小説『高熱隧道』（新潮社，1967 年）は，1930 年代後半に行われた黒部川第三発電所に通じるトンネル工事を題材にしたものであるが，難工事のなかで落盤などの事故が発生し，多くの労働者の命

が奪われたこと，そしてこのような危険と引き換えに労働者には高賃金が支払われていたことが描かれている。ここではやや極端な例ではあるものの，トンネル工事の現場のように職場に危険がある場合，その危険が賃金にどのような影響を与えるかについて分析してみよう。また先にも述べたように，職場の危険のほかにも，労働時間が自分で選べるかどうか，どの程度自分の好きなように仕事ができるか，仕事そのものがやりがいに満ちたものかどうかなど，いわゆる職場環境を規定する要因は数多い。以下の議論は，これらの職場環境が賃金に与える影響を分析する枠組みとしても理解することができる。

2.1　ヘドニック分析とは

職場における危険と賃金の関係を分析するために，労働者と企業それぞれの行動を考察し，どのように市場均衡が成立していくのかを見てみよう。ここで考える仕事の例では，仕事を特徴づける要因として「仕事から得られる賃金」と「仕事を行うことに伴う危険」の2つを考える。このように市場において取引される財（ここでは労働力）に価格以外の異質性を考慮した場合に，市場均衡においてどのような取引が成立するかを分析することを**ヘドニック分析**という。ほかの財の例として，築年数，広さ，間取り，駅からの距離などの属性によって不動産価格がどのように決定されているかなどの分析にも応用されている。この節では，労働市場におけるヘドニック分析を紹介する。

労働市場には無数の労働者と無数の企業が存在すると仮定する。まず，労働者であるが，労働者のなかには危険な職場は絶対に避けようとする人もいるだろうし，危険にはそれほどこだわらない人もいるだろう。このように，労働者が賃金以外の仕事の特性について異なった選好を持つことを考える必要がある。また，企業の側でも職場の危険は安全性向上のための設備投資を行うことによって削減していくことができる。トンネル工事の例であれば，トンネルを掘った直後にコンクリートで内壁を固める工法を採用したり，シールドマシンと呼ばれる掘削機を導入したりする投資によって職場の安全性を向上させることができるだろう。しかし，このような投資によって労災確率を減らすことが容易な企業と，難しい企業があることも考えられる。同じ土木工事を行う企業

図 6.3　労働者の無差別曲線

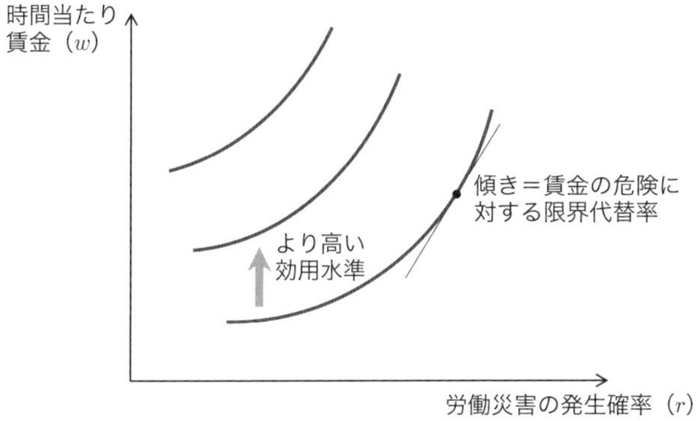

であっても，通常の道路工事を行う企業とトンネル工事を行う企業では，後者のほうが危険を減らすためにより大きな費用が掛かることが予想される。以下では，このように労働者の危険に対する態度と企業の危険削減のための費用の双方に異質性があるときに，労働市場においてどのような均衡が成立するかを考察する。

2.2　労働者の行動

　まずは，労働者の行動を労働者の効用最大化行動に基づいて考えよう。ここで表現したいのは，高賃金だが危険が高い仕事を選ぶか，低賃金だが危険が低い仕事を選ぶかという選択の問題であるため，賃金と仕事の危険が効用関数に入った労働者を考える。労働者は，賃金が高く，危険が低い仕事に就いたときにより高い効用を得ると考えれば，効用関数は，

$$U(r, w) \tag{6.1}$$

で与えられる。ここで，U は労災発生確率などで測られる危険（リスク）r に関しては減少関数，時間当たり賃金 w に関しては増加関数である。同じ効用を与える r と w の組合せを描いた無差別曲線は，図 6.3 に描かれている通りである。労災の発生確率が上がったときに同じ水準の効用を保つためには賃金が上がらないといけないため，無差別曲線は右上がりとなる。

無差別曲線の傾きは，危険が増加したときに賃金がどれだけ増加すれば，効用水準を一定に保つことができるかを示している。これはすなわち賃金の危険に対する限界代替率であり，

$$MRS_{rw} = -\frac{\partial U/\partial r}{\partial U/\partial w}$$

と書ける。図6.3では危険が増加するに従って賃金の危険に対する限界代替率は増加していくが，これは危険が増加するに従って，限界的に求める金銭的な補償が増加していくという仮定を示している。なお，危険（リスク）回避的な個人のほうが全般的に無差別曲線の傾きは急になる。極端な例として危険をまったく気にかけない労働者を考えると，危険が上がってもそれを補償するような賃金上昇を求めないため無差別曲線は水平になる。

2.3 企業の行動

次に，企業の側の行動を考える。企業は費用を掛けて投資を行うことで仕事に伴う危険を削減できるとしよう。ここでは費用は労働者1人当たりの費用を考えて，危険を削減することの費用は費用関数 $C(r)$ に依存すると仮定する。危険を減らすには費用が掛かり，その限界費用は逓増していくと仮定する。そのため $C'(r) < 0,\ C''(r) > 0$ である。このとき，ある水準の危険を伴う仕事に労働者を雇ったときに，1時間当たりの労働コストは，

$$w + C(r)$$

となる。ここでは，企業は危険を減らすと費用が掛かる一方で，より安い賃金で労働者を雇えるというトレードオフに直面することになる。また先にも触れたように，危険を減らすことの費用は産業の特性などによっても異なる。たとえば，事務職であればもとより安全な職場であるため費用を掛けずに低い労災発生確率を実現できるが，林業のように本質的に危険な仕事で労災を減らそうと思うと莫大な費用が掛かるだろう。また同じ産業のなかでも，企業ごとの異質性がある。たとえば，化学製品を製造しているメーカーを考えたときに，高い技術を持っている企業は有害物質の発生を容易に抑えることができる一方

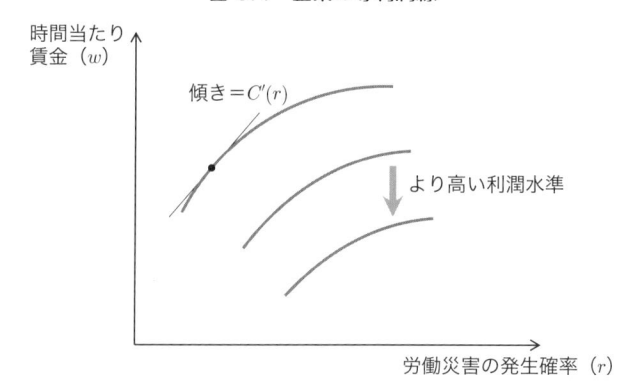

図6.4 企業の等利潤線

で，低い技術しか持っていない企業はなかなか有害物質を抑えることができない，といったことも考えられる。このとき，危険を減らすことが難しい企業は，危険を軽減することの限界費用 $C'(r)$ の絶対値が大きくなる。

このモデルでは，企業の生産技術が規模に関して収穫一定で，労働者を雇うことの限界収入は一定であるとしよう。また，企業は財市場と労働市場の両方で価格受容者として行動し，労働者を時間当たり賃金 w で雇い，財を価格 p で販売していると考えよう。このとき，労働者1人当たりから得られる利潤は

$$\pi = p - w - C(r) \tag{6.2}$$

である。等しい利潤を与える等利潤線は図6.4に示すように右上がりとなる。これは，危険を減らすことには費用が掛かるため，危険を減らした企業は，その分賃金を引き下げないと利潤を一定に保つことができないためである。そのため，等利潤線の傾きは危険を減らすための限界的な費用 $C'(r)$ を示すことになる。危険を減らすことが容易な企業や産業では，その限界費用が低いことより，等利潤線の傾きは緩やかになる。その一方で，危険を減らすことが困難な企業や産業では，その限界費用の高さを反映して，等利潤線の傾きは急になる。

等利潤線は異なる利潤水準に対応して描けるが，下に位置する等利潤線のほうが同じ危険のもとで賃金が低いことに対応するため，高い利潤水準であることを示している。企業の参入が自由だと，ある産業での利潤が正である限り，

図6.5　各企業の等利潤線と包絡線

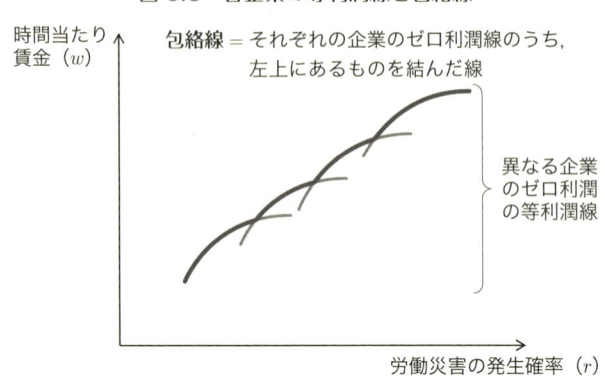

より高い賃金を提示して労働者を惹きつける新規企業の参入が続くことになるので，同じ危険の水準において賃金は上がっていく。そのため等利潤線は利潤がゼロの水準まで上がることになる。図6.5には危険を減らすのに掛かる費用が異なる企業や産業の等利潤線が描かれていて，それぞれの企業や産業における利潤ゼロ水準の等利潤線が描かれている。

市場には無数の産業があると考えると，利潤ゼロ水準に対応する等利潤線は無数に描くことができる。そして，それらのゼロ利潤の等利潤線を上から包み込むような包絡線を描くこともできる。この包絡線の右下の領域は，労働者の立場で見てみると，より危険な仕事なのに低い賃金しか提示されていない仕事であることを意味しているため，合理的な労働者はそのような組合せの仕事を選ばない。よって，労働者が実質的に選択する仕事の危険と賃金の組合せは包絡線上の点となる。この包絡線を労働市場から与えられる制約条件として，労働者は効用を最大化するような仕事を選ぶ。

次項では，ここまで解説してきた労働者の行動と企業の行動を前提として，労働市場における均衡を分析していこう。

2.4　労働市場の均衡

労働者は先に図6.3で示したような右上がりの無差別曲線を持っているが，上方に位置する無差別曲線は同じ危険のもとで高賃金に対応するので，上方

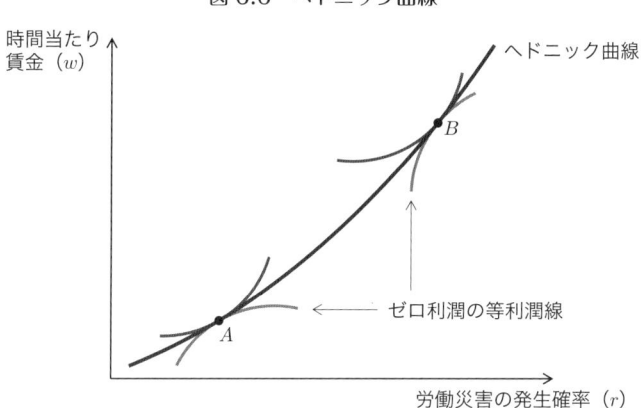

図6.6 ヘドニック曲線

の無差別曲線のほうが高い効用を与える。よって，効用最大化の結果として，各労働者は無差別曲線と制約条件を満たす選択可能な集合（ゼロ利潤の等利潤線の包絡線）が接する危険と賃金の組合せを提供する仕事を選ぶことになる。図6.6 はそのような組合せを示している。

危険回避的な労働者は傾きの急な無差別曲線を持つため，図6.6 の左に位置する低危険・低賃金の仕事を選択する。また，低危険・低賃金の仕事 A を提供するのは，危険を減らすのが容易で，等利潤線の傾きが緩やかな企業である。その一方で，比較的危険中立的な労働者はより平坦な無差別曲線を持つため，図6.6 のより右に位置する高危険・高賃金の仕事 B を選択する。また，高危険・高賃金の仕事 B を提供するのは，危険を減らすことが難しく等利潤線の傾きが急な企業である。このように，完全競争的な労働市場においては労働者と企業の間のマッチングが適切な形で行われることになる。

2.5　ヘドニック曲線

ここまで，仕事に伴う危険に異質性がある場合に，労働市場においてどのような均衡が成立するかを見てきた。このように見ると，労働市場における均衡点をつないだ線が，仕事ごとの危険と賃金の組合せとして観察されることになる。この線のことを**ヘドニック曲線**という。ヘドニック曲線の形状は，仕事ご

Column ⑥　労働災害の抑制

　2016 年，長時間労働を苦にした若年女性の自殺が世間の注目を集め，改めて労働時間規制についての議論が盛んに展開されることとなった。仕事が理由で命を落とすという痛ましい事態は，長時間労働だけではない。2015 年には 972 人が，労働災害によりその貴い命を失っている（厚生労働省「平成 27 年度 労働災害発生状況」）。

もっともこの数字，高度成長の最中の 1965 年には年間約 6000 人であり，2015 年の死亡者数は過去 50 年で初めて 1000 人を割った。1972 年に労働安全衛生法が施行されたこともあり，1970 年に約 6000 人であった死亡者数は，1980 年には約 3000 人まで半減することになった。労働災害が発生しやすい建設業や製造業が雇用に占める割合を減らしたことも相まって，その後も死亡者数は着実に減少していき，今日の水準に至る。

死亡者数のほか，休業 4 日以上の死傷者数も報告されているが，この数字も過去 40 年間で約 35 万人から約 12 万人へと着実に減少してきた。やはり減少が著しいのは建設業や製造業である。

多くの産業で労働災害が減少傾向にあるなかで，反対に増加傾向にあるのが社会福祉施設などである。死傷災害は 2012 年の約 6500 件から 2015 年の約 7600 件と増加している。移乗介助中に発生する腰痛や入浴介助中の転倒などが典型例である。

このように，労働災害発生件数は産業構成の変化の影響を強く受けていることがうかがわれる。規制のあり方も，今後この産業構成の変化の影響を強く受けていくだろう。

労働災害の発生件数を抑制することが望ましいのは言うまでもないことだが，具体的にどの程度を目標にすべきかを論ずるのは容易ではない。たとえば，介護の現場で，補助するロボット・スーツの導入など，さまざまな技術進歩の成果を取り入れることで労働災害を減らすことはできるかもしれないが，そのような技術進歩を取り入れることには相応の費用が掛かるのは，本文でも議論した通りである。費用負担は第一義には雇用主が行うことになるが，サービス価格の上昇や，労働者の賃金低下という形で消費者や労働者への負担の転嫁も起こりうる。

労働災害の発生をどの程度まで抑えるべきか。労働災害を減らすことの便益と費用を，歴史的経験もふまえ，冷静に比較考量するような議論のあり方が求められていると言えるだろう。

とに観察される危険と賃金の組合せを使って，賃金を危険に回帰することで求めることができる。この回帰分析を行った際の危険の係数は $\partial w/\partial r$ を示すことになるが，この係数には経済学的な意味がある。ヘドニック曲線とは，無差別曲線と等利潤線が接する点の集合である（図6.6参照）。そのためヘドニック曲線の傾きは，それぞれの点で無差別曲線と等利潤線の傾きに等しくなる。無差別曲線の傾きは賃金の危険に対する限界代替率を示しており，危険を金銭換算した際の値となる。一方の等利潤線の傾きは，危険を減らすことの限界費用である。そのため，ヘドニック曲線の傾きは労働者から見た危険が増えることの限界的な価値と，企業から見た危険を減らすことの限界費用の双方と等しくなる。ヘドニック曲線の傾きを推定すれば，労働者がどのように危険を金銭評価しているかと，企業が危険を減らすことの限界費用がいくらであるかの両方を知ることができるのである。

　次節では，このヘドニック曲線を労働市場のデータを使ってどのように推定するかを解説するが，実証分析に移る前に理論的に重要な点を2つ紹介しておこう。

　第1に，このモデルでは労働市場の均衡においては労働者の数と企業が提供する仕事の数が一致することが条件となっている。この条件は，ここで説明した労働市場の均衡においては満たされている。労働市場には危険回避的なタイプの労働者と相対的に危険中立的なタイプの労働者が一定数いる。そのとき，企業の提供する仕事の数が労働者数を下回っていたら，賃金は均衡水準より下落するので企業は正の利潤を上げることができる。そのため，ゼロ利潤条件が満たされるまで企業の参入が続くことになる。その一方で，企業の提供する仕事の数が労働者数を上回っていると賃金が均衡水準よりも上昇するため，企業は負の利潤を出すことになる。そのため，ゼロ利潤条件が満たされるまで企業の退出が続き，賃金は下落する。このような賃金調整の結果として，企業のゼロ利潤条件が満たされている状態では市場に存在するタイプ別労働者をぴったりと吸収するだけの仕事が，企業によって提供されることになる。

　第2に，競争均衡で無差別曲線と等利潤線が接していることは，配分がパレート効率的であることを意味している。労働者にとって危険が減らされることの限界的な価値は，賃金の危険に対する限界代替率を示す無差別曲線の傾き

図 6.7　危険の減少に対する限界効用が限界費用を上回っているケース

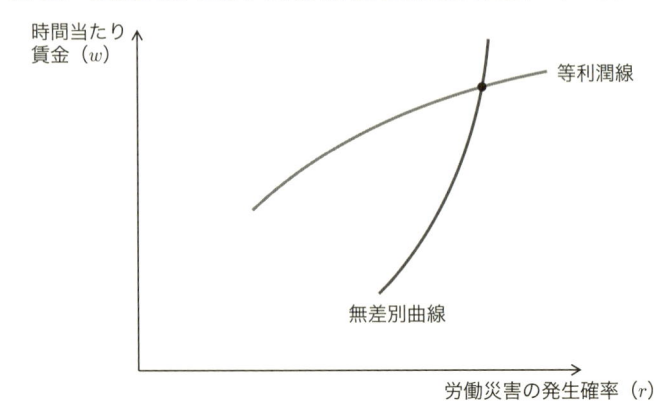

であり，これが危険を減らすことの限界費用である等利潤線の傾きと等しくなっているからである。仮に，危険を減らすことに対する労働者の限界効用（賃金の危険に対する限界代替率）が，危険を減らすための企業の限界費用を上回っているとするならば（図 6.7 参照），社会的に見れば危険を減らしたほうがいいことになるが，競争均衡においてはそのような調整の余地は残されていないことになる。逆に危険を減らすことに費用を掛けすぎて，危険を減らすことで得られる限界効用が，危険を減らすために必要な限界費用よりも高くなってしまっているようなときには，社会的に見てもう少し危険を許容したほうが望ましいわけであるが，競争均衡ではそのような調整の余地も残されていないのである。

3　補償賃金格差の実証分析

3.1　観察できない要因と自己選択バイアス

これまでに見てきたように補償賃金格差の理論に従えば，環境の悪い職場で働く労働者はその環境の悪さを補償するように高い賃金を受け取ることになる。この理論的予測を検証しようと思えば，労働者の賃金と職場環境が記録さ

れているデータを用いて，賃金 (w) を職場環境の悪さ (r) とその他の説明変数に多重回帰して職場環境の係数を調べればいいように見える。すなわち，

$$\ln(w) = \beta_0 + \beta_1 r + \beta_2 educ + \beta_3 exper + \beta_4 exper^2 + \cdots + u \qquad (6.3)$$

といった式を推定して，β_1 が予想通り正の値をとっているかを検証することが考えられる。この式は，労働者の属性をコントロールした後のヘドニック式であり，職場環境の悪さ r の係数 β_1 はヘドニック曲線の傾きに対応する。ここで $educ$ は労働者の教育年数，$exper$ は労働市場における経験年数であり，どちらも賃金の決定要因として重要な変数である。これら教育年数や労働市場経験年数によって賃金が決定するとする式を**ミンサー型賃金関数**というが，これについては次章で詳しく解説する。

第 2 章ですでに説明したように，(6.3) 式の係数を最小 2 乗法でバイアスなく推定するための条件は，すべての説明変数と誤差項 u に相関がないことである。数学的に書けば，条件付き期待値不変の仮定 $E(u|r, educ, exper, \dots) = 0$ が成立することが必要である。

この仮定が成立しているかどうかを考えるためには，誤差項 u にどのような要素が含まれているかを具体的に考える必要がある。この誤差項には，データでは通常観察できない労働者の能力や人柄などといったさまざまな賃金決定要因が入ると考えられる。これらの観察不能な賃金決定要因は説明変数，とくに職場環境の悪さ r と相関しないだろうか。実際には，能力が高く物事を的確に判断できる人は，高賃金が得られる仕事をしていると同時に事務的な仕事をしていて，職場環境の良い仕事している可能性が高いと言えそうである。また一般的に言って観察不能な高賃金要因を持つ人は，労働市場で多くの選択肢を持つ人だと言うことができるので，高賃金であると同時に環境の良い職場で働いていると言えそうである。たとえば世界最大のインターネット企業であるグーグルは，きわめて優秀な人材を高い賃金と恵まれた職場環境の両方で惹きつけていることが知られている。日本を含む多くの国においては，税制は累進課税となっている。そのため高額所得者に賃金を支払っても，その多くの部分は高率で課税されてしまう。一方で広くてきれいなオフィスを準備したり，カフェテリアを整備したりすることは課税の対象にはならないため，税を回避し

ながら優秀な労働者を引きつけるための有効な手段となるのである。高賃金の労働者が，職場環境の良いところで働いているケースが多いのには，このような理由があるのである。

　誤差項 u に含まれる観察不能な高賃金要因を持つ人が環境の良い職場で働いているとすると，誤差項 u と職場環境の悪さ r は負の相関関係を持つことになる。つまり，説明変数と誤差項が相関する内生性が発生していることになる。特定の説明変数と誤差項が負の相関を持つとき，一般的にはその変数の係数の最小2乗推定量には過小になる方向にバイアスが掛かる。そのため，補償賃金格差の理論では職場環境が悪いほど高い賃金が支払われる，つまり $\beta_1 > 0$ という予測がなされるが，推定量にバイアスが掛かっているために推定される係数は0あるいは負の値をとってしまうことが考えられる。つまり，能力が高い人ほど環境の良い職場で働くという**自己選択バイアス**が，環境の良い職場ほど賃金が高いといった理論的予測に反する実証分析の結果をもたらしてしまう可能性が高いのである。

3.2　パネルデータの活用

　自己選択バイアスを回避しながらヘドニック曲線の傾き（(6.3) 式の β_1）を推定するために使われる1つの手法がパネルデータを用いた推定である。**パネルデータ**とは，1人ひとりの労働者を追跡調査したデータである。つまり同一個人の情報が複数時点にわたり記録されている。日本では家計経済研究所が調査を実施していた「消費生活に関するパネル調査」（現在の実施・運営母体は慶應義塾大学），慶應義塾大学の「日本家計パネル調査（JHPS/KHPS）」，一橋大学，東京大学と経済産業研究所が作成する「くらしと健康の調査（Japanese Study of Aging and Retirement; JSTAR）」，厚生労働省が作成する「21世紀成年者縦断調査」などが存在する。これから詳しく見ていくように，パネル調査を用いると各労働者の能力や人柄といった容易には観察できない賃金決定要因を一定の仮定のもとでコントロールできるようになる。

　ヘドニック曲線の傾きを推定するに当たっての問題は，誤差項に含まれる各労働者の能力や人柄といったデータからは観察できない賃金決定要因が，説明

変数である職場環境と相関を持つという内生性である。この問題に対処するため，各労働者 i の能力や人柄といった要因を能力（ability）の頭文字をとって a_i と記すことにし，この変数を先の賃金方程式に追加しよう。式は，

$$\ln(w_{it}) = \beta_0 + \beta_1 r_{it} + \beta_2 educ_i + \beta_3 exper_{it}$$
$$+ \beta_4 exper_{it}^2 + \cdots + a_i + v_{it} \tag{6.4}$$

となる。ここで各変数に添え字がついているが，i は各労働者に割り振られた識別番号を示す添え字，t はデータの観測時点を示す添え字である。賃金や職場の危険，経験年数は時間とともに変わっていくから添え字 t がついているが，教育年数に関しては一度労働市場に出たら基本的には変わらない。そのため，教育年数については時間を示す添え字 t はつかない。ここでは $a_i + v_{it}$ が観察不能な誤差項となる。このうち a_i は労働者の総合的な能力を示すが，能力は時間を通じて一定であると仮定するため，添え字には t がつかない。一方で v_{it} は各個人の賃金決定要因のうち，時間を通じて変わる要因である。たとえば，今年の勤め先の会社の業績の良し悪しのような要因が含まれている。ここでは，この v_{it} はそれぞれの説明変数とは相関しないと仮定しよう[1]。問題は，各労働者の観察不能な能力 a_i が職場の危険 r_{it} と相関する内生性が発生しているかもしれないことである。

各労働者の能力と職場の危険性が相関する内生性の問題への対処としてしばしば用いられるのが，時間に関する**差分**をとるという方法である。先の賃金式から $t-1$ 時点における賃金は，

$$\ln(w_{it-1}) = \beta_0 + \beta_1 r_{it-1} + \beta_2 educ_i + \beta_3 exper_{it-1}$$
$$+ \beta_4 exper_{it-1}^2 + \cdots + a_i + v_{it-1} \tag{6.5}$$

となる。ここで t 時点の賃金式から $t-1$ 時点の賃金式を引くと，

$$\ln(w_{it}) - \ln(w_{it-1}) = \beta_1(r_{it} - r_{it-1}) + \beta_3(exper_{it} - exper_{it-1})$$
$$+ \beta_4(exper_{it}^2 - exper_{it-1}^2) + \cdots + (v_{it} - v_{it-1}) \tag{6.6}$$

---

1) より厳密に書くと $E(v_{it}|r_i, educ_i, exper_i, \ldots, a_i) = 0$ を仮定する。ここで r_i とは第 1 期目の危険 r_{i1} から第 T 期目の危険 r_{iT} まですべての危険を含むベクトル（変数群）である。この仮定を**強外生性**（strict exogeneity）という。

表 6.1　転職に伴う賃金変化（時間当たり賃金の自然対数差）

職場環境	転職先の環境		
	悪化	変化なし	改善
仕事量	0.130*	0.079	0.056
労働時間	0.126*	0.061	0.088
自分の技能と要求される技能のミスマッチ	0.125*	0.055	0.099*
仕事の安定性	0.130	0.074	0.091

（注）　労働環境が変化しなかった場合の賃金変化と比べて 1% 水準で統計的
　　　に有意に異なる場合に * が付されている。
（出所）　Villanueva (2007) より作成。

が得られる。このような式を**1 階差分式**という。各労働者の能力 a_i は時間を通じて不変であるため，誤差項には $(v_{it} - v_{it-1})$ だけが残る。ここで v_{it} は各説明変数とは無相関だと仮定しているため，この式の説明変数と誤差項の間には相関がなく，内生性の問題は解決していることになる[2]。この式は各労働者の直面する危険の変化や，その他の説明変数の変化で，賃金変化を説明する形になっている。つまり，個人内の変化で個人内の変化を説明することになっているため，個人間の属性の違いで個人間の賃金の違いを説明する形にはなっていない。そのため，個人間の能力の違いを表す a_i を無視することができるのである。

　1 階差分式を推定するためには，説明変数である $(r_{it} - r_{it-1})$ に変化が必要である。これはつまり，職場環境が観察時点ごとに変化していることが必要になるということである。通常同じ職場に勤めている限り，1 年では職場環境は変化しないので，同じ職場に勤め続けている人の多くは $(r_{it} - r_{it-1}) = 0$ となる。そのため，分析に用いるパネルデータに含まれる労働者のなかに十分な数の転職者が含まれていて，転職の前後で職場環境が変化している必要がある。

　ここで，ドイツのパネルデータより得られる 653 人の情報を用いて，転職前後の職場環境と賃金の変化の関係を分析した Villanueva (2007) の実証分析の結果を見てみよう。表 6.1 には転職前後の賃金変化が自然対数値で報告されている。これを見ると，仕事量の面で職場環境が悪化した労働者の賃金は，対

---

2)　より厳密にいうと v_{it} はすべての期の説明変数と相関していないという強外生性を仮定している。

数値で 0.130 上昇したことがわかる。これは約 13% の賃金上昇が起こったことを意味している。この賃金上昇は，仕事量が変化しなかった労働者の賃金上昇が約 7.9% であったことに比べると，5.1% ポイント賃金上昇幅が大きかったことを意味しており，この差は統計的にも有意であったことが明らかになっている。一方で，仕事量に改善が見られたとする転職者の賃金上昇は 0.056，すなわち約 5.6% であり，職場環境が変化しなかった労働者に比べると賃金上昇幅は約 2.3% ポイント低かったことが明らかになっている。ただし，この差は統計的には有意ではない。労働時間に関する職場環境の変化，自分の技能と要求される技能のミスマッチ，仕事の不安定性といった角度から測った職場環境の変化に関しても，職場環境が悪化した場合には変化しない場合よりも賃金が上がる傾向があることがわかる。もっともミスマッチについては改善した際にも賃金が上がっており，解釈は簡単ではない。また，仕事の安定性が悪化した際の賃金上昇は統計的には有意ではない。このようにいくつかの問題は残るものの，これらの結果は，おおむね職場環境の悪化を伴う転職の場合には，賃金上昇幅が大きくなるという補償賃金格差の理論的予測とおおむね整合的な結果となっている。

　転職によって職場環境が悪化したときに賃金が上がるという傾向は，賃金変化を職場環境変化の 4 つの変数の改善・悪化を示すダミー変数に同時に回帰しても変わらず，年齢，教育水準，転職前後の企業規模といった要因を考慮しても変化することはなかった。このことは，表 6.1 で得られた結果が回帰分析の枠組みのなかでも頑健に発見されることを示していると言える。

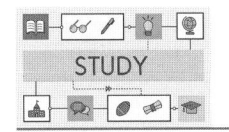

演習問題 ●

【確認問題】

[6-1]　ある経済に，危険を嫌う労働者 A と，危険をいとわない労働者 B が存在するとして，以下の問いに答えなさい。

(1)　縦軸に賃金 w を，横軸に仕事で怪我をするリスク r をとって，2人の労働者の無差別曲線を描きなさい。

(2)　この経済に，危険を簡単に減らせるタイプ a の企業と，減らせないタイプ b の企業が存在するとしよう。それぞれのタイプの企業は無数に存在し，ゼロ利潤条件が成立しているとする。無差別曲線を描いた平面上にそれぞれの企業の等利潤線を描き，それぞれのタイプの企業にどちらのタイプの労働者がマッチするかを図示しなさい。

[6-2]　2016年より施行された集団的自衛権の行使を容認する安全保障関連法は，自衛隊の出動できる範囲を拡大し，自衛隊員の危険を増加させたものであると解釈されている。この法の施行が自衛隊員の採用，退職に与える影響を述べ，長期的に彼らの待遇がどのように変化していくと予想されるかを，補償賃金格差モデルに基づいて説明しなさい。

【発展問題】

[6-3]　労働市場に労災発生確率に対して2タイプの選好を持つ100人の労働者と，2タイプの危険低減の費用を持つ10社の企業が存在する。各企業は労働者だけを使って生産し10人の労働者を雇う。また，市場への参入は自由であり，均衡においてすべての企業の利潤はゼロである。

労働者のうち30人は危険中立的であり，賃金を w で表したとき，効用関数は $u = w$ で与えられる。残りの70人は危険回避的であり，危険の度合い（労災発生確率）を r で表したとき，効用関数は $u = w - \alpha r^2,\ \alpha > 0$ で表現される。これは危険が上昇すると効用が低下することを表現している。

企業のうち5社は安全な企業であり，労働者を1人雇うときの費用は $c = w_1$ である。労働者1人当たりの生産量は1であり，生産物は価格1で販売される。残りの5社は危険な企業であり，労働者を1人雇うときの費用は $c = w_2 - \beta r,\ \beta > 0$ であり，労災発生確率を減少させると費用が上昇する。労働者1人当たりの生産量は1であり，生産物は価格 p_2 で販売される。

以下の問いにおいて，危険な企業によってつくられる生産物価格 p_2 と両企業の賃金 w_1, w_2 は，利潤ゼロ条件と労働市場の均衡条件を通じて決定される。

(1)　安全な企業が雇うのはどちらのタイプの労働者だろうか。理由とともに説明しなさい。

(2)　利潤ゼロ条件より，安全な企業が支払う賃金 w_1 を求めなさい。

(3)　危険回避的な労働者がどちらのタイプの企業で働いても同じ効用が得られるという裁定条件より，危険な企業が支払う賃金 w_2 を表す式を，安全な企業が支払う賃金 w_1 と労災発生確率 r を用いて示しなさい。

(4)　危険な企業が利潤最大化を達成するために選ぶ r を求めなさい。

(5)　危険な企業が生産する財の価格 p_2 を利潤ゼロ条件より求めなさい。

【実証問題】

[6-4]　子育てや介護と就業を両立できるような人事管理制度を**ファミリー・フレンドリー制度**という。各社のファミリー・フレンドリー制度を「もっとも充実している」を 10,「もっとも充実していない」を 1 として，10 段階で指標化したとしよう。

(1)　労働者の能力を一定としたときに，同一産業のファミリー・フレンドリー制度が充実している会社と充実していない会社ではどちらの賃金が高いと予想されるだろうか。本章で説明した理論に基づいて説明しなさい。ただし，ファミリー・フレンドリー制度以外の職場環境はすべて等しいとする。

(2)　上記の理論の検証を行うために，労働者の賃金を，教育年数，経験年数などに加えて，ファミリー・フレンドリー制度指標に回帰した。理論が正しいとしたときにファミリー・フレンドリー制度指標の係数と予想される符号は正負のどちらか，答えなさい。

(3)　上記の回帰モデルを最小 2 乗推定した場合に，ファミリー・フレンドリー制度指標の係数にはどのようなバイアスが掛かると予想されるか，答えなさい。

(4)　導入当初はファミリー・フレンドリー制度には法規制がなかったが，法律改正が行われ，従業員規模 1000 人以上の企業ではファミリー・フレンドリー制度指標を最低 8 以上に設定しなければならなくなった状況を考える。一方で，従業員規模 1000 人未満の企業には規制がないままである。法律改正前後の企業規模ごとにファミリー・フレンドリー制度指標と賃金の平均値が次の表で与えられている。このとき，ファミリー・フレンドリー制度指標 1 単位当たりの金銭価値を求めなさい。

	ファミリー・フレンドリー制度指標		賃　金	
	法改正前	法改正後	法改正前	法改正後
従業員 1000 人以上	$f_{l,b}$	$f_{l,a}$	$w_{l,b}$	$w_{l,a}$
従業員 1000 人未満	$f_{s,b}$	$f_{s,a}$	$w_{s,b}$	$w_{s,a}$

[6-5]　労働契約の期間を明示的にした契約を**有期労働契約**という。一方で，労働契約の期間を明示しない契約を**無期労働契約**という。日本では解雇には法的な制約が課されており，無期労働契約のもとで働く労働者には，一定の雇用保障がされていると

考えるのが一般的である。このことをふまえて，以下の問いに答えなさい。

(1) 労働者は一般的に雇用の安定を求めているとしよう。このとき，労働者の能力を一定としたときに，同じ企業で働く有期雇用労働者と無期雇用労働者はどちらの賃金が高いと予想されるだろうか。本章で説明した理論に基づいて説明しなさい。ただし，雇用契約以外の職場環境はすべて等しいとする。

(2) 上記の理論の検証を行うために，労働者の賃金を，教育年数，経験年数などに加えて，有期雇用契約であることを示すダミー変数に回帰した。理論が正しいとしたときに，有期雇用ダミー変数の係数と予想される符号は正負のどちらか，答えなさい。

(3) 上記の回帰モデルを最小 2 乗推定法によって推定した場合に，有期雇用ダミー変数の係数には，どのようなバイアスが掛かると予想されるだろうか。誤差項に含まれ，かつ有期雇用ダミー変数と相関する要因を具体的に指摘しながら説明しなさい。

(4) 上記のバイアスを取り除きつつ推定を行うために，パネルデータを用いることを考える。パネルデータとはどのようなデータか，具体的に説明しなさい。

(5) パネルデータのなかに推定に必要な変数（賃金，教育年数，経験年数，有期雇用ダミー変数）が含まれているときに，どのような推定を行えばバイアスを回避できるか説明しなさい。同時に，バイアスが取り除ける理由も説明しなさい。

第**7**章

教育と労働市場

　本章では教育を受けることを，将来に向けての投資であるととらえて，労働者が，どれだけの教育を受けてから就職していくのかを分析する。そのうえで，投資効率を決める教育年数が賃金に与える影響を推定する方法を紹介する。さらに，教育を通じた所得の世代間の連鎖についても議論する。最後に教育，労働市場における機能としての別の見方であるシグナリング理論を紹介する。

1　人的資本投資としての教育

　ここまでの章では，すべての労働者が同じ技能を持つという仮定のもとで分析を行ってきた。同じ技能を持つ労働者が異なる賃金を受け取るのは，前章で触れたように，職場環境の違いに対応した補償賃金格差のメカニズムが働くためであった。本章では，異なる技能を持つ労働者が異なる賃金を受け取るときに，人々がどのように技能を蓄積していくのかについて分析する。

　労働者としての技能を，経済学では**人的資本**という。なぜわざわざ人的資本という言葉を使うかというと，技能は蓄積することができ，それをどのように蓄積していくのかという個人の意思決定は，企業が建物や機械のような物的な資本をどのように蓄積するかという意思決定とほぼ同じ枠組みで分析できるためである。まず技能が蓄積可能であるという側面であるが，人の技能には生ま

れつきの能力差もあるが，学校で教育を受けることで労働者としての技能を高めていくことができるし，卒業した後も仕事をしながら新しい仕事の仕方を学んでいく「オン・ザ・ジョブ・トレーニング（OJT）」を通じても技能を高めていくことができる。本章ではまず，学校教育を通じた技能蓄積について説明し，次に，就学前の家庭での教育や家庭環境が技能形成に与える影響についても解説する。なお，OJT については次の第 8 章で取り扱う。

　技能蓄積が資本蓄積と似ているのは，どちらも現在の消費を犠牲にして将来の生産性を上げる投資であるという点である。たとえば，技能を蓄積するために大学に通えば，学費を支払わなければいけないことに加えて，その期間は働くことができないので，働いたら得られたであろう所得を得られないという**機会費用**が発生する。このように，大学に行くことには費用が掛かるが，その分，大学を卒業した後の賃金は大学を卒業しなかった場合に比べて高い。そのため，18 歳で高校を卒業する人にとって，大学進学するかどうかは投資の意思決定のようなものである。この場合，学費と働き始めるのが 4 年間遅くなることの機会費用とを合計した費用と，大学卒業で得られる賃金上昇が生涯所得に与える影響を勘案しながら，人々は大学進学の意思決定をするであろう。もちろん，現実の大学進学の意思決定は他のさまざまな要因も影響するが，このような形で意思決定をしているとみなすことによって，進学の意思決定のうち，かなり重要なエッセンスを抜き出していると考えることができるだろう。本章では，とくに学校教育を通じた人的資本投資について，どのような投資水準が選ばれるのかを考察する。そして，その理論が持つ実証的な含意をどのように検証するかを議論する。

2　日本における大学進学の実際と大卒者・高卒者間の賃金格差

　「高卒者が大学進学するかどうか」，あるいはより一般的に「人々がどのように教育年数を決定するか」を分析するに当たって，まずは実際に日本ではどの程度の高卒者が 4 年制大学，短期大学，専修学校専門課程などの教育機関に

図 7.1　日本における高等教育機関への進学率

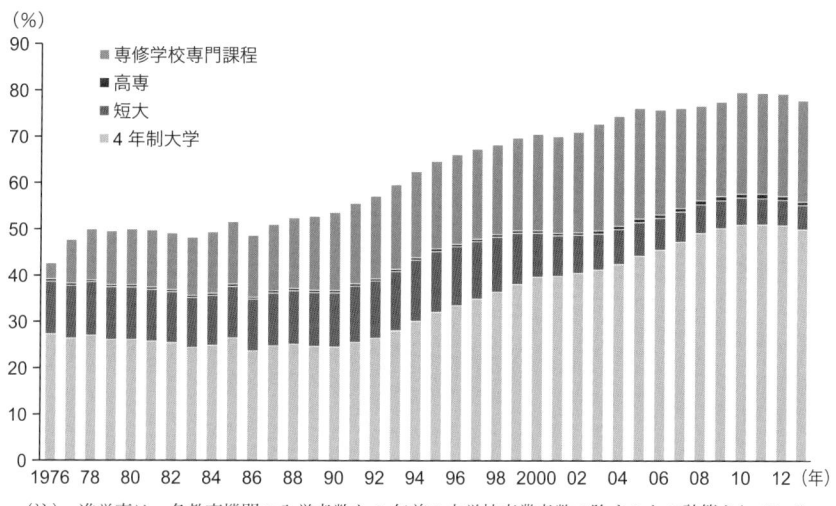

（注）　進学率は，各教育機関の入学者数を 3 年前の中学校卒業者数で除すことで計算されている。
（出所）　文部科学省「学校基本調査」（各年度版）。

進学しているのかを表すデータを概観してみよう。図 7.1 には，文部科学省の
「学校基本調査」から得られる高等教育機関への進学率が時系列で示されてい
る。これを見ると，1990 年におよそ 25% であった 4 年制大学進学率が，近年
では 50% 前後にまで増加していることがわかる。後で説明するようにこれに
はさまざまな要因があるが，少なくとも 4 年制大学に進学したいと思う高卒
者が増えてきたということが言えるだろう。

　4 年制大学への進学を希望する高卒者が増えてきた背景には，高卒で就ける
仕事が減って高卒での就職が厳しくなる一方で，大卒者に対する需要が底堅い
ために，大卒者の賃金が高卒者に対して相対的に高い水準を維持していること
が挙げられる。

　図 7.2 には，厚生労働省の「賃金構造基本統計調査」から得られる 25〜29
歳男性の学歴別の時間当たり実質賃金が時系列で示されている。1997 年以降
は日本経済の不調を反映して実質賃金は全般的に下落の傾向を示しているが，
2000 年代に入ると大卒者の実質賃金が下げ止まっているのに対して，高卒者
の実質賃金は下落が続いている。この実質賃金の動き方の違いをより明確に示
すために，図 7.3 には大卒者の賃金が高卒者の賃金をどの程度上回っているか

図 7.2 学歴別時間当たり実質賃金（25〜29 歳男性）

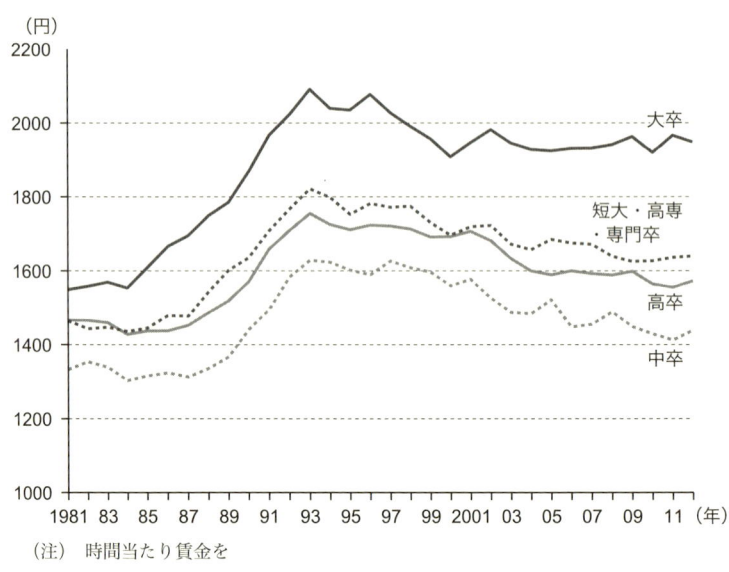

（注）　時間当たり賃金を

$$\frac{\text{（きまって支給する現金給与額 ＋ 年間賞与その他特別給与額}/12）}{\text{所定内実労働時間 ＋ 超過実労働時間}}$$

で計算した。その後，各年の時間当たり賃金を消費者物価指数で割ることで実質
化した。
（出所）　厚生労働省「賃金構造基本統計調査」（各年版）。

の比率を時系列で示している。これを見ると，2000 年代初頭には 15% 前後で
あった大卒者と高卒者の賃金格差が，近年では 25% 前後まで拡大しているこ
とを確認することができる。

　ここでは示さないが，大卒者と高卒者の賃金格差は年齢が高くなると広がっ
ていくことも同じ厚生労働省による「賃金構造基本統計調査」のデータからわ
かるため，大卒者と高卒者の生涯所得差は 3 割から 4 割に達する。18 歳の男
性が高校を卒業した後に就く仕事はいわゆるブルーカラーの肉体労働などの
仕事が多い一方で，4 年制大学を卒業した後に就く仕事はいわゆるホワイトカ
ラーのサラリーマンの仕事が多くなる。このような職業選択を通じて，大学を
卒業することは大きな金銭的な利益をもたらすのである。高校を卒業した 18
歳が大学に進学する理由はさまざまであるだろうが，根底にはこの賃金格差が
あることは否めないであろう。次節では，人々がどれだけの期間にわたって学

図 7.3　大卒者の高卒者に対する実質賃金の比率（25〜29 歳男性）

（注）　大卒者の時間当たり実質賃金が高卒者の実質時間当たり賃金をどれだけ上回っているかをパーセント表示した。
（出所）　厚生労働省「賃金構造基本統計調査」（各年版）。

校教育を受けるかを，大学進学に伴う費用とそこから得られる便益を比較考量しながら教育年数を意思決定する個人を想定して分析する。

3　教育年数の決定

　個人の賃金の決定要因として大きな役割を果たすのが，高卒や大卒といった**学歴**である。この節では，学歴の選択を教育年数の選択と考え，各個人が教育年数 s をどのように決定するかについてのモデルを，離散時間のケースと連続時間のケースに分けて考える。ここでは学費は無料であり，教育を受けることの費用は，就学期間中は就業して所得を得られないことによる機会費用のみであると考える。簡単化のため，各個人は T 期まで生きて，s 年の教育を受けた後に $w(s)$ の所得を得るものとする。ここで，$w(s)$ は s に対して増加関数であると考えよう。そうすると，各個人は現在の所得を犠牲にすることによっ

て教育を受け，将来の所得を増加させるという，現在の所得と将来の所得のトレードオフに直面することになる。

3.1 離散時間のケース

経済学において，将来の所得金額は現在の所得金額と同じ価値を持たない。たとえば，いま手元に 100 万円があるとしよう。これを年利 1% の定期預金に預ければ 1 年後には 101 万円になる。つまりこの例では，現在の 100 万円と 1 年後の 101 万円は同じ価値を持つことになる。逆に言うと，1 年後の 101 万円は現在の 100 万円の価値を持つことになる。このように将来の所得を現在の価値に置き換えることを「現在割引価値を求める」という。

一般的な表現を使ってこれを表すと，利子率が r のとき，現在の 1 円は 1 年後の $(1+r)$，2 年後の $(1+r)^2$ となる。そのため，1 年後の所得は $1/(1+r)$ を掛けること，2 年後の所得は $1/(1+r)^2$ を掛けることで割り引くのが時間が離散的なときの将来所得の現在割引価値を求める方法である。

まず，中学校卒業後に 16 歳で就職して，60 歳で引退するケースを離散時間の枠組みで考えよう。この場合，9 年間学校に通うことになるので，就学前の 6 年間と学校教育を受けている 9 年間の合計 15 年間は所得が得られないことになる。よって，0 歳時点の生涯所得の**現在割引価値** (present discounted value; PV) は，

$$PV(9) = \underbrace{0 + \cdots + 0}_{15 \, 年間} + \frac{w(9)}{(1+r)^{16}} + \frac{w(9)}{(1+r)^{17}} + \cdots + \frac{w(9)}{(1+r)^{60}} \tag{7.1}$$

で表される。ここで $w(9)$ は，9 年の教育を受けた労働者が受け取る年収である。この等比数列の和を求めたいが，ここでは公式を使わずに求めてみよう。両辺に $1/(1+r)$ を掛けると，

$$\frac{1}{1+r}PV(9) = 0 + \cdots + 0 + \frac{w(9)}{(1+r)^{17}} + \frac{w(9)}{(1+r)^{18}} + \cdots + \frac{w(9)}{(1+r)^{61}} \tag{7.2}$$

が得られる。ここで，(7.1) 式から (7.2) 式を引くと，

$$\frac{r}{1+r}PV(9) = \frac{w(9)}{(1+r)^{16}} - \frac{w(9)}{(1+r)^{61}} \tag{7.3}$$

が得られる。ここで，$w(9)/(1+r)^{61}$ は複利計算で 61 年後の所得を現在価値に直したものであり，r がそれなりに大きいと無視できるくらい小さくなるので，これを 0 と扱おう。すると，

$$PV(9) = \frac{w(9)}{r(1+r)^{15}} = w(9)r^{-1}(1+r)^{-15} \tag{7.4}$$

が得られる。

　一般的に，s 年の教育を受ける者の生涯所得の現在割引価値は，(7.1) 式のように，

$$PV(s) = 0 + \cdots + 0 + \frac{w(s)}{(1+r)^{(s+7)}} + \cdots + \frac{w(s)}{(1+r)^{60}} \tag{7.5}$$

で表される。(7.2) 式から (7.4) 式までと同様の計算を行ったうえで，$w(s)/(1+r)^{61}$ が無視できるくらい小さいとすると，この式は，

$$PV(s) = w(s)r^{-1}(1+r)^{-(s+6)} \tag{7.6}$$

と変形できる。この生涯所得の現在割引価値を最大化するように，人々は教育年数 s を決める。これは，どこで学校に通うのをやめるかという意思決定に関わるものであり，**最適停止問題**と呼ばれる問題の一種である。

　直接この問題を解くのは s が指数に入っていて少しややこしい。そこで，自然対数をとることが単調変換であることに注目して，

$$\max_s PV(s) \tag{7.7}$$

という問題の解と，

$$\max_s \ln PV(s) \tag{7.8}$$

という問題の解が等しくなることを利用すれば，解く問題を以下のように簡単にすることができる。

$$\max_s \ln PV(s) = \ln w(s) - \ln r - (s+6)\ln(1+r) \tag{7.9}$$

最大化問題の 1 階条件は,

$$\frac{w'(s)}{w(s)} - \ln(1+r) = 0 \tag{7.10}$$

で与えられる。$w(s)$ が s に関して凹関数であれば,2 階条件も満たされる。なぜなら,(7.10) 式を s に関して微分すると,

$$\frac{w''(s)w(s) - (w'(s))^2}{(w(s))^2}$$

を得るものの,$w''(s) < 0$ であれば,この表現は常に負となるためである。さらに r が小さいとき,$\ln(1+r) \approx r$ という近似ができることを使うと,

$$\frac{w'(s)}{w(s)} = r \tag{7.11}$$

と整理できる。この条件式 (7.11) の左辺は,教育年数を微小に増やしたときに賃金がどれだけ上がるかを割合で示しており,**教育の限界収益率**と呼ばれるものである。この最適化条件式は教育の限界収益率が利子率に等しい水準に低下するまで,教育を受けることが望ましいことを意味している。

3.2　★連続時間のケース

　次に時間が連続的であり,複利で連続的に金利がつくというケースを考える。たとえば,年利が 2% で年 2 回の複利だとすると,半年に 1% ずつ利子がつく。そのため,1 円を預けると 1 年後には $(1+0.01)^2$ 円になる。1 年間が 2 期間に分けられていて 2 回金利がつくケースだと,年間の金利が r のとき半年間の金利は $r/2$ となる。複利で利子がつくとすると現在の 1 円は 1 年後には $(1+r/2)^2$ 円となる。さらに一般化して,1 年間が n 期間に分けられるとすると,現在の 1 円は 1 年後には $(1+r/n)^n$ 円となる。ここで,1 年間を分割する回数 n を大きくしていくとそれぞれの期間は短くなってきて,時間が連続となる。さらに,

$$\lim_{n\to\infty}\left(1+\frac{r}{n}\right)^n = \exp(r)$$

という関係式を用いると,時間が連続で複利計算を適用する場合,現在の 1

円は 1 年後には $\exp(r)$ 円となることがわかる。2 年後にどうなるかというと，1 年後に $\exp(r)$ となったものをまた同様に運用するので，金利がついた後には $\exp(r) \times \exp(r) = \exp(2r)$ となる。同様の議論を繰り返すと，一般的に現在の 1 円は t 年後の $\exp(rt)$ 円となることがわかる。逆に言うと，t 年後の 1 円は現在の $1/\exp(rt) = \exp(-rt)$ に等しくなることがわかる。これが，連続時間のときに将来所得を現在価値に割り引くための方法である。

　上記の現在割引の考え方を用いると，s 年の教育を修了した後に $w(s)$ の所得を T 期までの期間にわたって稼ぐ人の生涯所得は，積分の概念を用いて，

$$U = \int_s^T w(s) \exp(-rt)dt = w(s) \int_s^T \exp(-rt)dt$$
$$= w(s) \left[-\frac{1}{r} \exp(-rt) \right]_s^T \qquad (7.12)$$

という形で表される。この表現は，各時点の賃金の現在割引価値である $w(s)\exp(-rt)$ を，学卒時点の s から引退時点の T 期まで切れ目なく足し合わせるというイメージを積分で表現している。また，$-(1/r)\exp(-rt)$ を t で微分すると $\exp(-rt)$ が得られることで確認できるように，$\exp(-rt)$ の不定積分が $-(1/r)\exp(-rt)$ であることを利用している。ここで，T 期が十分に先の時点のことであると考えると，教育年数の長さを決める段階では T 年後の所得の現在割引価値はとても小さくなり，意思決定に本質的な意味では影響を及ぼさなくなることが考えられる。ここで，引退の年である T 期がずっと先であることを T が無限大であることによって表現しよう。すると生涯所得の表現は $T \to \infty$ のとき，$\lim_{t \to \infty} -\frac{1}{r}\exp(-rt) = 0$ であるため $U = w(s)(\exp(-rt)/r)$ と簡単化できる。この生涯所得を最大化するように，各個人は教育年数を決めることになる。この最大化問題は，

$$\max_s w(s) \frac{\exp(-rt)}{r} \qquad (7.13)$$

と書くことができる。そして，最大化のための 1 階条件は，

$$w'(s) \frac{\exp(-rt)}{r} - w(s) \exp(-rt) = 0 \qquad (7.14)$$

で与えられる。この表現を変形すると，

Column ⑦　人的資本投資としての大学院教育

　企業が行う人材開発関連の予算が削減され，職場での職業訓練に参加する労働者の比率が減少しつつあることが，2016 年度の『労働経済白書』においても指摘されている。

　企業の人材開発投資が鈍る一方で，徐々に重要性を増してきたのが大学院における教育である。1990 年代に進行した大学院重点化政策で大学院定員が拡大したこともあって 1990 年には約 9 万人であった大学院生数は，2016 年には約 25 万人まで増加している。「平成 28 年度 学校基本調査速報」で 2016 年の内訳を見てみると修士課程約 16 万人，博士課程約 7 万 4000 人，専門職学位課程約 1 万 6000 人である。

　このうち修士レベルの大学院教育というと理工系のイメージが強いかもしれないが，実は人文・社会科学，教育系が全体の 23% を占めている。専門職学位課程が法科大学院，ビジネス・スクール，公共政策大学院といった社会科学系が大半であることと考え合わせると，人文・社会系の修士教育を受けるものが多いことが見て取れる。

　名門大学の人文・社会系の修士課程については，他大学からのいわゆる「学歴ロンダリング」入学者が多く，レベルが低く就職が振るわないといったことがまことしやかに噂されているが，実際にそこで教えている筆者の現場感覚に照らしてみると違和感がある。2017 年現在筆者が教えている東京大学公共政策大学院は，出身大学ごとの受験者数と合格者数を公表しているが，2016 年入試に関して，東大出身者は出願 41 人，合格 21 人で合格率 51%，他大学出身者は出願 140 人，合格 66 人で合格率 47% である。他大学出身者が多いのは事実だが，東大出身者であっても半分が不合格となる難関を突破して入学しているのが現実だ。就職も官公庁，金融・保険業，コンサルティング・ファームを中心に良好である。筆者が 2016 年の 3 月まで 10 年にわたって教えていた一橋大学でも事情は同様で，多数の優秀な他大学出身者が修士課程修了後に金融機関などに職を得て活躍している。

　18 歳の時点での大学入試の成績を絶対視する立場の人々が「学歴ロンダリング」と揶揄する気持ちもわかるが，大学入試の結果には誤差があるし，いわゆる「地頭」と学部教育だけではわたっていけない専門職が増えていることも事実だ。技能形成の場としての大学院教育が正当に評価されることを願いたい。

図 7.4　最適教育年数の決定（25〜29 歳男性）

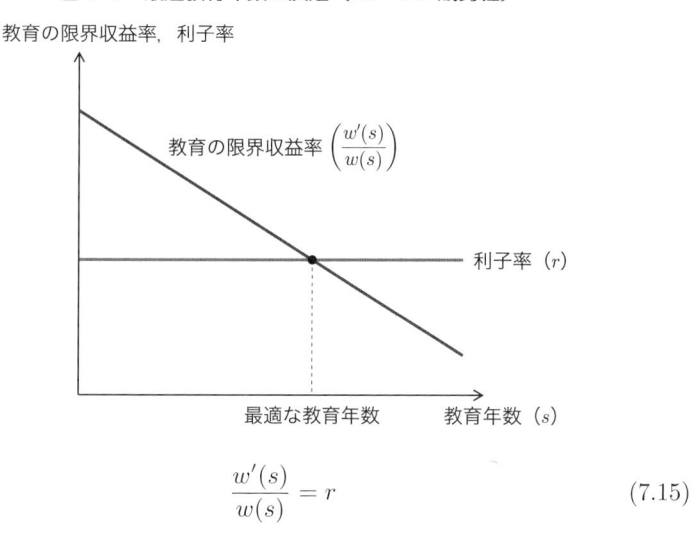

$$\frac{w'(s)}{w(s)} = r \tag{7.15}$$

を成立させるように教育年数 s が選ばれることになる。左辺の表現は先にも触れた教育の限界収益率であり，それと利子率が等しくなるように教育年数 s を選ぶのが生涯所得の最大化につながる。この結論は離散時間の分析と同じものであることを確認できる。

3.3　教育の限界収益率と利子率の関係

　離散時間の場合でも連続時間の場合でも，最適な教育年数の選択に当たっては教育の限界収益率が利子率と等しくなることが示された。次に，その特徴について少し調べてみよう。図 7.4 は横軸に教育年数，縦軸に教育の限界収益率と利子率をとったグラフである。利子率は資本市場で決まっており，教育年数にかかわらず一定であることから，水平線となっている。その一方で，教育の限界収益率 $(w'(s)/w(s))$ は教育年数 s が長くなるにつれて下がっていくことが予想される。分母の $w(s)$ が教育年数 s が伸びるに従って増えていく一方で，教育年数 s が賃金 w に与える限界的な影響が低下していくことから，$w'(s)$ が低下していくことが考えられるためである。

　このグラフにおいて，最適な教育年数は右下がりの教育の限界収益率の線と

水平の利子率の線が交わる点で決まる。

4 教育の収益率の推定

4.1 ミンサー型賃金関数

　ここまで，教育年数ごとに賃金が異なるときに，各個人がどのように教育年数を決定するかを分析してきた。本節では，教育年数と賃金の間の関係を推定する実証分析の方法について議論を進めよう。まず教育年数と賃金の間にどのような関係があるかを示す関数を特定化する必要があるのだが，その際に理論的な分析結果が助けになる。前節では，離散時間のケースにおいても，連続時間のケースにおいても，最適な教育年数の決定は $w'(s)/w(s) = r$ が満たされるところでなされることがわかった。この式を s について積分した結果を，積分定数 c を用いて表すと，

$$\ln(w) = rs + c \tag{7.16}$$

という式が得られる。すなわち，理論的に考えると時間当たり賃金の自然対数値は教育年数に関して線形の関数となるのである。また，数多くの国のデータを用いた実証研究によると，時間当たり賃金を対数変換した値を被説明変数に用いると回帰分析の結果の当てはまりが良いことが知られている[1]。

　(7.16) 式は時間当たり賃金の自然対数値が教育年数について線形の関数となることを示したものであるが，教育年数 s の係数 r は先の理論分析では利子率としていた。そのため，理論的に考えると教育年数が 1 年増加したときに時間当たり賃金がおおよそ $r \times 100\%$ 増加することを示している。もっとも，上記の (7.16) 式を回帰分析の式と考えると，この係数 r は回帰分析によって推定されるべき係数ということになる。このように回帰分析によって推定される，教育年数が賃金の自然対数値に与える影響のことを**教育の収益率**という。

---

1)　アメリカについては Heckman and Polachek (1974), Lemieux (2006) を，日本については川口 (2011) を参照のこと。

この値は，教育年数の増加が労働者の生産性の増加に裏打ちされた賃金の増加
をどれだけもたらすかを示す値であり，教育政策などを考えるうえではきわめ
て重要な数値となる。

　実際に教育の収益率を測定する際に用いるデータは，厚生労働省の「賃金構
造基本統計調査」などのように，多数の労働者の時間当たり賃金と教育年数が
記録されたデータとなる。このときに問題になるのが，異なる年齢の労働者を
どのように取り扱うかという問題である。次章で説明するように，労働者の技
能は学校教育だけで形成されるわけではなくて，仕事をしながら技能を学ぶこ
とによっても形成される。そのため，仕事の経験年数が上がるに従って技能が
上がり，それによって賃金が上がるという傾向が多くの国のデータで観察され
る。そして，経験に伴う賃金上昇率は経験年数が高まるに従って鈍ってくる。
つまり，20代の労働者の賃金の上昇率のほうが40代の労働者の賃金の上昇率
よりも高いのが一般的だと言える。このように時間当たり賃金が仕事の経験年
数とともに変化することも考えたうえで，観察不能な賃金決定要因も考えた賃
金方程式が実証分析ではしばしば使われる。時間当たり賃金を w，教育年数
を s，仕事の経験年数を $exper$ としたときに，時間当たり賃金が，

$$\ln(w) = \beta_0 + \beta_1 s + \beta_2 exper + \beta_3 exper^2 + u \tag{7.17}$$

という式で近似できるというのが，**ミンサー型賃金関数**と呼ばれるものであ
る。パラメータ β_1 は先ほどの式の r に当たり，教育の収益率を表している。
被説明変数が自然対数値であるため，教育年数が1年伸びると $\beta_1 \times 100\%$ 賃
金が上昇することになる（より正確には $[\exp(\beta_1) - 1] \times 100\%$ 上昇する）。また，
経験年数が伸びたときの賃金の上昇率は $\partial \ln(w)/\partial exper$ で表すことができる
ので，$\beta_2 + 2\beta_3 exper$ となる。そのため，$\beta_2 > 0$，$\beta_3 < 0$ であると，経験年数
とともに賃金が上がっていくものの，その上がり方は経験年数とともに減少し
ていくことが表現できている。

　労働者の賃金が経験年数とともに変化していく姿を描いた図を，**経験年数−
賃金プロファイル**という。図7.5は，日本とアメリカの労働者の学歴別賃金プ
ロファイルを描いたものである。それぞれの国で，高卒労働者と大卒労働者の
プロファイルがほぼ並行していて，大卒高卒間の賃金格差もほぼ一定というミ

図 7.5　日米の男性労働者の学歴別賃金プロファイル（2005〜2008 年）

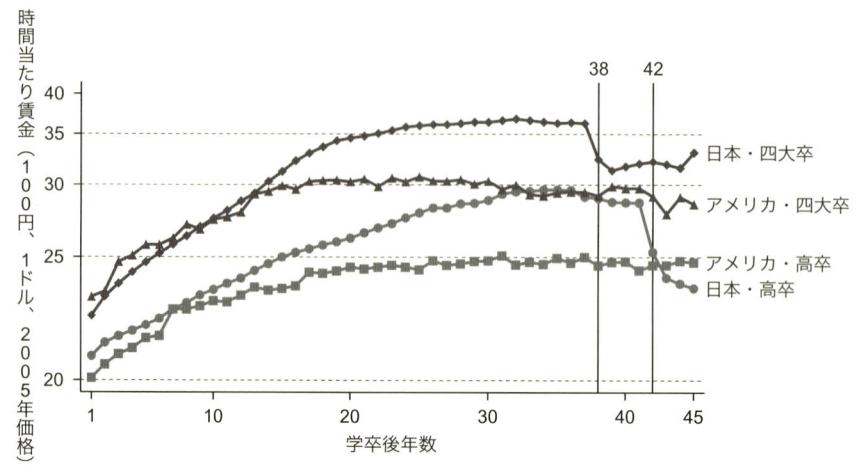

（注）　日本のものは「賃金構造基本統計調査」，アメリカのものは Current Population Survey を用いて筆者計算（川口 (2011) に基づく）。

ンサー型賃金関数がおおよそ当てはまっていることが見て取れる。

　川口 (2011) では，2005〜2008 年の厚生労働省「賃金構造基本統計調査」の個票データを用いてミンサー型賃金関数の推定が行われた。分析対象は民営事業所で働く男性一般労働者（事業所における一般的な所定労働時間が適用される労働者）である。高齢者の定年退職や引退がもたらす分析上の問題を回避するため，経験年数が 45 年以下の人に分析を限定している。最終的なサンプルサイズはおおよそ 230 万人である。なお，分析で用いた時間当たり賃金は図 7.2 の注で示した方法で求めた。名目賃金額は，消費者物価指数総合を用いて 2005 年の貨幣価値に実質化した。労働者の学歴については，(1) 中学，(2) 高校，(3) 高専・短大，(4) 大学・大学院の 4 階層で記録されているため，教育年数として，中卒は 9 年，高卒は 12 年，高専・短大卒は 14 年，大学・大学院卒は 16 年を割り振った。仕事の経験年数については直接はわからないため，学校を卒業してからずっと就業してきたと仮定して計算した。したがって，中卒については 15 を，高卒については 18 を，高専・短大卒については 20 を，大学・大学院卒については 22 を年齢から引くことで経験年数を計算した。計算された値が負の値をとった場合には教育年数または年齢に報告誤差が

Column ⑧　賃金構造基本統計調査

「賃金構造基本統計調査」は厚生労働省が毎年 7 月に 6 月時点の賃金や労働時間に関する情報を集めるために行う統計調査である。事業所ベースの調査となっており，その構成は事業所票と個人票からなっている。どちらも事業所の担当者に回答を求めているが，事業所票では事業所・企業の常用労働者数 と新卒採用者数・初任給が質問されている。個人票は賃金台帳より一定確率で労働者を抽出し，雇用形態（職場での呼称と契約期間で定義），就業形態（一般・短時間），6 月の現金給与額（内数として超過労働給与額や手当が聞かれている），所定内労働時間，所定外労働時間，前年の賞与・期末手当などを含む特別給与額が質問されている。ちなみに賃金台帳は，労働基準法により事業所に整備が義務づけられている。

調査は，常用労働者 5 人以上を雇用する民営ならびに公営の事業所を含んでいるが，10 人以上を雇う民営事業所の場合，2008 年の実績で 6 万 2302 事業所が対象となり 4 万 5010 事業所が回答している。有効回答率はおおよそ 75% である。調査対象事業所数ならびに回答数は本章の分析に用いられた 2005 年から 2008 年にかけて多少の変化はあるがおおよそ一定である。

あると考えられるため，0 を割り振った。

このように，「賃金構造基本統計調査」のデータを用いて，最小 2 乗推定法でミンサー型賃金関数の推定を行った結果は，以下の通りである。

$$\widehat{\ln(w)} = \underset{(0.002)}{1.02} + \underset{(0.0001)}{0.10s} + \underset{(0.0001)}{0.06exper} + \underset{(0.0002)}{0.08} \frac{exper^2}{100} \tag{7.18}$$

$$N = 2,316,418, \quad R^2 = 0.34$$

上記の式の係数の下のカッコ内には標準誤差が報告されている[2]。教育年数 s に掛かる係数の 0.10 は教育年数が 1 年上がるごとに時間当たり賃金がおよそ 10% 上昇することを示している。これが教育の収益率である。ここで教育の収益率は，200 万を超える労働者の情報を使っていることを反映してとても精確に推定されていることが，標準誤差がきわめて小さいことからわかる。ま

---

2)　標準誤差は不均一分散に対して頑健なように計算されている。

た，経験年数が 1 年増えることの効果は，

$$\frac{\partial \widehat{\ln(w)}}{\partial\, exper} = 0.06 - 2 \times 0.08 \times \frac{exper}{100}$$

となる。そのため，経験年数が 0 年目には 6% の賃金上昇があることになる。同様に計算していくと，経験年数 5 年目には 5.2% の，経験年数 10 年目には 4.4% の賃金上昇が見られることがわかる。このことから，経験年数と時間当たり賃金の自然対数値の間には，経験年数が伸びると賃金が上がっていく一方で，その上がり幅が低減するという凹関数の関係があることがわかる。川口 (2011) は，上記のようなミンサー型賃金関数の推定結果が持つ限界を指摘している。自身の学習や研究などでミンサー型賃金関数を推定する必要がある読者には，一読を勧めたい[3]。

4.2　教育の収益率を測定する際の内生性

前項で紹介したミンサー型賃金関数を推定し，教育の収益率を推定しようとするときには，教育年数の内生性が深刻な問題をもたらすことが知られている。このことを，経験年数が時間当たり賃金の自然対数値に与える影響を無視した，以下の単純なモデルを用いて説明しよう。

$$\ln(w) = \beta_0 + \beta_1 s + u \tag{7.19}$$

ここで，w は時間当たり賃金，s は教育年数，u は教育年数以外の賃金決定要因をすべて含む誤差項である。

これまでにも見てきたように，この式を最小 2 乗推定法で推定した際に推定量 $\hat{\beta}_1$ が不偏推定量である（$E(\hat{\beta}_1) = \beta_1$）ためには，誤差項と説明変数が相関しないことが必要である。そのための条件は誤差項の条件付き期待値について $E(u|s) = 0$ が成り立つことである。この条件は，$s = 12$ の高卒の人と $s = 16$ の大卒の人とを比べたときに，教育年数以外の賃金決定要因である誤

---

3)　川口 (2011) は，RIETI（経済産業研究所）ホームページ（http://www.rieti.go.jp/jp/publications/dp/11j026.pdf）でディスカッション・ペーパーとしても公開されている。

差項の期待値が変わらず常に0であることを求めている。誤差項 u は直接に観察できないために誤差項となっているので，この条件が成立しているかどうかをデータを用いて確認することはできない。そのため，この仮定がもっともらしいかどうかを自分自身の経験などを振り返って考えたり，経済理論に基づいて考えたりする必要がある。

具体的にこの条件が成立しているかどうかを考えるに当たっては，誤差項のなかに具体的にどのような要素が入っているかを明確にイメージする必要があるが，教育年数以外に賃金に影響を与える要素としては，生まれつきの**認知能力**の高さなどがあるだろう。生まれつきの認知能力と言っても漠然としてはいるが，具体的には記憶力や論理的思考力などが含まれる。そうすると，生まれつきの認知能力は高卒の人々と大卒の人々で異なるのではないかという疑念が生まれてくる。仮に，大卒者が高卒者よりも高い認知能力を平均的に持っているとすると $E(u|s = 16) > E(u|s = 12)$ となるため，条件付き期待値に関する仮定 $E(u|s) = 0$ は満たされない。したがって，最小2乗法で推定された教育の収益率の推定値にはバイアスが掛かっていることになる。

教育年数が内生であることがどのようなバイアスをもたらすかを議論する前に，回帰式の説明変数である教育年数が内生であるかどうかを検討するためのもう1つの方法についても紹介しておこう。これは，説明変数がいったいどのような理由で変動するかを考えるという方法である。人によって教育年数が違うからこそ，個人間比較を通じて教育年数が賃金に与える影響を推定できるわけだが，そもそも教育年数が人によって違ってくる理由は何だろうか。たとえば，公立中学校に通っていた人は，当時のクラスメートのことを思い出してみてほしい。そのなかで大学まで進学したクラスメートと，高校卒業後に働き始めたクラスメートの顔を思い浮かべてみよう。彼らが大学まで進学するかどうかを分けた要因に思いをはせてみると，教育年数の違いをもたらす要因として，生まれつきの認知能力の違い，親が大学を出ているかどうかがもたらす家庭の雰囲気の違い，家庭の所得水準の違いなどが思いつくだろう。

しかし，そもそもこれらの要因は，教育年数の違いを経由せずに直接賃金水準に影響を与えているということはないだろうか。仮に，これらの要因が賃金水準に直接影響を与えているとすると，これらの要因は誤差項 u に含まれる

ことになる。また同時に，これらの要因は教育年数 s をも決めているわけなので，教育年数 s と誤差項 u は相関を持つことになる。つまり，教育年数は内生変数となるのである。このように説明変数の変動をもたらす根源的要因を突き詰めて考え，その要因が被説明変数に直接の影響を与えていないかどうかを検討することは，内生性の有無を検討するためには欠かせない作業となる。

　さて，ここで教育年数の内生性が，教育収益率の推定値にどのようなバイアスをもたらすのかを検討してみよう。ここではサンプルに含まれる労働者数が無限大になるときに，推定値がどのような値をとるかを検証することにする。サンプルサイズが無限大になるときに，統計量がどの値に収束するかを“plim”という確率収束の記号で表現するが，(7.19) 式を最小 2 乗法で推定した際の β_1 の推定量である $\hat{\beta}_1$ の plim は，

$$
\begin{aligned}
\operatorname{plim} \hat{\beta}_1 &= \frac{Cov(s, \ln(w))}{Var(s)} \\
&= \frac{Cov(s, \beta_0 + \beta_1 s + u)}{Var(s)} \\
&= \frac{Cov(s, \beta_0) + \beta_1 Cov(s, s) + Cov(s, u)}{Var(s)} \\
&= 0 + \beta_1 \frac{Var(s)}{Var(s)} + \frac{Cov(s, u)}{Var(s)} \\
&= \beta_1 + \frac{Cov(s, u)}{Var(s)}
\end{aligned}
\tag{7.20}
$$

と表される。仮に教育年数 s と誤差項 u に相関がないとするならば，$Cov(s, u) = 0$ であるため，$\operatorname{plim} \hat{\beta}_1 = \beta_1$ となり，サンプルサイズが大きくなるにつれて教育の収益率の推定量である $\hat{\beta}_1$ は，真の教育収益率である β_1 に収束していくことがわかる[4]。つまり教育年数 s と誤差項 u の間の相関がなければ，教育の収益率の最小 2 乗推定量 $\hat{\beta}_1$ は，サンプルサイズさえ大きければおおむね真の教育の収益率 β_1 を推定することを意味している。

　その一方で，もしも教育年数 s と誤差項 u に正の相関があるとすると，教育の収益率の推定量 $\hat{\beta}_1$ は教育の収益率の真の値 β_1 よりも大きな値に向かっ

---

4)　このように，サンプルサイズが大きくなるにつれて推定量が真の値に収束していく性質のことを**一致性**といい，一致性を持った推定量を**一致推定量**という。

て収束していく。なぜこのようなことが起こるのかは，(7.20) 式において教育の収益率の推定量の確率収束の先が，真の教育の収益率 β_1 と，教育年数の長い人がもともと賃金が高い属性を持っていることをとらえた $Cov(s,u)/Var(s)$ との足し算で定義されることを思い起こせば明らかである。この分解は，教育年数の長い人の賃金が平均的に高いのは 2 つの要因によることを示していると言える。1 つは教育を受けることによって賃金が上がるという因果的効果 β_1 によるものであり，もう 1 つは教育年数が長い人のなかに認知能力が高いなどの理由によって，そもそも賃金が高い人が多いという内生性 $Cov(s,u)/Var(s)$ によるものである。最小 2 乗法は内生性がないという仮定のもとで推定を行うため，内生性によって教育年数が長い人がそもそも賃金が高いという側面を無視して，教育年数が長い人が賃金が高いのはすべて因果関係によるものだと判断してしまうのである。

このように，サンプルサイズが大きくなるときの教育収益率の推定量の収束先が，真の教育収益率からずれることを**バイアス**（より正確には**漸近バイアス**）があるという。とくに教育年数と認知能力が正相関することによって生まれるバイアスのことを**能力バイアス**といい，この能力バイアスの存在によって教育収益率の最小 2 乗推定量には正のバイアスが掛かっていると考えられることが多い。

4.3 IQ を代理変数に用いた推定

教育の収益率が能力バイアスによって過大に推定される問題を回避するために，これまでいくつかの方法が提案されてきた。そのうち古くから行われている有力な方法が，認知能力を測定したテストスコアである IQ スコアを説明変数として導入することで，認知能力が誤差項に含まれてしまうことから発生する能力バイアスを回避するという考え方である。ここで認知能力をとらえたテストスコアが IQ で表されるとしよう。そして，このスコアが誤差項に含まれる認知能力をとらえていると仮定しよう。このとき誤差項は $u_i = \gamma IQ_i + e_i$ と表すことができる。ここで，新たな誤差項 e_i はもとの誤差項から認知能力の影響を取り除いた後の誤差項であると考えることができる。これを教育年数

のみを説明変数とするミンサー型賃金関数に代入すると

$$\ln(w)_i = \beta_0 + \beta_1 s_i + \gamma IQ_i + e_i \tag{7.21}$$

を得ることができる。ここで，認知能力の影響を取り除いた後の誤差項 e_i の条件付き期待値に関して $E(e_i|s_i, IQ_i) = 0$ が成立するならば，教育年数とテストスコアはともに外生となるため，最小 2 乗法で推定した教育収益率の推定量にはバイアスが掛からないことになる。それでは具体的に，この仮定は成立しているのだろうか。この仮定が適切かどうかを検討するためには，新たな誤差項 e_i にどのような要素が含まれているかを具体的に想像する必要がある。教育年数と認知能力のほかに時間当たり賃金に影響しそうな要因として，肉体的・精神的健康や，忍耐力，やる気，自信，協調性といった社会的・情動的性質といった**非認知能力**が考えられる。仮にこの非認知能力の平均値が教育年数やテストスコアに依存しないならば，条件付き期待値に関する仮定 $E(e_i|s_i, IQ_i) = 0$ が満たされることになる。

　IQ スコアが入った労働市場のデータは古くからアメリカに存在するので，アメリカの研究を紹介しよう。表 7.1 は Blackburn and Neumark (1995) による教育の収益率の推定結果である。彼らは IQ スコアが記録されているアメリカのパネルデータである National Longitudinal Survey Young Men's Cohort of 1966 を用いて，教育年数が時間当たり賃金の自然対数値に与える影響を推定した。説明変数に IQ スコアを入れずに推定された教育の収益率が第 1 列に報告されている。これによると教育の収益率は，0.058 と推定されている。つまり，教育年数が 1 年伸びると時間当たり賃金は約 5.8% 増加する。その一方で，説明変数に IQ スコアを追加して推定された教育の収益率が第 2 列に報告されている。これによると，教育の収益率は 0.042 まで低下し，教育年数が 1 年伸びたときに賃金は約 4.2% 増加することがわかる。仮に IQ スコアを入れた推定結果が正しいとすると，能力バイアスによって教育の収益率は約 38% （$\approx (0.058 - 0.042)/0.042$）も上方バイアスが掛かっていたことになる。

表 7.1 アメリカのデータを用いた賃金関数の推定結果

被説明変数：時間当たり賃金の自然対数値

IQ スコア	含まない	含む
教育年数	0.058	0.042
	(0.005)	(0.006)
経験年数	0.092	0.080
	(0.019)	(0.019)
経験年数 2 乗	−0.002	−0.001
	(0.002)	(0.002)
労働組合契約	0.195	0.203
	(0.025)	(0.024)
結婚	0.116	0.111
	(0.022)	(0.022)
離婚・死別	0.107	0.121
	(0.042)	(0.041)
都市部	0.161	0.165
	(0.023)	(0.023)
南部	−0.004	0.009
	(0.022)	(0.022)
黒人	−0.165	−0.062
	(0.031)	(0.034)
非黒人ヒスパニック	−0.005	0.040
	(0.037)	(0.038)

(注) カッコ内は標準誤差。IQ スコアを含む場合，10 種類の認知能力を示す IQ スコアがそれぞれ説明変数として含まれている。National Longitudinal Survey Young Men's Cohort of 1966. $N = 1592$。

(出所) Blackburn and Neumark (1995) より作成。

4.4 双子を用いた推定

能力バイアスを回避して教育の収益率を推定する際に用いられてきたもう 1 つの重要な手法が双子を用いた推定である。双子，とくに一卵性双生児であれば，双子の 2 人の生まれつきの認知能力は共通すると考えられるので，双子の間での教育年数の差で賃金差を説明することで教育の収益率を正しく推定しようという方法である。このアプローチを式を使いながら見ていこう。以下の (7.22) 式では，それぞれの双子の組に i という添え字をつけ，双子のうちの 1 人目に A，2 人目に B という添え字をつける。双子の組 i のうち，A の時間当たり賃金の自然対数値は以下の式で決まっているとする。

$$\ln w_{iA} = \beta_0 + \beta_1 s_{iA} + c_i + u_{iA} \tag{7.22}$$

ここで，w_{iA} は時間当たり賃金，s_{iA} は教育年数，c_i は双子に共通する認知能力や非認知能力の一部，u_{iA} はその他の賃金決定要因を含んだ誤差項である。ここで，u_{iA} には双子に共通する認知能力や非認知能力の一部の影響を取り除いた後の賃金決定要因が含まれていることに注意してほしい。

　一方で，同じ双子の組 i の B の時間当たり賃金の自然対数値は，以下の (7.23) 式で決まっているとする。

$$\ln w_{iB} = \beta_0 + \beta_1 s_{iB} + c_i + u_{iB} \tag{7.23}$$

ここでは双子の認知能力と非認知能力の一部は A と B で共通すると仮定しており，認知能力と非認知能力の一部が含まれた c_i には個人を示す添え字がついていない。

　ここで，(7.22) 式から (7.23) 式を引くと，次の差分の式が得られる。

$$\ln w_{iA} - \ln w_{iB} = \beta_1(s_{iA} - s_{iB}) + (u_{iA} - u_{iB}) \tag{7.24}$$

この式から認知能力や非認知能力の一部が消えたのは，これらの能力が双子の間で共通していると仮定したためである。

　この双子の間の差分の式を用いて最小 2 乗法で教育の収益率を正しく推定するために必要な仮定は，説明変数である双子の教育年数の差 $s_{iA} - s_{iB}$ と双子の誤差項の差 $u_{iA} - u_{iB}$ が相関しないことである。この仮定が満たされているかどうかを検討するためには，誤差項 u_{iA} と u_{iB} のそれぞれにどのような要素が含まれているかを具体的に考える必要がある。先に述べたように，すでに認知能力や非認知能力の一部は c_i としてモデルに入っているため，これらの誤差項にはこれら以外の観察できない賃金決定要因が入っていることになる。双子の間での性格の違い，たとえば外交的な性格か内向的な性格かといった外向性の違いなどがそれに当たるであろう。この例だと，A の外向性は A 自身の教育年数のみならず B の教育年数とも相関してはいけない。同じく B の外向性は B と A 双方の教育年数と相関してはいけないということである。

　Nakamuro and Inui (2012) はウェブ上での調査を通じて集めた 1371 組の

双子の情報のうち 1128 組の一卵性双生児のデータを用いて推定を行った。このサンプルで双子であることを無視して最小 2 乗推定を行ったところ，教育の収益率は 0.100 と推定され，標準誤差は 0.007 であった。これは統計的に有意な推定結果であり，教育年数が 1 年伸びると賃金は約 10% 上昇することを意味している。一方で，差分式を推定して得られる教育の収益率は 0.045 であり，標準誤差は 0.012 であった。これも統計的に有意な推定結果であるが，教育年数の 1 年の伸びは賃金を約 4.5% 伸ばすという結果であって，教育の収益率の最小 2 乗推定量には能力バイアスが掛かっていたことを示唆する結果となっている[5]。

　諸外国における双子を用いた差分推定の例も紹介しておこう。Ashenfelter and Rouse (1998) はアメリカの一卵性双生児約 700 組のデータを用いて推定を行った。教育の収益率の最小 2 乗推定量は 0.110 であり，標準誤差は 0.010 であった。その一方で，差分推定を行ったところ教育の収益率の推定値は 0.070 まで下がり，標準誤差は 0.019 であった。Miller et al. (1995) はオーストラリアの一卵性双生児約 600 組のデータを用いた。教育の収益率の最小 2 乗推定値は 0.064 であり標準誤差は 0.002 であった。一方で，差分推定による推定値は 0.025 であり，標準誤差は 0.005 であった。アメリカの結果もオーストラリアの結果も，どちらも Nakamuro and Inui (2012) の結果と同じく，最小 2 乗推定量には能力バイアスが掛かっていたことを示唆する結果であった。

　双子を用いた差分推定は教育の収益率をバイアスを取り除きながら推定する強力な手法であるが，批判がある点にも留意しておく必要がある。この批判は差分式の説明変数の変動が何によってもたらされているかを考えることから生まれている。差分式 (7.24) を推定するためには，1 組の双子の間で教育年数の差がある必要がある。仮に双子の教育年数が共通しているとすると，説明変数 $s_{iA} - s_{iB}$ は 0 となるため，その双子の組は教育収益率の推定には使えない。そのため，サンプルのなかには双子の間で教育年数が異なっている組が十

---

[5]　教育の収益率を双子のデータを使って差分推定すると，報告されている教育年数に測定誤差があるときには，教育の収益率が大幅に過小推定されることが知られている。Nakamuro and Inui (2012) はその問題に対処した推定も行い，実際の教育の収益率は差分推定の値よりも大きな値となることを示唆している。

分に含まれていなければならないのだが，その際に同じ家庭環境で育った双子の教育年数の差をもたらす要因は何かを考える必要がある。そのように考えると，双子に共通する認知能力や非認知能力 c_i ではとらえきれない，双子のそれぞれに特有の認知能力や非認知能力の差が教育年数の違いをもたらしているのではないかという疑問も湧き上がってくる。仮に双子の間で異なる認知能力や非認知能力の差が教育年数の違いをもたらしているとするならば，教育年数差 $s_{iA} - s_{iB}$ と認知能力差を含む誤差項の差 $u_{iA} - u_{iB}$ は引き続き正の相関を持つことになる。そのため，双子を用いた差分推定でも能力バイアスは取り除ききれていないのではないかという批判がなされるのである。

　ここでこのような批判を紹介した理由は，双子を用いた差分推定を行っても意味がないということを言いたかったためではない。既存の問題を乗り越えようとある研究手法が提案されると，その新しい研究手法の限界を指摘する批判が出て，さらにその問題を乗り越えようとする研究手法が出現するという労働経済学における研究のダイナミズムを伝えたかったためである。目の前にある研究成果はどんなに権威があるものであっても常に暫定的なものであり，その結果を詳細に吟味し，そこで明らかになった限界を乗り越えるべく努力するという建設的な批判精神抜きにしては，科学の進歩はないのである。

5　家庭環境と教育達成，所得の世代間連鎖

5.1　世代間所得の弾力性

　しばしば，親の所得が高いと子どもの学歴が高くなり，結果として子どもの所得も高くなるということが指摘されている。このことは，**所得の世代間連鎖**などと言われている。この指摘は，世代間で所得が連鎖する重要な媒介変数が教育年数（学歴）であることを考えると，教育機会の平等がどの程度担保されているかという観点からも重要な指摘である。

　それでは，客観的なデータを用いてこのような所得の世代間連鎖は確認されるのだろうか。仮に確認されるとして，その程度はどれほどのものなのだろう

か。労働経済学者は所得の世代間連鎖を，次の式を推定することによって明らかにしてきた。

$$\ln y_{is} = \beta_0 + \beta_1 \ln y_{if} + u_i \tag{7.25}$$

ただし，y_{is} は息子の所得，y_{if} は父の所得である。ここで係数 β_1 は，父の所得が 1% 上がったときに息子の所得が何 % 上がるかを示す**所得の世代間弾力性**である。

この所得の世代間弾力性の推定に当たっては，いくつか慎重に考慮しなければならない点がある。第 1 に，息子の所得をいつの時点で測定するかという問題である。一般的に人々の所得は，若いうちは格差が小さく年齢を重ねるにつれて拡大する傾向がある。そのため息子の所得を若い時点で測定すると，所得の世代間弾力性は小さく推定される傾向がある。その一方で，息子の所得を年齢を重ねた時点で測定すると，所得の世代間弾力性は大きく推定される傾向がある。これは，息子が何歳のときの所得を用いればいいのかという問題につながるが，望ましいのは生涯所得と最も相関が強くなる年齢の所得を用いることである。アメリカの社会保険料の払い込み記録に基づく，個人の長期にわたる所得データを用いた Haider and Solon (2006) の研究によれば，生涯所得と最も相関が強くなるのは 35 歳時点の所得であるという。社会保険料払い込みの行政データを使えば少なくとも社会保険でカバーされている人々に関しては，全数の情報が入手可能であり，長期にわたる正確なパネルデータを作成することができる。ただし，このようなデータはなかなか用いることができないので，この種の研究はめずらしい。

第 2 に，父親の所得をどのように測定するかという問題がある。父親の所得が，息子の人的資本形成を通じて将来の所得に影響を与えるという因果関係を考えるとき，父親の所得とは短期的な所得というよりも長期的な所得であると考えられる。このとき，父親の所得として過去 1 年間の年収などを用いると，一時的な所得変動の影響により父親の所得は大きく変動するものの，息子の人的資本形成にはそれほど大きな影響を与えず，結果として息子の所得もそれほど変化しないということが考えられる。この場合には，所得の世代間弾力性は過小に推定される傾向がある。この問題を解決するために，父親の所得に

関してデータがあれば，数年分の年収を平均して所得の短期変動の影響を取り除く推定手法がとられることがある。あるいは父親の所得を父親の学歴や職種ダミーに回帰して，その回帰式から得られる父親の所得の予測値を説明変数に使う操作変数法を用いた推定が使われることもある。父親の学歴や職種から予測される所得は，より長期的な所得に対応していると考えることができるためである。

なお，親の所得として母親の所得を使うことが一般的ではないのにはいくつかの理由がある。まず女性の就業率は男性と比べて低いため，母親に関しては就業していない可能性があり，その場合には所得データが入手できないという問題がある。また母親が就業しているかどうかは，家庭の経済環境にも依存していると考えられ，父親の所得が高いときには所得効果を通じて就業していないという可能性がある。そのため，母親が就業しておらず母親の所得がないということは，必ずしも家庭が貧しかったということを意味しない。このような推定上の困難を回避するために，所得の世代間弾力性を推定するに当たっては父親の所得を説明変数に用いることが一般的である。同様に，子の所得としても息子（男性）の所得を使うことが一般的である。なお，母親の教育年数と子どもの教育年数の間の連関を見ようとする場合にはこのような問題は発生しない。そのため，教育年数の世代間連鎖を見るときには母親の教育年数を説明変数にした分析も一般的である。

これらの点に注意を払って世代間所得の弾力性を推定した研究が日本にもいくつかある。Ueda (2009) は家計経済研究所のパネルデータである「消費生活に関するパネル調査」から既婚男性 1114 人を抽出し，所得の世代間弾力性を推定した。その結果，所得の世代間弾力性は 0.379 であり標準誤差は 0.063 であると推定された。この推定値は統計的に有意に 0 とは異なり，父親の所得が 10% 増加したときに息子の所得は 3.79% 上昇することを意味している。Lefranc et al. (2014) は「社会階層と社会移動調査（SSM 調査）」より 2265 人の男性を抽出し，世代間所得の弾力性を 0.367（標準誤差は 0.032）と推定した。これらの研究結果より，日本の男性の世代間所得の弾力性はおおよそ 0.35〜0.40 の間に位置するといってよさそうである。

Column ⑨　所得格差と世代間移動

　トマ・ピケティ『21世紀の資本』（山形浩生ほか訳，みすず書房，2014年）の世界的大流行が示すように，所得格差の問題は私たちの関心をつかんで離さない社会科学の大問題の1つである。その重要性を反映して，所得格差の国際比較も盛んに行われてきた。しばしば，1時点での所得格差の大きさを表す指標として**ジニ係数**が注目される（係数の範囲は0から1で，大きいほど所得分配が不平等であることを示す）。日本のジニ係数は約0.38（所得再分配後）で，先進国のなかでは中程度の不平等度である。

　ジニ係数は重要な指標ではあるものの，それだけではとらえきれない側面もある。その1つが世代間の所得移動である。所得分配が不平等であったとしても，貧しい家庭の子どもが裕福になれるような所得の世代間移動が盛んであるならば，それ自体にあまり問題はないという考え方もある。

　この世代間移動の大きさを示す指標が，本文でも説明した世代間所得弾力性である。この数字が小さいほど，子の所得が親の所得に左右されないわけだから，世代間所得移動が盛んで流動的な社会だといえる。

　世代間所得の弾力性を推定するには，親と子の壮年期（35歳前後）の所得が両方必要になるため，データが制約されていて難しい。本文でも紹介したように同志社大学の尾嶋史章教授，静岡大学の吉田崇准教授らは，「SSM調査」と呼ばれる大規模調査と統計的操作の工夫を組み合わせることで，この困難を乗り越えて信頼性の高い数字を計算することに成功した（Lefranc et al. 2014）。彼らの研究によると，日本の世代間所得弾力性は約0.35である。親の所得が平均より10% 高いと，子の所得は平均より3.5% 高いということだ。

　日本の数字を他国と比べてみると，北欧諸国はおおむね0.25前後であり，アメリカは0.4前後である。つまり，日本の世代間所得移動は，北欧諸国よりも非流動的である一方で，アメリカよりは流動的であることを示している。興味深いのは1時点で見て所得分配が平等な社会のほうが世代間所得移動の弾力性が低く世代間移動が流動的な傾向があることだ。

　なぜこのような相関関係が生まれるのだろうか。このような疑問を解明する国際比較に基づく基礎研究に日本が参加することはきわめて重要であり，その意味でも，尾嶋教授，吉田准教授らの研究の貢献は非常に大きいと言えるだろう。

5.2 世代間所得の連鎖は遺伝か環境か？

　親の所得と子の所得の間には一定の相関関係があることがわかった。このほかにも教育年数や大学進学の有無などに関しても，親子には強い相関があることがわかっている。それでは，親の教育水準や所得が子の教育水準や所得に影響を与えるメカニズムはどのようなものだろうか。親の子に与える影響の経路については2つの有力な仮説がある。1つは，親の形質が子に遺伝し，それを通じて親の教育水準が子の教育水準に影響を与えるとする**遺伝説**である。もう1つは，親の教育水準の高さが子が学ぶのに適切な環境をつくり，その環境が子の教育水準に影響を与えるとする**環境説**である。この2つを区別することは，政策的な含意を考えるうえで重要である。仮に親子間の教育達成や所得の相関が遺伝によるものであれば政策が介入できる余地は小さいであろうが，環境によるものであれば，政策介入によって適切な環境を整えることができれば，親の教育水準が低くても子の教育水準を引き上げることが可能になるためである。しかしながら，親の教育水準が高いと，遺伝要因によっても環境要因によっても，子の教育水準は高くなるため，2つのメカニズムの切り分けは通常とても難しい。

　親と子の教育水準の相関関係が遺伝によるものなのか，環境によるものなのかという難問に対して明確な解答を与える研究手法が，養子縁組した親子を使った研究である。養子縁組の親子の場合，養父母から子への影響は環境要因によるものだけと考えることができるためである。Björklund et al. (2006) はスウェーデンの約9万4000組の生物学上の親子と約2100組の養子縁組の親子のデータを用いた分析を行った。彼らが用いたデータのユニークな点は養子縁組した親子について，養父母の情報に加えて，生物学上の父母の情報も記録されている点である。このデータを使って，生物学上の親子については，子の教育水準を生物学上の父母の教育水準や所得などに回帰してその係数を求めた。一方で養子縁組した親子については，子の教育水準を生物学上の父母の教育水準と養父母の教育水準に回帰した。

　推定の結果は表7.2にまとめられている。非養子に関して，子の教育年数を生物学上の父の教育年数に回帰するとその係数は 0.240 である。これは父親の

表 7.2　推定された世代間係数

被説明変数：教育年数

非養子		
生物学上の父	0.240	
	(0.002)	
生物学上の母		0.243
		(0.002)
養子		
生物学上の父	0.113	
	(0.016)	
生物学上の母		0.132
		(0.017)
養父	0.114	
	(0.013)	
養母		0.074
		(0.014)
産みの親と育ての親の合計	0.227	0.207
	(0.019)	(0.021)

(注)　カッコ内は標準誤差。
(出所)　Björklund et al. (2006), Table 2 より作成。

教育年数が 1 年長いと子の教育年数が 0.240 年長くなることを意味している。一方で，養子の教育年数を生物学上の父の教育年数と養父の教育年数に多重回帰した際の係数は 0.113 と 0.114 であった。これは，生物学上の父の教育年数も養父の教育年数もほぼ同じ影響を養子の教育年数に与えることを意味しており，教育年数の決定に当たって，遺伝と環境がほぼ同じ影響を与えることを意味している。さらに興味深いのが，生物学上の父の係数と養父の係数の合計値が 0.227 と，非養子の生物学上の父の係数 0.240 ときわめて近いことである。これは，非養子においても生物学上の父親の教育年数が子の教育年数に与える影響も，およそ半分が遺伝要因，後の半分が環境要因であることを示唆しているといってよい。

　表 7.2 の第 2 列目には父親の代わりに母親の教育年数を説明変数に使った回帰分析の結果が報告されている。非養子に関して，子の教育年数を生物学上の母親の教育年数に回帰すると，その係数は 0.243 であり，生物学上の父親の教育年数に回帰したときと似た係数が得られることが明らかになった。養子に関

する分析では生物学上の母親の教育年数に対する係数が 0.132 で, 養母の教育年数に掛かる係数が 0.074 である。これは遺伝要因が相対的に重要であることを意味しているが, 男女間の賃金格差などを考えれば, 養母の教育年数は養父の教育年数ほどには家庭環境を決定づけるものではないことになり自然な結果であるといえる。

　父親の教育年数を使った分析をまとめると, 親と子の教育年数の相関のうち, およそ半分は遺伝要因によるものであり, およそ半分が環境要因であるということがスウェーデンの分析結果から明らかになった。

5.3　学校完全週 5 日制と世代間所得の連鎖

　親の教育水準と子の教育水準の相関関係は, その一部が家庭環境を通じて作り出されていると言える。Kawaguchi (2016) は教育水準が高い親は教育環境を整えるため, 子が長い時間勉強するというメカニズムに着目し, 義務教育における学校での学習時間の多寡が, 親の社会階層ごとに見た子の学校以外のものも含めた全体の学習時間に与える影響を分析した。用いられたデータは 10 歳以上の男女を対象に 5 年に一度, 時間利用を尋ねる調査である総務省「社会生活基本調査」の 1996 年, 2001 年, 2006 年調査である。中学 3 年生の平日と休日を合わせ授業時間を含めた学習時間の 1 日平均が図 7.6 に報告されている。2006 年の数字を見てみると, 中学 3 年生は, 世帯主が大卒だと 1 日 470 分（7 時間 50 分）勉強していたが, 世帯主が中卒だと 1 日平均 373 分（6 時間 13 分）しか勉強しておらず, 世帯主大卒に比べて 21％ 学習時間が短い。一方で, この学習時間の世帯主の学歴による差は 2001 年には世帯主大卒で 7 時間 34 分, 世帯主中卒で 6 時間 39 分と 14％ にとどまっていた。

　世帯主の学歴によって子の学習時間の差が拡大した理由を考えるうえで重要なのは, 2002 年に学校週休 2 日制が完全施行され, それまでの第 2・第 4 土曜日に加えてすべての土曜日が休みとなったことである。学校の休みが増えたとき, 大卒の親は塾通いをさせたりして子どもの学習時間を確保するようにしたが, 中卒の親はそのまま子どもの学習時間を減少させてしまった。その証拠に親の学歴ごとの学習時間格差がとくに大きく拡大したのは土曜日で

図 7.6　世帯主学歴別，中学 3 年生の授業を含む学習時間（1996, 2001, 2006 年）

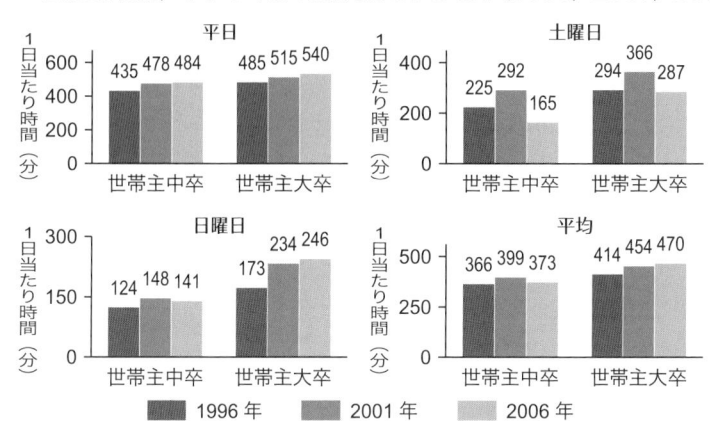

（注）　総務省「社会生活基本調査」（1996, 2001, 2006 年）を用いて筆者計算。
Kawaguchi (2016) に基づく。

あることが，図 7.6 からも確認できる。なかでも，学習時間差が拡大したのは新たに休日となった第 3 土曜日であり，第 2 土曜日には学習時間差の拡大は確認できなかった。また，親の学歴による子どもの学習時間差が拡大していくのが，長期的なトレンドである可能性もあるのだが，少なくとも 1996 年から 2001 年にかけて学習時間差の拡大は見られない。この，親の学歴間格差による学習時間差の拡大は高校 1 年生を対象としたテスト（PISA; Programme for International Student Assessment）の格差拡大にもつながっており，学習時間の格差が学力差につながることも明らかになった。この研究結果は，義務教育の日数を増やすことで子の学力が家庭環境に依存する度合いを低減させることができることを示している。

6　シグナリングとしての教育

6.1　シグナリング理論

ここまでは，学校教育が労働者の生産性を向上させることを通じて，高賃金をもたらすという前提のもとで教育の機能を論じてきた。これとは異なり，学

校教育には生産性を向上させる効果はなく，もともと能力の高い人が自分の有能さを企業に示すための道具としての機能を果たしているのだという見方がある。これがスペンスによって提示された**シグナリング理論**である（Spence 1973）。本節では，このモデルの概要と，それに関する実証研究について解説する。

　労働市場には能力の高い労働者 h と低い労働者 l の2タイプがいて，労働者の能力を労働者自身は知っているが，企業は見分けることができないとする。またこの市場において，能力の高い h タイプの労働者の比率は λ であり，能力の低い l タイプの労働者の比率は $1 - \lambda$ であるとする。そしてこの比率については企業も知っているものとする。高能力の労働者の生産性は y_h，低能力の労働者の生産性は y_l であり，これらの生産性は生まれつき決まっていて，教育によって変化することはない。労働者は大学教育を受けるか受けないかの選択をするものと考え，大学教育 $s \in \{0,1\}$ を，大学教育を受けるときに1をとり，受けないときに0をとるダミー変数とする。大学教育を受けることにはコストが掛かるが，そのコストは労働者の能力によって異なると考える。たとえば，大学に入るために支払わなければいけない心理的なコストや金銭的コストは，能力が低い人のほうが，高い人よりも大きいと考える。能力が低い人が大学教育を受けるコストが c_l で，能力が高い人が大学教育を受けることのコストが c_h だとすると，仮定より $c_h < c_l$ である。市場にはリスク中立的な企業が多数存在し，競争の結果として，労働者の能力の期待値に見合った賃金が支払われると考える。

　仮に，

$$y_h - c_h > y_l > y_h - c_l \tag{7.26}$$

という関係が満たされるとする。この関係は労働者の生産性と教育コストという純粋に技術的な関係を示したものである。この関係は，$c_h < c_l$ より成立しうるが，c_h と c_l の差が大きい，つまり，能力が高い人は教育コストが低いが能力の低い人は教育コストが高いという関係が明確なときほど成立しやすい。

　以上のような条件が与えられた場合に，労働者と企業はどのような行動をとるのだろうか。実を言うと，この設定のもとでは，以下で説明する2つの状

態が均衡として実現しうる。

1つめの均衡では，労働者のうち高能力の労働者である h タイプが大学教育を受ける $s = 1$ を選び，低能力の労働者である l タイプが大学教育を受けない $s = 0$ を選ぶ一方で，企業は大学教育を受けた者には $w(s = 1) = y_h$ を支払い，大学教育を受けていない者には $w(s = 0) = y_l$ を支払う。この状態が均衡であることを確かめるためには，労働者も企業もそれぞれ今の行動を変更するインセンティブを持たないことを示す必要がある。まず，他の企業や労働者の行動を所与のものとしたときに，各企業の側が現在の行動を変えるインセンティブを持たないことを示そう。今の $w(s = 1) = y_h$ という状況では，大学教育を受けた者に高生産性に見合った賃金を支払っているが，ここからさらに賃金を上げると生産性を上回る賃金を支払うことになり，利潤はマイナスになってしまう。一方で，ある企業が大学教育を受けた者の賃金を引き下げると，他の企業は高生産性に見合った賃金を支払い続けているので，労働者を採用できなくなる。いずれにせよ，大学教育を受けた者に高生産性に見合った賃金支払いをするという現在の行動を変えるインセンティブを企業は持たない。また，大学教育を受けていない人についても同様の議論が成り立つため，$w(s = 0) = y_l$ という賃金支払いを変えるインセンティブを企業は持たない。

次に労働者に視点を移して，彼らが現在の行動を変えるインセンティブを持たないことを示そう。まず h タイプの労働者であるが，大学教育を受けたことで得ている利得は $w(s = 1) - c_h$ であり，大学教育を受けていないという行動に変更すると利得は $w(s = 0)$ に変化する。したがって，企業の賃金決定を所与のものとすると，現在の行動から変更することによる利得の純増は，

$$w(s = 0) - (w(s = 1) - c_h) = y_l - (y_h - c_h) < 0 \qquad (7.27)$$

である。なおここで，最後の不等式は (7.26) 式より導かれている。この不等式は h タイプの労働者が現在の行動から変更すると利得が下がってしまうことを意味するので，現在の行動を変えるインセンティブを持たないことを示している。同様に l タイプの労働者であるが，大学教育を受けるという行動に変更することによる利得の純増は，企業の賃金決定を所与のものとすると，

$$(w(s=1)-c_l)-w(s=0) = y_h - c_l - y_l$$
$$= (y_h - c_l) - y_l < 0 \qquad (7.28)$$

である。つまり低能力の労働者も，現在の行動から変更して大学教育を受ける
と利得は下がってしまう。よって，現在の戦略を変更するインセンティブを持
たない。

　ここまでの議論で，企業，高能力の労働者，低能力の労働者のすべてが現在
の行動を変えるインセンティブを持たないことが明らかになった。そのため，
企業は大学教育を受けた者には高能力の労働者の生産性に見合った賃金を支払
い，大学教育を受けていない人には低能力の労働者の生産性に見合った賃金を
支払う一方で，高能力の労働者は大学教育を受け，低能力の労働者は大学教育
を受けないという状態が均衡であることが確認できる。このように，低能力の
労働者と高能力の労働者が異なった行動をとり，異なった待遇を受ける均衡を
分離均衡という。

　先に与えた条件のうち，$y_h - c_h > y_l$ の部分は，高能力の労働者は大学教育
のコストを払ってでも，自分が高能力であることを企業に伝えたほうが望まし
いことを示している。このようにある行動をとることによって相手からは直接
観察できない自分の特性を相手に伝えることを「**シグナルを発する**」という。
また，$y_l > y_h - c_l$ の部分は能力の低い労働者が，教育を受けることで高能
力の労働者の振りをしても，利得を高められないことを示している。よって，
$c_h < c_l$ は重要な仮定であり，もしも $c_h \geq c_l$ であれば，教育を受けることが
高能力の労働者のシグナルとしては機能しないため，教育が生産性を上げない
という仮定とも相まって誰も教育に対して投資することはない。

　2つめの均衡では，労働者は誰も大学教育を受けず，企業は大学教育を受
けた者にも受けなかった者にも期待生産性に等しい賃金である $w(s=1) =$
$w(s=0) = (1-\lambda)y_l + \lambda y_h$ を支払う。ただし，λ は h タイプの比率，$(1-\lambda)$
は l タイプの比率である。このように高能力の労働者も低能力の労働者も同じ
教育水準を選び，企業もすべての労働者を均一に扱う均衡を**一括均衡**という。

　この状態が均衡であることを示すため，企業も労働者も現在の行動を変える
インセンティブを持たないことを示そう。まず高能力の労働者である h タイ

プの労働者であるが，現在の行動を変えて大学教育を受けることで得られる利得の純増は $w(s=1) - c_h - w(s=0) = -c_h < 0$ である。そのため教育を受けると利得は減ってしまうため，高能力労働者は現在の行動を変えるインセンティブを持たない。また，低能力の l タイプの労働者が現在の戦略を変更することで得られる利得の純増は $w(e=1) - c_l - w(e=0) = -c_l < 0$ であり，彼らも現在の行動を変えるインセンティブを持たない。企業の側も現在の賃金を上げても利潤が減るだけであるし，賃金を下げれば誰もその企業で働こうとしないため，賃金を変えるインセンティブを持たない。よって，この一括均衡の状況も均衡だと言える。

　ここで興味深いのは，同じ設定から出発しているにもかかわらず，能力の高い者が大学教育を受け高い賃金を受け取り，能力が低い者が大学教育を受けず低い賃金を受け取る分離均衡と，誰も大学教育を受けず皆が同じ賃金を受け取る一括均衡のどちらも均衡として成立しうる点である。そして，それぞれの均衡が現実的であるように見える点も興味深い。

　分離均衡が成立しているときには，大学教育を受けると高能力であることを企業に納得してもらうことができる。これは能力が高い労働者にとっては教育を受けるコストが低く，能力が低い労働者は教育を受けるコストが高いため，将来得られるであろう所得をふまえると，能力が高い労働者にだけ教育を受けるメリットがあるためである。ここでは能力と漠然と言ってきたが，この能力のなかには 4.3 項で説明した IQ テストで測定できるような認知能力と，粘り強さや対人能力といった非認知能力の双方が含まれる。難度の高い大学入試に合格するためには，高い認知能力と同時に計画を立てその計画を着実に実行する非認知能力も必要になる。このため名門大学を卒業しているということは，認知能力と並んで非認知能力に関しても企業に情報を伝えているとも考えることができるだろう。つまり名門大学を卒業していることは，認知能力のみならず非認知能力のシグナルとしても機能しているのかもしれないのである。

6.2　教育のシグナリング効果の実証分析

　労働市場に情報の非対称性があり分離均衡が成立しているときには，教育は

Column ⑩　体育会の学生が就職に有利なのはなぜ？

　シグナルが労働者のタイプを企業に伝えるに当たってカギになるのは，ある行動をとることのコストが労働者のタイプによって異なることであった。そのため，粘り強さなどの非認知能力の強さを示すためのシグナルとしては，教育以外の活動も機能しうると考えることができる。

　大学で教えていると，体育会に所属する学生が就職活動で強いことに気づくが，これもシグナリング理論で説明することができるかもしれない。大竹・佐々木 (2009) はある企業の人事データを用いて，学生時代のスポーツ活動への参加経験が昇進に与える影響を調べた。これによると，スポーツ活動に参加していたことは高卒労働者の昇進確率を高めるものの，ホワイトカラーに関しては影響がないとしている。また，梅崎 (2004) はある大学の卒業生を調査した研究を行って，スポーツ系サークルの出身者は文化系サークルやサークル無所属の者に比べると志望順位が高かった企業に就職する傾向があるものの，それは必ずしも OB ネットワークを使い，効率よく就職活動ができたからというわけではないことを報告している。

　体育会の出身者は上意下達のコミュニケーションに慣れていて会社に入ってからもその特性が生きるという体育会の効能そのものを認める考え方もあるのだが，む

シグナリング効果を持つため，教育年数と賃金の間には正の相関関係が成立する。この教育年数と賃金の間の正相関は，人的資本理論の予測と整合的である。人的資本理論に従えば教育には生産性を向上させる実質的な意味があるが，シグナリング理論に従えば，教育は企業がもともと能力の高い労働者を選別するための機能しか果たしていない。そのため，教育年数と賃金の間の正相関をもたらすメカニズムが人的資本理論に基づくものなのかシグナリング理論に基づくものなのかは，教育の拡充のために公的資金をどの程度投入すべきなのかという公共政策に関する問いに答えるためにも重要である。

　教育の効果が人的資本蓄積によるものか，シグナリングによるものかを見分けることは通常難しいのだが，この点を上手に見分けた研究として Bedard (2001) を紹介しよう。彼女が着目したのは，大学に進学することの金銭的なコストが地域によって異なるということである。地元に大学があれば自宅から進学できるため大学進学のコストは低いが，地元に大学がないと遠い地域に下宿しなければいけないため大学進学のための金銭的なコストは上がる。そのた

しろ4年間着実に練習をこなすことができたことが粘り強さなど，非認知能力の高さに対するシグナルになっていると見ることもできそうだ。いわゆる就職に強い体育会の学生に練習の様子を聞くと，授業前後の練習はきわめて密度が濃く，これに耐えられるのはよほど忍耐力がある学生だけだと納得する。さらに上級生ともなれば，OBからのプレッシャーのもとで組織をまとめて一定の成果を出すことが求められ，とくに主将などの幹部はストレスの掛かる激務になる。ハードな体育会を4年間続けることができるというのは，非認知能力の強さを企業に伝えるシグナルとして機能しているのかもしれない。このように考えると，体育会出身の学生を積極的に採用する企業とそうでない企業の違いは，仕事における非認知能力の重要性の違いということになるのかもしれない。

　ちなみに非認知能力が賃金に与える影響を調べた実証研究で頑健に関係が確認できるのは，誠実性・粘り強さ（conscientiousness）が強い人ほど賃金が高いという傾向である。学生は，就職活動では「コミュニケーション能力」と称される外向性が大切だと思っているようだが，意外なことに，それが賃金に与える影響は頑健には検出されない。一方で，困難に直面しても何とか最後までやり遂げる能力が重要だという結果は，研究者を見ていても納得できるものがある。

表 7.3　大学がある地域とない地域の学歴構成 (%)

	男性		女性	
公立の2年制または4年制大学が地元にあるか	ない	ある	ない	ある
高校中退	18.5	19.8	15.8	18.5
高卒	34.2	28.3	51.5	45.0
大卒	47.3	51.9	32.7	36.5

（注）　Bedard (2001) Table 3 より作成。両親の学歴などの影響は取り除いた後の結果。

め，地元に大学があれば学力が高い高卒者の多くは大学に進学すると考えられる一方で，地元に大学がない地域においては相対的に学力の高い高卒者のなかにも金銭的な理由で大学進学ができない人々が出てくる。そのため，大学がない地域の高卒者の平均的な能力は，大学がある地域の高卒者の平均的な能力よりも高くなる。このことは，あまり学力が高くなくて高校を中退するか卒業するか迷っている高校生の意思決定に影響を与えることになる。地元に大学がなければ，高卒者の平均的な能力は高いため，頑張って高校を卒業すれば自分も高能力労働者であるかのように企業からは取り扱われるので，高校を卒業しよ

うとする。一方で，地元に大学がある地域では高卒者の平均的な能力は低いため，頑張って高校を卒業してもそれほどの価値を企業からは認めてもらえないので，高校を中退する傾向が強くなる。

　以上のシグナリング理論に特有の予測を Bedard (2001) はアメリカのパネルデータである National Longitudinal Suvery Men と National Longitudinal Suvery Women に含まれる約 6000 人を用いて検証した。表 7.3 は両親の学歴などの効果を調整した後の地域ごとの学歴構成を示すものである。これを見てみると男女ともに地元に大学があると大卒者の比率が上がることが確認できる。これは大学進学の金銭的なコストが下がり，大学進学がより多くの人々にとって容易になったことを意味している。さらに興味深いのは，地元に大学がある地域のほうが，ない地域よりも高校中退率が高いことである。これは地元に大学がある地域では高卒者の平均的な能力が高くないと企業に判断される結果として，高校を卒業することのメリットが薄れ，高校を中退する者が増えたと解釈することができる。この結果は，教育を受けることがシグナリング効果を持つという，シグナリング理論と整合的な結果である。

　一方，純粋な人的資本理論を用いて，大学がある地域の高校中退率が高いことを説明するのは難しい。高校を卒業することで追加的に身につく技能の量と身につけた技能の価値と，高校を卒業することのコストが，大学があるかないかにかかわらず一定だと仮定すると，人的資本理論によれば高校を卒業することで得られる純便益は大学の有無にかかわらず一定である。そのため，地域に大学があろうがなかろうが，高校を卒業する人は卒業するし，高校を卒業しない人は卒業しないということになる。

　もっとも，大学がある地域のほうが住んでいる人が多様で，高校を卒業することで身につく技能の異質性や高校を卒業することのコストの異質性が高いという可能性もある。大学がなかった地域に大学が新設されたときに，その地域の高校中退率がどのように変化したのかを観察すると，より説得力のある結果が得られるのかもしれない。

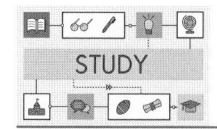

【確認問題】

[7-1] 教育年数 s と年間賃金 w の関係が $w(s)$ で与えられているとしよう。この個人は学校教育終了後 T 歳まで働く者として，t 年後の所得は $1/(1+r)^t$ を掛けることで割り引くものとする。教育を受けている間は所得を得られないが学費は掛からないものとしたとき，最適な s の値が，

$$教育の限界収益率 (s) \approx r$$

で与えられることを示しなさい。

[7-2] ある経済において，教育の限界収益率が割引率（利子率）r を上回っているとしよう。このとき，なぜこのようなことが起こっているのかを説明する仮説を提示しなさい。その仮説を，データを用いてどのように検証すればよいかを説明しなさい。

[7-3] 市場に能力が高い労働者（h）と低い労働者（l）がいる。企業に雇われたとき，能力の高い労働者の生産性は y_h，低い労働者の生産性は y_l であり，生産性の差は $y_h - y_l = \alpha$ である。労働者自身は自分がどちらのタイプか知っているが，企業はそれぞれの労働者の能力の高低を知ることができない。労働者は教育を受けるか受けないかを選択する（$s \in \{0,1\}$）。教育を受けるコストは能力の高い労働者の場合 c_h，能力の低い労働者の場合 c_l で，$c_h < c_l$ である。タイプ $j \in \{l,h\}$ 労働者の効用関数は，

$$u_j = w_s - c_j s$$

である。企業はリスク中立的で労働者の教育水準 $s \in \{0,1\}$ に応じて，w_0, w_1 を支払うことができる。

(1) 能力が高い者だけが教育を受ける賃金格差の範囲 $w_1 - w_0$ を求めなさい。

(2) 上記の条件が満たされているとき，利潤最大化を目指す企業が提示する賃金格差の範囲を定めなさい。

(3) 大学教育の拡大によって低能力者の教育コスト c_l は低下しているが，高能力者の教育コスト c_h は変化していない。このような変化は分離均衡の実現可能性を上げているだろうか，または下げているだろうか。他の条件を一定とし

て，理由とともに説明しなさい。

【発展問題】

[7-4] 2 期間生きる個人を考える。この個人は 1 期目には教育を受けるか，働くかの選
択をする。働かない場合は 0，働く場合は w_1 の賃金を得る。2 期目にはすべての
人が働き，教育を受けなかった場合には w_2^l の，教育を受けた場合には w_2^h の賃金
を得る。この個人の割引率は 0 だとする。また，教育には学費などの費用は掛か
らない。

(1) ある個人が教育を受けるための条件を w_1, w_2^l, w_2^h を用いて表現せよ。

(2) 想定を変えて教育を受けるための直接的費用が掛かり，費用の大きさが個
人によって異なり，個人 i の費用が c_i で与えられるとしよう。母集団におい
て，この費用の大きさは標準正規分布に従っているとしよう。つまり，$c_i \sim$
$N(0,1)$ であり，分布関数は $\Phi(x) = \Pr(c_i \leq x)$ である。このとき，母集団か
らランダムに抽出されたある個人が教育を受ける確率を $\Phi(\cdot)$, w_1, w_2^l, w_2^h を
使って表現しなさい。

(3) 教育を受けた場合の 2 期目の賃金に不確実性があるとする。このとき，教育
を受ける確率はどのように変化すると考えられるだろうか。個人の選好（効用
関数）について適切な仮定を置いたうえで説明しなさい。

【実証問題】

[7-5] 時間当たり賃金の自然対数値を教育年数，経験年数，その他の労働者の属性変数
に回帰して，教育年数に掛かる係数で教育の限界収益率を推定しようとする研究
は，数多く行われてきた。この推定において，一般的に教育の限界収益率の推定量
にはどのようなバイアスが掛かると考えられているかについて，説明しなさい。ま
た，上記に基づいて回帰式を書いたうえで，どのような仮定が満たされないことが
原因でバイアスが発生するかについても具体的に説明しなさい。

第**8**章
技能形成と外部・内部労働市場

　労働者の技能は仕事をしながら向上していく。本章では，この技能向上を技能習得への投資の結果としてとらえ，技能投資がどのように行われるかを紹介する。また技能投資の費用が誰によって負担されるのかも分析する。さらに労働者が習得する技能が特定の企業でしか使えない場合に，十分な投資が行われないホールドアップ問題が発生するおそれがあることを紹介し，ホールドアップを防ぐためのさまざまな仕組を紹介する。

　さらに，労働者と企業のマッチングの質が重要な場合には，良いマッチングを求めて転職が起こることを紹介する。最後に，勤続年数が伸びるに従って上昇する賃金を技能蓄積の結果と見るのか，マッチングの質が高い労働者の勤続年数が長くなった結果と見るのかを検証した実証分析の結果を紹介する。

1 日本の労働市場における技能形成

1.1 経験と技能蓄積

　仮に読者の皆さんが風邪を引いて近くの病院に行ったところ，診察に出てきた医者が20代半ばのまだ若い医者だったとしよう。このとき，皆さんは何か不安に感じるようなことはないだろうか。仮に不安を感じたとして，その要因は何だろうか。それは，医者が若く経験も浅くて技能が低いのではないかと疑

うからではないだろうか。同様に，美容院では時々カットモデルの募集がかかる。新人美容師の練習台になる代わりに格安で髪を切ってもらえるというものだ。これも，まだ経験の浅い美容師はそれほど上手に髪を切ることができないことを皆が知っているからこその話だろう。大学の教員としての筆者の経験を振り返ってみても，若いうちは熱意はあるものの，教え方はいまいちな部分があったのではないかと思う。学生が混乱するポイントがどこで，教員がどのように説明すればわかりやすくなるのか，といったことを知るためには，ある程度の経験が必要だからだ。NHK の人気番組に「プロフェッショナル 仕事の流儀」というさまざまな職業の高い技能を持った人々を紹介する番組があるが，だいたいの登場人物は 50 代以降で，多くの人が若い頃の失敗談とその後の奮闘を語る。小説家の中上健次氏も「熟練した労働者は遊ぶように仕事をする。労働を呼吸する。私も以前に羽田空港で貨物の積み降ろしをやっていたので，腕の熟練が自由を生み出すのは分かっていた。未熟練が不自由を，不満を作り出す」と述べている（『紀州 木の国・根の国物語』朝日新聞社，1978 年）。熟練の奥の深さに差はあれ，どのような職業でも経験を積むことによって技能を上げていくという側面があり，それが私たちの職業生活に彩りを添える。また，実利的にも技能の向上は所得増加につながり豊かな生活を実現してくれる。

　このように，仕事をしながらの技能の蓄積は非常に重要なものであるが，日本経済が 1990 年代前半以降低成長時代に入るなかで，いわゆる**非正社員**と呼ばれる，雇用が安定せず，賃金が低く，技能蓄積の機会に恵まれない労働者が増えてきており，これが日本の労働市場の抱える最も深刻な問題だととらえられるようになって久しい。この非正社員問題を正確にとらえるためには，まず非正社員とは何かを理解することが必要で，そのためには**正社員**とは何かを理解する必要がある。そして，正社員とは何かを理解するに当たってカギとなるのが「仕事をしながらの技能蓄積」である。

　労働者に意欲を持って技能蓄積を進めてもらうためには，技能蓄積へのインセンティブを刺激するさまざまな工夫が必要なのだが，そのさまざまな工夫が結実したものが日本の正社員制度だと言えよう。より具体的には，労働者に技能蓄積へのインセンティブを持たせるために，企業は労働者の技能と賃金をど

のようにリンクさせればよいかを考えながら，社内の人事管理制度や賃金制度を設計する。そしてその制度を，人事部と現場管理職が時に協力し，時に対立しながら運用する。企業が大きくなればなるほど人事管理制度や賃金制度は複雑化する傾向があり，その設計を誤れば労働者が離職してしまったり，やる気を失ってしまったり，適材適所の人材配置ができなくなったりして企業の利潤に大きな影響を与えるから，非常に繊細な設計が求められることになる。

　このように，一企業のなかで労働者を評価したり，部署間で配置転換したり，管理職に昇進させたり，昇給させたりしながら労働者を仕事に配分していく制度のことを，あたかも市場が人的資源を配分するかのように機能することに着目して，**内部労働市場**という。こうした企業内部の分析は，伝統的には経営学の一分野である人的資源管理論において，主として制度面の理解を深めながらさまざまな研究がなされてきたのだが，最近はそれらの制度が持つ合理性を経済学の視点から光を当てる研究がされるようになってきている。いわゆる**人事の経済学**と呼ばれる学問分野である。本章では，そのとくに重要な部分に焦点を当てて説明する。

1.2　2つの労働市場：外部と内部

　労働者が技能蓄積をするインセンティブを持つのは企業内部での昇進や昇給を目指しているからだけとは限らない。なかには転職を通じてより高い賃金やよりやりがいのある仕事に就こうと考えている労働者もいるだろう。よい転職をするためには今の企業とは別の企業からよい評価を得る必要があるから，これも技能蓄積をするためのインセンティブとして働く。転職を通じて企業間を労働者が移動し，そのなかで就く仕事の種類や賃金水準が決まる仕組みを**外部労働市場**という。

　日本の大企業に勤める労働者は比較的転職をしないため，内部労働市場を通じた技能形成が相対的に重要である一方で，アメリカのように労働者の転職が一般的な国々では外部労働市場を通じた技能形成が相対的に重要であると言える。もっとも日本の大企業でも雇用の流動化は徐々に進んできているし，アメリカでもチーム生産などの日本流の戦略的な人事管理制度を導入する企業もあ

る。そのため，内部労働市場と外部労働市場は現実的には明確に二分して考えられるものではなく，どちらの要素も含んでいると考えるのが現実であり，重要なのはそれぞれの重みが国によって異なるということである。また，日本でも中小企業に勤める労働者の転職は大企業に勤める労働者に比べると盛んなので，相対的には外部労働市場の機能が重要であると言え，企業規模も重要な役割を果たしていると言える（236 ページの **Column** ⑬も参照）。さらに，内部労働市場を形成する評価，職務配置のための人事管理制度，技能水準や仕事の種類に応じた賃金を支払う制度を設計する際には，外部労働市場の状況がそれぞれの企業にとって制約条件として働くことについても注意が必要である。たとえば，管理職への昇進をなるべく遅くすることで，社員間の競争を引き起こして労働者の生産性を上げさせようと企業が企図したとしよう。しかし，ほかの企業が若いうちから重要な仕事を任せて高い賃金を支払っているとすると，遅い昇進を導入している企業は優秀な若手をどんどん引き抜かれていってしまうことになる。そのため，各企業は自社の人事管理・賃金制度を設計するに当たっては外部労働市場の状況を制約として考える必要が出てくるのである。

このように，現実の労働市場は内部労働市場と外部労働市場に必ずしも明確に二分されているものではないのだが，以下では議論を単純にするためこれら2つの市場を分けて分析していく。

2 仕事に就いてからの技能形成

2.1 人的資本と投資

前章では学校教育を通じた技能（人的資本）形成について議論してきた。学校教育を通じた技能形成と並んで重要なのが，職に就いてからの技能形成である。学校を卒業したばかりの労働者は「使い物にならない」などと言われて，職場で先輩から厳しい指導を受けつつ職業人としての技能を磨いていくものとされている。もっとも，この技能を形成するためには職場の先輩の時間もとられるし，本人の時間もとられるため，一時的に職場の生産性が下がるという

形で費用が掛かる。そのため，職場でのトレーニングを通じて技能を蓄積することは，現在の費用を投じることで将来の生産性向上を図るという，投資としての側面が強い。前章でも述べたように，経済学では技能のことを**人的資本**と呼び，人的資本投資の決定がどのように行われるのかを，物的資本への投資の意思決定と同じように分析する。本章でも，その分析の枠組みに沿って解説する。

ここで重要なのは，人的資本投資の結果として身についた人的資本にどの程度の汎用性があるかということと，それに付随して人的資本投資に掛かる費用を誰が負担するかという問題である。今働いている会社で身につけた人的資本が他社に転職したときにも同じように評価される人的資本である場合，その人的資本を**一般的人的資本**，あるいは**一般的技能**という。このような場合には，投資をして身につけた人的資本は他社でも使えるため，労働市場を通じて流通することになる。その結果，労働市場における取引の結果として人的資本に対する対価は労働者に帰属することになる。なぜならば，仮に現在の勤務先企業が人的資本に見合った処遇を提供しない場合，人的資本に見合った処遇を提供する他社に労働者は転職をすることができるためである。また，仮に転職をしないとしても，その労働者を現在の勤務先企業が引き留めたいと考えるのであるならば，人的資本に見合った処遇を提供せざるをえないからである。このように，人的資本が一般的人的資本の場合，企業は労働者の生産性に見合った賃金を提供し結果として人的資本蓄積の便益は労働者に帰属する。そのため，人的資本投資に掛かる費用は労働者が負担することになる。

本章では，まずはじめに，このような一般的人的資本投資の意思決定がどのように行われるかを分析する。これはすなわち，外部労働市場における人的資本蓄積の分析である。

一方で，蓄積された人的資本が現在の企業でしか評価されない場合もある。たとえば，ある特定の製品をつくっている企業が1社のみあるとしよう。その製品をつくるための機械を操作する技能は，他社では同じ製品をつくっていないため他社では評価されない技能である。ホワイトカラーの仕事でも，現在の勤務先で培った社内の人間関係や取引先との人間関係は，仮に同業他社に転職した場合でも十分には活かされないということも考えられる。このように他

社に転職した場合には活かされない人的資本のことを**企業特殊的人的資本**，あるいは**企業特殊的技能**という。

　人的資本が企業特殊的である場合には，労働者が技能蓄積をしたとしても現在の勤務先が処遇を改善してくれるとは限らない。なぜならば勤務先企業は，技能蓄積をしたその労働者が他社に転職してもよい処遇を得ることができないことを知っているので，労働者の足元を見て，労働者の技能に見合った処遇を提示しない可能性があるためである。仮に労働者の足元を見て処遇を改善しないということが広範に行われるようになると，労働者は企業を信頼しなくなり，企業特殊的人的資本に対する投資を行わなくなる可能性がある。

　人的資本の例に限らず，現在の取引相手との関係が維持されている場合にのみ投資の結果が実現する投資のことを**関係特殊的投資**という。関係特殊的投資においては，投資が終わった後にその成果の取り分をめぐって争いが起こることが予想されるので，その争いを嫌う関係者がそもそも投資を行わなくなる可能性が高い。このように投資に関係特殊性があるときに，投資収益の取り分をめぐるトラブルを恐れて効率的な投資が行われなくなることを，**ホールドアップ**（hold-up）**問題**という。

　このような理論的な可能性があるにもかかわらず，多くの企業では企業特殊的な人的資本蓄積が起こっているように見える。とくに日本では，諸外国に比べてこのような投資が盛んになされているという指摘がある（Hashimoto and Raisian 1985）。いったいどのような工夫を行うことでホールドアップ問題を回避しているのだろうか。この点についても，以下で企業特殊的人的資本の蓄積について紹介する際に分析する。

　なお，技術的には一般的な技能であるとしても，その技能を労働市場の他の企業が正しく評価することができないとすると，ある労働者の技能に見合った賃金支払いを現在の勤務先はしてくれるとは限らない。たとえば，ある技術者が優秀で優れた製品をつくっているとしても，他社から見るとその技術者が優秀だからその企業が優れているのか，あるいはその企業の他の要因が優れた製品をもたらしているのかは容易に判別できないであろう。このような場合には，他の企業はその労働者に対して高い賃金を提示して転職の誘いをかけるとは限らない。そのため，現在の勤務先が労働者に対して生産性以下の賃金支

払いしかしないとしても，その労働者をつなぎ留めておくことができるのである。このとき，技能自体は技術的には一般的な技能であったとしても，人的資本は事実上企業特殊的になり，そのような技能投資に関してもホールドアップ問題が発生することになる。

つまり，労働者の持つ技能が特定の企業でのみ使えるという状況や，労働市場に情報の非対称性があって労働者の持つ技能の高さが他の企業には完全には伝わらないという状況では，人的資本は企業特殊的な傾向を持つことになる。企業特殊的な技能が存在するときに，これをどのように育成するのかは内部労働市場の諸制度に依存することになる。

2.2 一般的技能と企業特殊的技能

一般的技能とは，「今の勤め先以外の企業からも，その価値が正しく評価される技能」である。これは技能水準 h に対して，技能1単位当たりの価格 p を掛けた $ph = w$ が時間当たり賃金として支払われることを意味する。一般的技能については，無数の企業で使うことができる技能であるため，その取引は完全競争的な市場でなされることになり，技能1単位当たりの価格 p は完全競争市場において決定されることになる。

一方で，企業特殊的技能とは，「今の勤め先以外の企業では使えない技能や，他の企業では正しく評価してもらうことができない技能」のことである。これは，ある企業の生産技術が特殊で他社に転職するとその技能が使えなくなる技術的な理由による場合と，現在の雇い主以外は技能水準を正しく知ることができないので，持っている技能が正しく評価されないという労働市場における情報の非対称性が理由となる場合がある。

一般的な技能の場合には，労働者は技能の単位価格 p を所与のものとして，生涯所得を最大化するように技能蓄積の経路を決めていくことになる。いったん技能を蓄積すると，仮に今勤めている企業が将来自分の技能に見合った賃金を支払わないとしても，身につけた技能を活かして他の企業に転職することができるので，今の企業が将来，どのような賃金支払いをするのかといったことを心配することなく技能蓄積をすればいいことになる。その代わり，身につけ

た技能からの便益はすべて労働者に帰着するので，技能蓄積に掛かる費用についても労働者がすべて負担することになる。企業が一般的技能の蓄積に掛かる費用を負担しても，その投資の収益を将来回収することはできない。なぜならば，投資の収益を回収しようとすれば，生産性以下の賃金を提示する必要があるものの，そのようなことをすれば労働者が転職してしまうためである。

　一般的技能を議論する際には，技能はあらゆる企業で評価される技能であるため，特定企業での経験というよりも労働市場全般での経験が重要になる。そのため，労働市場でどれくらいの期間働いているかを示す**経験年数**が重要になる。その一方で，企業特殊的な技能を議論する際には特定企業での経験が技能の水準を決めるといっても差し支えない。そのため，特定企業での**勤続年数**が重要になる。以下では「経験年数」と「勤続年数」という言葉が出てくるが，場面に応じて使い分けられているので注意してほしい。

2.3　一般的技能の蓄積と賃金

　労働市場経験年数（学卒後の年数）と時間当たり賃金の自然対数値の関係を描いた**賃金プロファイル**は，図 8.1 のように右上がりとなっているのが一般的だが，その増加率は逓減していく形となっている。このことは，若いうちには技能蓄積が盛んになされ，それに伴い賃金が増加するが，技能蓄積の度合いが徐々に低下していくということを示唆している。このように，若いうちに技能蓄積を盛んに行い，年齢を重ねるに従って技能蓄積の速度が緩やかになることは，2 つの理由によって説明できる。

　まずは計画期間の問題である。年齢を重ねると引退の年齢が近づくので技能蓄積という人的資本投資を行っても，その投資の収益を回収できる期間が短くなるので，技能蓄積の速度は鈍る。次に，技能蓄積のための機会費用が上がることが挙げられる。技能蓄積のためには労働者が自分自身の時間を使って新たな技能を学ばなければならない。その時間当たりの機会費用は高い技能水準を持っている労働者にとっては高いものとなる。よって，すでに技能蓄積を行ってきた高年齢の労働者は技能蓄積の機会費用が高いので技能蓄積の速度を緩めることになる。

図 8.1 典型的な賃金プロファイル

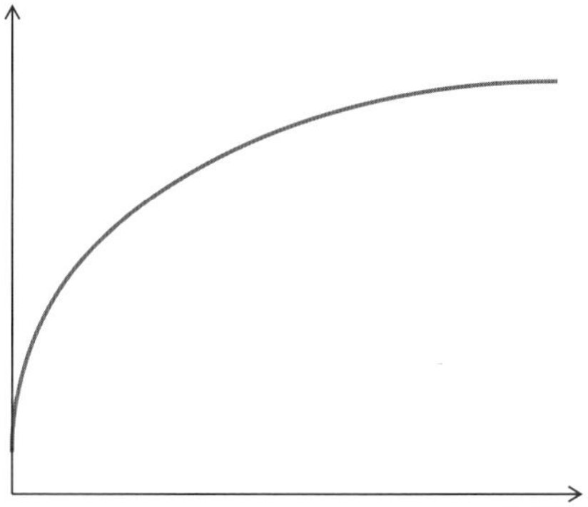

時間当たり賃金の自然対数値

労働市場経験年数

　以上の点を理論モデルを使って検証していくが，ここでは複雑な問題を思い
きって抽象化することで問題の本質を浮き彫りにさせよう。まず，労働者は 3
期間にわたって働くと考える。たとえば，学校卒業後の 20〜34 歳，働き盛り
の 35〜49 歳，職業人生後半の 50〜65 歳の 3 期間を考えると現実と近くなる
だろう。ここでは 66 歳以上は引退して働かないものとして，この高齢者層に
属する人々は働いている期間の貯蓄を取り崩して日々の生活費を賄っていると
考えよう。一般的に経済学のモデルにおいて家計が最大化するのは，消費水準
によって決まる効用最大化であって，生涯所得を最大化するわけではない。た
だし，労働者が**流動性制約**に直面していない状況，すなわち将来の所得を担保
にして借り入れができる状態だとすれば，どれだけ消費するかと，どのように
働くのかは独立の問題になるので，労働者は生涯所得の現在割引価値を最大化
するように行動することになる。

　労働者は各期に 1 単位の時間を持ち，その時間を労働時間と技能蓄積時間
(訓練時間) に割り振るとする。この労働者は生涯賃金の最大化を目的に，各期
の技能蓄積時間の配分を行う。その際に 1 期先の賃金を $\beta = 1/(1+\rho)$ で割り
引くものとする。ここで β は割引因子，ρ は割引率である。先の例では 1 期間
は 15 年前後であったため，仮に年当たりの割引率が 5% であったとしても複
利で運用するとなると 15 年間の割引率は $1.05^{15} \approx 2.08$ であり，15 年間の割
引因子は $(1/1.05)^{15} = 0.48$ となる。1 期間が 15 年ともなると，5% の割引率

で考えても，次の期間の所得は現在価値に割り引くと半額以下になってしまうのである。

　さて，この労働者が生涯所得の現在割引価値を最大化する問題を考えよう。生涯賃金の現在割引価値は，第 1 期の賃金を w_1，第 2 期の賃金を w_2，第 3 期の賃金を w_3 とすると，

$$w_1 + \beta w_2 + \beta^2 w_3 \tag{8.1}$$

と与えられる。

　各期間の賃金は，人的資本量 h_t と労働時間の積で決まる。労働時間は毎期与えられた 1 単位の時間から技能蓄積に充てる時間 n_t $(0 \leq n_t \leq 1)$ を引いたもので定義される。また，技能の価格は毎期 $p_t = 1$ であるとすると，毎期の賃金は，

$$w_t = (1 - n_t)h_t \tag{8.2}$$

で与えられる。この式は，労働者が各期間に受け取る賃金は，各期間の生産性と等しくなることを示している。なぜならば，仮に企業が生産性以下の賃金を支払おうとすると，一般的技能を持った労働者は生産性に見合った賃金を支払う企業に転職するからである。また企業は，生産性以上の賃金支払いをすると赤字になるので，生産性以上の賃金支払いを行うインセンティブを持たない。

　また，技能水準の変化については，次期の技能水準が今期の技能水準に加えて，今期に追加的に得られる技能を足したものだとする。すなわち，今期に追加的に得られる技能は，以下のように仮定する。

$$\Delta h_{t+1} = h_{t+1} - h_t = (n_t h_t)^{\alpha}, \quad 0 \leq \alpha \leq 1$$

　これは，現在の技能水準が同じならば，より長い時間 n_t を使えば追加的に得られる技能が増えるという仮定である。また同じ時間を人的資本蓄積に使ったとき，追加的に得られる技能は，現在の技能水準 h_t が高ければ高いほど増える，ということも意味している。ここで，t 期が始まったときに労働者は技能の水準は与えられたものとして行動するが，人的資本蓄積に使う時間 n_t を変化させることで $t + 1$ 期の技能水準を変化させることはできる。すなわち，

技能水準 h_t はストック変数であり，短期的には変化させることができない。このような変数のことを**状態変数**という。また，技能水準のような状態変数がどのように移り変わっていくかを表す式を**遷移式**という。技能水準の遷移式は，

$$h_{t+1} = h_t + (n_t h_t)^\alpha \tag{8.3}$$

と表されることになる。これは技能蓄積に使う時間を増やすと追加的な技能が生産されることを示しており，さらに，現在の技能水準が高いと同じ技能蓄積の時間を使っても，より効率的に追加的な技能蓄積を行えることを表現している。一方で，$0 \leq \alpha \leq 1$ という仮定より，技能蓄積への投入が増えると，その限界生産性が逓減していくことも仮定されている。この限界生産性が逓減していくという仮定を置かないと，第 1 期に集中的に技能蓄積をしようという傾向が強まることになる。

　問題の定式化は，ここまでで終えることができた。次に，実際にこの問題を解いていくことにしよう。労働者は各期の技能蓄積に充てる時間 n_1，n_2，n_3 を選び，生涯賃金の現在割引価値を最大化する。この問題を直接解く方法もあるが，1 期ごとに労働者が各期の n_t を選ぶような状況を想定しながら問題を解いていこう。

　まず思いつくであろう問題の解き方は，第 1 期の問題，第 2 期の問題，第 3 期の問題の順番に解いていくことであるが，実はこの方法はうまくいかない。問題を注意深く見ると，第 1 期にどれだけ技能蓄積をするかは，第 2 期以降に備えて人的資本を蓄積することの価値がどれくらいあるかに依存している。しかし，第 2 期に一定水準の人的資本を蓄積することがどの程度の価値を持つかは第 2 期にどのように問題を解くかに依存してしまう。そのため，第 2 期の問題を解くために第 2 期の最適技能蓄積時間を求めようとすると，第 3 期に人的資本を持ち越すことがどれくらいの価値を持つかが重要になってくる。このように考えると，時間の流れの順に第 1 期から，第 2 期，そして第 3 期の問題を解くという方法はうまくいかないことがわかる。

　そこで発想を逆転させて，第 3 期から順番に問題を解いていったらどうだろうか。第 4 期は引退していると想定しているため，ここの議論では第 3 期

には次の期がないので次の期を考慮する必要がない。そのため，第3期の技能水準 h_3 を所与のものとして考えれば，第3期の問題は，その期だけで完結する問題として解くことができるのである。そのため，第3期から問題を解いていこう。

第3期の問題は，

$$\max_{n_3} (1 - n_3)h_3, \quad \text{ただし } h_3 \text{は所与とする} \tag{8.4}$$

と表すことができる。この問題の解は，$n_3^* = 0$ である。つまり，この労働者は次の期には引退することがわかっているので，技能蓄積を行うインセンティブを持たないのである。

さて，第3期の問題は解くことができた。次に，第2期の問題を解こうと考えると，第2期にどれだけ技能蓄積をするのがいいのかという問題になる。第2期に技能蓄積をすると第2期の賃金は減ってしまうが，第3期により高い人的資本を持つことができる。ここにトレードオフが発生するわけであるが，技能蓄積をすることの限界費用は賃金を失うことであり，明確である。その一方で，第2期に人的資本蓄積を行って，第3期に高い水準の人的資本を持つことがどれだけの価値を持つかは自明ではない。そこで，第3期に人的資本 h_3 を持つことが，どれだけの金銭的価値を持つかを**価値関数**という概念を使って表すことを考えよう。この価値関数は，h_3 を持った労働者が最も良い選択をしたときにどれだけ第3期に所得を得ることができるかを表す。そのため，第3期の解である $n_3^* = 0$ を目的関数に代入して，第3期に技能水準 h_3 を持つことの価値を得ることにする。第3期の解である $n_3^* = 0$ を目的関数に代入すると，価値関数 $v_3(h_3) = (1 - n_3^*)h_3 = (1 - 0)h_3 = h_3$ を得る。第3期に h_3 の人的資本を持っているということは，その価値が h_3 に相当するということである。これは，第3期にはまったく技能蓄積をしないので，h_3 の賃金を得ることができるという意味である。

これを受けて第2期の問題は，技能蓄積をすると第2期の賃金は下がるが，第3期の賃金が上がるというトレードオフを考えながら，生涯所得を最大化する技能蓄積水準を決めることになる。この問題は，

$$\max_{n_2} (1 - n_2)h_2 + \beta v_3(h_3)$$

$$\text{s.t. } h_3 = h_2 + (n_2 h_2)^{\alpha}, \quad \text{ただし } h_2 \text{ は所与とする} \tag{8.5}$$

と定式化できることになる。第 2 期には n_2 を増やすと賃金が減ってしまう一方で，第 3 期には高い人的資本を持ち越すことができてその人的資本が $\beta v_3(h_3)$ の価値を持つというトレードオフが発生していることがわかる。ここで，第 2 期から見て第 3 期は次の期にあたるため，割引因子 β で割り引かれている点に注意が必要である。

第 3 期の問題を解くことによって得られた価値関数 $v_3(h_3) = h_3$ と制約を上記の目的関数に代入すると，目的関数は $(1 - n_2)h_2 + \beta(h_2 + (n_2 h_2)^{\alpha})$ となるが，これを n_2 で偏微分して 0 と置くことで，最大化の 1 階条件を求めることができる。これを解くと，

$$n_2^* = h_2^{-1}(\alpha\beta)^{\frac{1}{1-\alpha}} \tag{8.6}$$

を得ることができる。

この表現から，第 2 期の人的資本投資に使う時間 n_2^* は，第 2 期の期首における人的資本量 h_2 が高いと減少することがわかる。これは人的資本蓄積に使う時間の機会費用が高いと，人的資本蓄積に使う時間が減少することを示している。一方で，$0 < \alpha < 1$ より $1/(1 - \alpha) > 0$ であるため，β が増加すると人的資本蓄積に使う時間が長くなることがわかる。これは，将来のことをより重視する労働者のほうが人的資本蓄積をより熱心に行うことを示している。人的資本蓄積が将来への投資活動であることを考えると納得のいく結果である。

それではもとの問題に戻って，第 2 期の解をふまえて次に第 1 期の問題を解こう。第 1 期の問題は技能蓄積の時間を増やすと賃金が減る一方で，第 2 期の人的資本が増えるというトレードオフをうまくバランスさせることである。この問題を解くためには，第 2 期に人的資本 h_2 を持ち越すことがどれだけの価値を持つかを知る必要がある。これがすなわち第 2 期の価値関数 $v_2(h_2)$ である。第 2 期の価値関数は，第 2 期の解 $n_2^* = h_2^{-1}(\alpha\beta)^{\frac{1}{1-\alpha}}$ を目的関数 $(1 - n_2)h_2 + \beta(h_2 + (n_2 h_2)^{\alpha})$ に代入することで得ることができる。これを計算すると，

$$v_2(h_2) = (1 + \beta)h_2 + c \tag{8.7}$$

を求めることができる。ただし $c = -(\alpha\beta)^{\frac{1}{1-\alpha}} + \beta(\alpha\beta)^{\frac{\alpha}{1-\alpha}}$ である。

これで，第 1 期の問題を解くための準備ができた。第 1 期の問題は，

$$\max_{n_1} (1 - n_1)h_1 + \beta v_2(h_2)$$

$$\text{s.t. } h_2 = h_1 + (n_1 h_1)^{\alpha}, \quad \text{ただし } h_1 \text{ は所与とする} \tag{8.8}$$

を解くことである。ここで $v_2(h_2) = (1+\beta)h_2 + c$ と遷移式 $h_2 = h_1 + (n_1 h_1)^{\alpha}$ を代入すると目的関数は $(1 - n_1)h_1 + \beta(1 + \beta)(h_1 + (n_1 h_1)^{\alpha}) + \beta c$ となる。この表現を n_1 で微分して 0 と置くことより，

$$n_1^* = h_1^{-1}(\alpha\beta)^{\frac{1}{1-\alpha}}(1 + \beta)^{\frac{1}{1-\alpha}} \tag{8.9}$$

を得ることができる。

この解を第 2 期の技能蓄積時間 $n_2^* = h_2^{-1}(\alpha\beta)^{\frac{1}{1-\alpha}}$ と比べてみると，$h_2 > h_1$ と $(1 + \beta)^{\frac{1}{1-\alpha}} > 1$ より，$n_1^* > n_2^*$ であることがわかる。これは，第 1 期のほうが第 2 期より技能蓄積の機会費用が低いこと（$h_1 < h_2$）と先が長いこと（$(1 + \beta)^{\frac{1}{1-\alpha}} > 1$）より，技能蓄積がより旺盛に行われることを示している。さらに $n_3^* = 0$ で第 3 期に技能蓄積が行われなかったことを思い起こすと，技能蓄積に費やす時間は，人生の後になればなるほど小さくなっていくことを確認することができる。この技能蓄積の衰えが，経験年数の増加に伴って賃金の上昇率が減って，賃金カーブが平担化する理由である。

各期の賃金は $w_t = (1 - n_t)h_t$ で与えられている。人的資本蓄積によって h_t は増えていくから賃金は上がっていく。同時に時間が経つに従って，人的資本蓄積に費やす時間 n_t は減少していくため，これによっても賃金は上昇していく。この 2 つの効果が相まって，経験年数が蓄積されるに従って賃金は上昇していく。ただし，先に述べたように人的資本蓄積のスピードはだんだんと弱まるため，賃金上昇のペースも落ちていくことになる。よって，この理論モデルによって「経験年数が長くなるに従って賃金が上がるが，その傾きは緩やかになっていく」というデータで観察される賃金プロファイルを，人的資本蓄積の理論からうまく説明できることが明らかになった。

2.4　企業特殊的技能の蓄積と賃金

　技能が企業特殊的な場合でも，技能蓄積が終わった後の労働者の生産性は上がる。しかし，その技能は他の企業では利用できないので，その技能に見合った賃金を他の企業は提示しない。他の企業に転職するとなると，技能蓄積が必要とされない仕事において得られる賃金しか得られないことになる。そのため，すでに雇っている企業は企業特殊的な人的資本を蓄積した労働者に対しては，他の企業に転職した場合に得られる賃金と同じ水準だけ賃金を提示すれば，その労働者を働き続けさせることができる。このことから，労働者が企業特殊的技能の蓄積に励んでも，その努力が報われず，賃金を上げてもらえないということが起こる可能性があるのである。そのような可能性について合理的に予想する労働者は，企業特殊的技能の蓄積に対して投資を行うことはない。このように投資に関係特殊性があるときには，事後的にどちらかの主体が裏切る可能性があるため，投資自体が起こらなくなる可能性がある。このような問題が，先にも触れたホールドアップ問題である。

　ホールドアップ問題を解決し，企業特殊的な人的資本投資を実現させるための1つの解決策は，企業特殊的人的資本の投資が終わった後の賃金について強制力がある**契約**を結ぶことである。図8.2に示すように，人的資本投資が終了した後の期の賃金を，技能蓄積したときの生産性よりは低く，他の会社に転職したときの生産性よりは高い水準に設定して契約を結べば，企業は生産性と賃金との差額を手にすることができるし，労働者は賃金と他社での生産性との差額を手にすることができる。このような賃金契約を結べば，企業は労働者を解雇するインセンティブを持たないし，労働者も転職するインセンティブを持たない。結果として，仮に解雇や転職が自由であったとしても，実際には解雇や転職は起こらないことになる。

　この例においては，企業特殊的な技能に対する投資が労働者と企業の**共同投資**の形をとることになる。つまり，投資終了後の賃金は，投資をしなかった場合の生産性を上回っているため，労働者は投資の収益の一部を手に入れていることになる。一方で，企業の立場で見てみると，賃金は投資終了後の生産性を下回っているため，企業も投資の収益の一部を手に入れていることになる。こ

図 8.2　企業特殊的技能に対する労働者と企業の共同投資

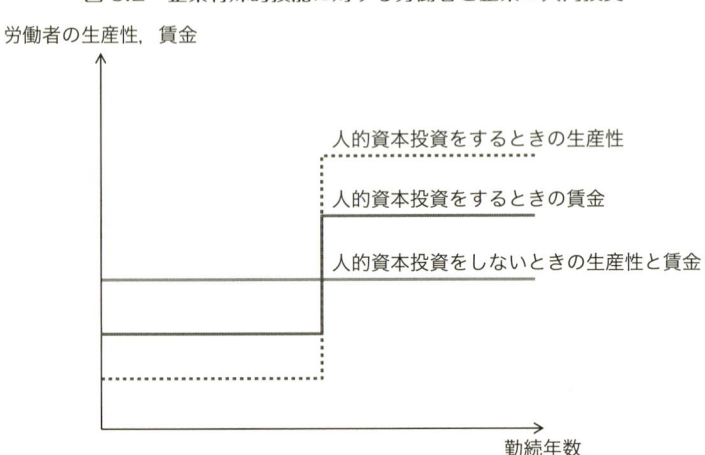

労働者の生産性，賃金

人的資本投資をするときの生産性

人的資本投資をするときの賃金

人的資本投資をしないときの生産性と賃金

勤続年数

　のように投資収益が分けられていることに応じて，投資費用も労働者と企業でともに分担されることになる。投資期間中の賃金は，図 8.2 に示すように技能投資をしなかったときの生産性を下回るものの，投資期間中の生産性よりは上回ることになる。技能投資をしなかったときの生産性と投資期間中の賃金の差額が労働者による投資費用の負担分であり，投資期間中の賃金と投資期間中の生産性の差額が企業による投資費用の負担分となる。

　このように，企業特殊的な人的資本投資が終わった後の賃金水準について明確な契約を事前に結ぶことができるならば，企業と労働者が投資の費用と収益を分け合う形で共同投資が起きる。

　上の議論では，企業特殊的技能への投資が終了した後の賃金水準についての契約を事前に結ぶことができて，さらに裁判所によってその契約の執行が強制される状況を考えた。しかし現実問題として，技能蓄積の期間は 5 年，10 年という長期にわたることが多く，企業特殊的な技能が蓄積されていれば契約した賃金を支払うという契約の執行を裁判所に強制してもらうことは難しい。そのため，字義通りに長期の契約が結ばれてその契約が履行されるというよりは，企業特殊的技能の蓄積を行えば約束した賃金が支払われるという状況を，企業は人事制度を工夫することによってつくっていると考えるのが現実的である。

　日本の大企業では労働者に能力ごとの職能資格を定めて，その職能資格に応じた賃金支払いをしているケースが多い。このような賃金支払いを**職能給**という。また，職能資格のほかに仕事上の役割に対応する係長や課長といった役職もあり，賃金は役職にも依存する。勤続年数の長い労働者の一定数を，その能力に応じて上位の資格や職に昇進させ，それに伴って昇給させることを労働者に約束すれば，企業特殊的な技能蓄積へのインセンティブを担保することができる。

　Araki et al. (2016) は日本の大手製造業 2 社の人事データを用いて職能資格の昇格がどのように決まるかを分析したが，どちらの会社でも入社直後にはどの大学を出ているかという学歴が重要であるものの，時が経つにつれてその重要性が低下していき，毎年行われる上司からの評価が重要性を増してくることを明らかにした。

　職能資格制度とそれにリンクした賃金支払いを行うメリットは，労働者の今従事している仕事に対してではなく，能力に対する賃金支払いを実現できるため，たとえば本社から地方の事業所など，労働者の仕事の種類や勤務地を変えた場合にも大幅な賃金変更をする必要がなく，長期的な視点に立って労働者の職種や勤務地の配置を考え，人材育成ができる点にあるとされている。一方で，職能資格制度のもとで，職能資格の認定に当たっては各労働者の評価が難しいこともあり，勤続年数などの年功的な要素を重視して運用するケースもあるとされ，年齢で給与が決まる年齢給制度などの存在も相まって，勤続年数とともにほぼ自動的に給与が上がってしまうことが，職能資格制度のデメリットとして指摘されることもある。そのため，職能資格給はその重要性を低下させつつあり，労働者の役割に応じて賃金を支払う「役割給」が普及しつつあると指摘されている（石田・樋口 2009）。職能資格給の重要性低下は，経済全体の成長率が下がり，企業特殊的な技能の重要性が低下したことの現れである，とも解釈できるだろう。

　このほか，労働者の仕事の内容に応じて賃金を支払う**職務給**と呼ばれる制度もあり，仕事内容と賃金がほぼ対応する形となっている。非正社員の賃金はこの職務給で決まっているケースが多く，その水準は労働市場の相場の賃金となることが多い。つまり，正社員には内部労働市場の論理による職能資格給で

Column ⑪　企業特殊的技能とボーナス

 多くの企業では年に2回，夏と年末に月例給与とは別に ボーナス（賞与）が支給される。ニュースなどでも，サラ リーマンが業績との関係でボーナスの増減に一喜一憂する といったシーンは頻繁に見られる。企業の業績に応じて支給 金額が上下動するボーナス。毎月ほぼ一定の金額が支給され る通常の給与とは対照的である。なぜ企業は，ボーナスという可変的な支払い 形態を用いるのだろうか。

外国に目を転じてみると，日本のようにブルーカラー労働者にまで広くボー ナス制度がいきわたっていて，年収に占めるボーナスの比率が高い国はめずら しいようである。このユニークなボーナス支払いが，なぜ日本で普及したのか について，労働経済学者はさまざまな説明を試みてきた。

数ある仮説のなかで説得力があると思われるのが Hashimoto (1979) によっ て提唱された仮説である。彼はボーナスとは，企業特殊的技能に対する支払い だと考えた。技能が企業特殊性を持つとき，その企業が倒産してしまうと，そ の技能は価値を失ってしまう。そのため，2008年の金融危機後のような難局 が企業を襲った際には，労働者も企業も双方が我慢することで難局をしのぎ たい。賃下げ余地を残すための制度的な工夫がボーナス制度だというわけである。

企業特殊的技能は若年者よりも中高齢者に蓄積されていると考えられるが， 年収に占めるボーナス比率は年齢とともに上がっていく。また，企業特殊的技 能からの収益を回収するためには企業が長期にわたり存続するという期待が 重要なので，とくに大企業において企業特殊的技能の重要性が高いとされてい る。ボーナス比率は企業規模に比例しているので，これも仮説と整合的である。

年収に占めるボーナス比率を見てみると，男性労働者の間では1981年から 1998年まで22%前後で安定していたが，その後，ほぼ単調に減少し2013年に は17.6%になっている（厚生労働省「賃金構造基本統計調査」）。Hashimoto (1979) による仮説を前提に考えれば，企業特殊的技能の重要性低下が長期的に 起こっていると見ることができる。非正社員の増加，平均勤続年数の短期化， 賃金カーブの平坦化と並んで，現在の日本の労働市場が長期的な変化のまった だ中にいることの証左といえよう。

給与を支払い，非正社員には外部労働市場の論理による職務給で賃金を支払っ ているというのが多くの日本の企業の実態である。このように，正社員と非正 社員で違う賃金体系が当てはめられていることは，正社員には企業特殊的技能

の蓄積を期待し，非正社員にはそれを期待しないという人事管理制度の違いが横たわっていると考えられる。しかし，このことが正社員と非正社員の賃金格差，とくに，ともに勤続年数が長い正社員と非正社員の間の賃金格差を生むことにつながっており，「同一労働・同一賃金」の導入に向けた政策提案がなされる背景となっている。

　職能資格制度を通じて，企業が労働者に待遇に関する長期的な約束をするというとき，カギになるのは個々の労働者に対して昇進は約束しないものの，一定数の労働者の昇進は約束するという全体の枠に関しての約束になっている点である。これは契約書などの形で明示的に交わされる約束というよりも，むしろ**暗黙の契約**になっている場合が多い。問題は，上位ポストの全体枠に関する企業の労働者に対する暗黙の契約が守られているかどうかを，どのように監視するかということである。個々の労働者が全体枠のことを調査することは難しいうえに，1 人が信頼のおける調査をすればその結果は労働者全体で共有できる，という公共財的な性質があるため，結局誰もそのような調査を行わないことになりがちである。企業が労働者に対して行った暗黙の契約を守っているのかどうかがわからなければ，信頼関係も成立しない。

　「企業が労働者に対して行った暗黙の契約を守っているかどうかを監視することが難しい」というこの問題を解消するための仕組みが，**企業別労働組合**であるという見方がある。日本の大企業の多くには，ホワイトカラーの労働者もブルーカラーの労働者も，ともに参加する企業別に組織された労働組合がある。この労働組合が，企業全体の人事制度や賃金制度について情報収集をして労働者と共有すれば，企業の行動についての監視という公共財が供給されることになる。日本の大企業では，労働組合の幹部がその後企業の中核的な人材となることが多く，企業と労働組合が馴れ合っているといった批判もあるが，企業特殊的な技能形成を促進することにメリットを感じる企業が，労働組合に対して積極的に情報共有を持ちかけて信頼関係を維持しようと努力している結果であるとみなすこともできる。企業別労働組合を基盤とした良好な労使関係は，1950 年代半ばから 1960 年代にかけての高度成長を支えたとも指摘されている。欧米先進国へのキャッチアップの過程で，企業特殊的な技能形成が重要であったことが，企業別組合の隆盛をもたらしたとも言えよう。したがっ

て，近年の労働組合運動の重要性の低下は，低成長環境での企業特殊的な技能形成の重要性が低下したことも原因の1つと言えそうだ。

3 長期の暗黙的な契約が守られるメカニズム

3.1 企業の評判と労働者との繰り返しゲーム

企業別労働組合が企業が暗黙の契約を守っていないことを発見したとしよう。あるいは労働組合がない企業であっても，企業が暗黙に約束していた処遇を与えず待遇の引き下げを行っていることが明白だったとしよう。しかしこの場合，明確な契約違反というわけではないため，労働組合や労働者が企業の契約違反を裁判所に訴え出ることは難しい。企業特殊的な技能を蓄積しているものの，転職で武器になる一般的技能の水準が低いベテラン労働者は転職に訴えることもできず，泣き寝入りとなってしまう可能性も高い。企業にしてみれば，高い企業特殊的な技能を持った労働者を，暗黙のうちに約束していた賃金よりも低い賃金で雇えるならば，利潤を増やすチャンスである。よって，企業の視点で見ると，暗黙の契約をして若い労働者を企業特殊的な技能蓄積に駆り立てておいて，労働者が技能蓄積を終えたときには，約束の待遇を与えず利潤を増やす，という行動をとる誘惑がある。「はしごをかけて外す」という表現がぴったりの状況だ。このような状況が蔓延してしまえば，労働者は企業との将来の約束を信じず，誰も企業特殊的な人的資本投資をしなくなるという悪い均衡が実現されてしまう可能性がある。

この企業の裏切り行為を抑制するメカニズムが，**評判**の形成を通じたメカニズムである。企業は暗黙の契約を守らないことによって，企業特殊的技能を持った労働者を低い賃金で雇用することができるので，一時的に高い利潤を上げることができる。しかし，企業がはしごを外したことが外部の労働者などに伝われば，その企業は評判を失い，その後は労働者と暗黙の契約をすることができなくなる。とすると，企業は労働者と暗黙の契約をすることで得ていた利得を得ることができなくなってしまう。この状況において，企業は労働者との暗

黙の契約を守ろうとするだろうか。

　それでは，企業が労働者と結んだ暗黙の契約を守るのはどのようなときかを検討しよう。企業が企業特殊的な人的資本の蓄積と引き換えに，中高年に約束通りの賃金を支払い，労働者と長期的な協調関係を築くときの利潤を π_c としよう（c は協力，cooperation の頭文字）。一方で，労働者を裏切ったときの短期的な利潤を π_r としよう（r は〔約束などを〕破る，renege の頭文字），そしてその後の，労働者との協調関係が壊れた後の利潤を π_n としよう（n は non-cooperation，非協力の頭文字）。

　ここで，$\pi_n < \pi_c < \pi_r$ という関係が成立するとしよう。これは長期的な信頼関係が成立しているとき，企業が労働者を裏切って得られる1期限りの利潤が長期的に得られる利潤よりも高いこと（$\pi_c < \pi_r$）と，長期的な信頼関係が成立しているときに得られる利潤が信頼関係が成立していないときの利潤よりも高いこと（$\pi_n < \pi_c$）を意味している。得られる利潤がまた将来の利潤は割り引かれるものとして，1期先の利潤は $0 < \delta < 1$ で割り引かれるものだとしよう。割引因子 δ は1に近いほど企業が将来の利潤を重視していることを意味する。また，企業は永遠に存在し続けるものとする。このとき，企業が労働者を裏切らずに協調関係を維持した場合の利潤の現在割引価値は，

$$\pi_c + \delta\pi_c + \delta^2\pi_c + \cdots = \pi_c \sum_{k=0}^{\infty} \delta^k = \frac{\pi_c}{1-\delta} \tag{8.10}$$

で表される。一方で，企業が裏切って今期だけ高い利潤を上げてその後で得られる利潤は，労働者との協調的な関係が壊れたときの利潤の現在割引価値

$$\pi_r + \delta\pi_n + \delta^2\pi_n + \cdots = \pi_r + \pi_n \sum_{k=0}^{\infty} \delta^k = \pi_r + \frac{\delta\pi_n}{1-\delta} \tag{8.11}$$

となる。よって企業が裏切らないための条件は，

$$\pi_r + \frac{\delta\pi_n}{1-\delta} < \frac{\pi_c}{1-\delta} \tag{8.12}$$

となる。これを変形すると，

$$\frac{\pi_r - \pi_c}{\pi_r - \pi_n} < \delta \tag{8.13}$$

が得られる。企業が労働者を裏切ったときの利潤（π_r）は，協力関係にあるときの利潤（π_c）や非協力関係にあるときの利潤（π_n）よりも高いため，左辺の分子と分母はともに正の値である。また，協力関係にあるときの利潤（π_c）のほうが非協力関係にあるときの利潤（π_n）よりも高いことより，$\pi_r - \pi_c < \pi_r - \pi_n$ が言える。そのため，左辺の $(\pi_r - \pi_c)/(\pi_r - \pi_n)$ は 0 と 1 の間の値をとり，協力関係にあるときの利潤（π_c）と非協力関係にあるときの利潤（π_n）の差が大きいほど 0 に近づき，2 つの値が近いほど 1 に近づく。また，右辺の δ は割引因子であるため 0 と 1 の間の値をとり，企業が将来の利潤を重視するときほど 1 に近づく。

　以上の議論は次のようにまとめることができる。

(1) 企業と労働者が長期的な協調関係を維持するときの利潤が，そうしないときの利潤に比べて大きい。
(2) 企業が将来の利潤を重視するため割引因子 δ が十分に大きい。

　このときに，評判のメカニズムを通じて企業と労働者の間の協調関係が維持されることになる。どの程度，企業が将来の利潤を重視すればいいか，すなわち割引因子がどれだけ大きければ，協調関係が維持されるかは一概には言えない。企業が労働者を裏切ったときに得られる 1 回限りの利潤 $\pi_r - \pi_c$ が大きければ大きいほど割引因子が 1 に近い必要があり，その利潤がそれほど大きくなければ割引因子は小さくてもかまわないためだ。いずれにせよ，企業特殊的な人的資本の価値が低くなって，企業と労働者が協調関係を保つことのメリットが薄くなったり，企業が直近の利潤を重視するようになったりすると評判のメカニズムを通じた労使協調は成立しにくくなる。

　日本では 1990 年代初頭を境にして 1 人当たり GDP の成長率が鈍化した。このようなマクロ経済環境の変化は，企業特殊的な人的資本の収益率を低下させたと考えることができる。また，日本の大企業の株式はかつては株式の持ち合いなどを通じて長期的に保有されていたものの，外国人投資家が日本の上

場会社の株を保有するようになり，短期的な利益を重視するようになってきたという指摘もある。これらのマクロ経済環境やコーポレート・ガバナンス構造の変化は，企業特殊的人的資本の収益率の低下や企業の割引因子の低下を通じて，長期的な労使協調を難しくする方向に作用していると考えられる。

3.2 昇進と賃金のリンク

　本節では，ここまで企業が将来の評判を考えて労働者との約束を反故にせず，ホールドアップ問題を回避することが潜在的には可能であることを論じてきた。この長期的な評判形成のメカニズムを使わずとも，ホールドアップ問題を回避しつつ企業特殊的な人的資本形成を可能にするような仕組みがありうることを指摘したのが，Prendergast（1993）である。彼は職場のなかの「仕事（job）」という概念を明確に持ち込んで議論を展開している。ここで，人的資本は企業特殊的で，その水準は企業と労働者双方にとって**観察可能**（observable）かもしれないが，裁判所など第三者が調べることができないという意味で**立証可能**（verifiable）ではないという状況を考える。人的資本の蓄積水準が立証可能ではないため，人的資本水準に応じた賃金契約を書いたとしてもその契約は履行されないおそれがある。そのため，企業は人的資本投資を終えて高い技能を身につけた労働者に低い賃金しか提示しない可能性が発生し，その可能性を見越して労働者が技能投資をしないというホールドアップ問題が生じるおそれが出てくる。しかし，仕事と賃金の対応関係を示した賃金表などを使って仕事と賃金の関係について明示し，その賃金表の通りに賃金が支払われているかどうかについては立証可能だという状況であれば，ホールドアップ問題の発生を未然に防げる場合もあるというのが彼の主張である。以下では，その議論を論文のイントロダクションで使われている簡単な例を使って紹介しよう。

　モデルは，労働者と企業が1期間だけ存在する静学モデルである。そして企業には，簡単な仕事と難しい仕事の2種類があるとする。簡単な仕事を E とし，難しい仕事を D と表記する。労働者は技能蓄積をするかしないかを決める。技能蓄積をするかどうかを変数 s で表し，この変数は訓練に参加して技能蓄積をするとき $s=1$，技能蓄積をしないとき $s=0$ をとる。技能蓄積をす

Column ⑫ 日本型雇用慣行

日本の企業に特徴的な雇用慣行は，欧米の雇用慣行と対比され**日本型雇用慣行**と呼ばれてきた。日本型雇用慣行とは

- 労働者の 1 つの企業への長期勤続（終身雇用）
- 職能資格制度による賃金体系（年功賃金）
- 企業別労働組合

という 3 つの点で特徴づけられる雇用慣行であり，大企業に勤める男性正社員に主に適用されてきた雇用慣行である。日本型雇用慣行の 3 つの特徴はそれぞれが補完的に作用して，企業特殊的人的資本の蓄積を促進してきたと考えることができる。日本型雇用慣行は 20 世紀前半からその原型が徐々に形づくられてきたと考えられており，1930 年代前半の恐慌期をも乗り越え，戦時統制経済体制のなかでさらに強化され，高度成長期にその重要性を最も増していったと考えられている。その後日本の経済成長率が徐々に低下し，企業特殊的技能がその重要性を徐々に低下させるなかで，日本型雇用慣行は少しずつその重要性を低下させている。

大企業で働いているものの日本型雇用慣行のなかに取り込まれずに働く非正社員の増加は，その典型的な証拠であるといえる。非正社員は雇用が不安定で，賃金が低く，さらに技能蓄積機会が限られていて長期的に賃金が上がらないなどの特性があり，その増加が社会的に問題視されている。一般に正社員と非正社員の分類は，

るためには労働者による努力が必要であり，この努力をするために，労働者は貨幣単位にして c の心理的な費用を負担する。賃金表に従って簡単な仕事には賃金 w_E が支払われ，難しい仕事には w_D が支払われる。このとき，労働者の効用は $U = w - sc$ で与えられ，技能蓄積をしたときに賃金が一定ならば，効用が下がる。

各労働者の生産性は就く仕事と技能蓄積の有無に依存する。簡単な仕事の生産性は技能蓄積をしない場合には $y_E(0)$ であり，技能蓄積をした場合には $y_E(1)$ である。一方で，難しい仕事の生産性は技能蓄積をしない場合には $y_D(0)$ であり，技能蓄積をした場合には $y_D(1)$ である。技能蓄積をした場合には生産性が上がり，その上がり方は難しい仕事をした場合に，より大きい。つまり，

$$y_D(0) < y_E(0) < y_E(1) < y_D(1) \tag{8.14}$$

(1) 契約期間の長さ，(2) 労働時間の長さ，(3) 直接雇用・間接雇用の別，(4) 職場での呼称の違い，という 4 つがある。しかし短期契約の反復更新を通じて実質的に契約期間が長くなったり，正社員と同じ日数で同じ時間働く非正社員がいたりするし，派遣労働者のように間接雇用されている労働者はそれほど多くはない。このように考えてみると，正社員と非正社員を区別する最も大きな違いは職場でどう呼ばれているかという「呼称」である。正社員と非正社員の違いは呼称の違いだといわれるとトートロジーのように感じるかもしれないが，この呼称の違いというのが，日本型雇用慣行に基づく雇用管理のもとで働く正社員と，そのような雇用管理を受けない非正社員の違いだと考えれば，決してトートロジーではない。日本型雇用慣行の重要性が低下すれば，長期的視点に立って企業特殊的な技能を持った労働者を育成する必要が薄れる。このように考えると非正社員が増えるという最近のトレンドは，マクロ経済環境の悪化に端を発していると言えるだろう。

　日本型雇用慣行の重要性低下は今後も継続していくものと思われる。ただし，日本型雇用慣行がその重要性を低下させているとはいえ，アメリカの労働者に比べると同一年齢における勤続年数は 50% 程度も長く，賃金カーブの傾きも，いまだにより急峻であるなど，国際比較上の特徴は最近でも健在であることには注意が必要である。

という関係が成立している。ここでは技能蓄積をしない労働者を難しい仕事に就けてしまうと，簡単な仕事に就けたときよりも生産性が下がってしまうことが仮定されている。

　このような設定のもとで，技能蓄積への投資が起こるのはどのような状況であろうか。技能蓄積への投資が起こるためには，企業が技能蓄積をした労働者を難しい仕事に就けるインセンティブを持っていることと，労働者が技能蓄積を行うインセンティブを持っていることの双方が必要である。企業が技能蓄積をした労働者を難しい仕事に就けるためには，

$$y_D(1) - w_D \geq y_E(1) - w_E \tag{8.15}$$

が成立している必要がある。これはすなわち，技能蓄積をした労働者を難しい仕事に就けてそれに見合った高い賃金を支払ったとしても，簡単な仕事に就けるよりも利潤が高いことを示している。この条件が満たされていれば，労働者

Column ⑬ 「日本的雇用慣行」は本当に一般的なのか？

　　　　　近年，経済環境の変化するなかで，日本型雇用慣行がその重要性を低下させているということは，本章で説明する以外にも盛んに議論されてきた。実際，特定の年齢で見た平均勤続年数は若い世代のほうが短くなっているし，賃金カーブも若い世代のほうが平坦になってきている。今後の人口構造の少子高齢化を考えると，さまざまな労働者が参加できる労働市場の整備が必要だと考えられており，そのために必要な政策的な対応を政府の各部署が検討しているという状態にある。

　このような議論をするときに，そもそも日本型雇用慣行とは大企業の正社員を中心として成立した慣行であって，その適用範囲は限定的であるため，労働市場改革に対するインパクトはそれほど大きくはないという指摘もある。中小企業も含めた労働者全体の勤続年数が国際的に見て長く，賃金カーブも急峻であるという点には注意が必要だが，企業規模が大きいほど労働者の勤続年数は長いし，賃金カーブも急峻であるということもまた事実であり，耳を傾けるべき意見である。

　さて，いわゆる大企業で働く労働者は全労働者のどれくらいの比率を占めるのだろうか。これは日本型雇用慣行変化の影響が及ぶ範囲を考えるうえでも重要である。2015 年の総務省「労働力調査」によれば，非農林業に勤める雇用者のうち 32% が従業員規模 500 人以上の企業で働いている。一方で，1〜29 人が 30%，30〜499 人が 39% という構成になっている。従業員規模 500 人以上を大企業と呼ぶかどうかはとりあえずおいておくとしても，この規模の企業で働く労働者は全体のおよそ 3 分の 1 である。

　なお，高度成長期の後半に当たる 1968 年 1 月の数字を見てみると，従業員規模 1〜29 人＝38%，30〜499 人＝32%，500 人以上＝31% であり，現在では 1〜29 人の比率が下がり，30〜499 人の比率が増加してきたことがわかる。30 人未満の小規模企業で働く人々が減っているのは，自営業者が減っているという長期的な傾向とも軌を一にしている。いずれにせよ，従業員規模 500 人以上の「大企業」で働く人の比率が全体の 3 分の 1 程度であることを頭に入れておくことは，日本型雇用慣行の変化について議論する際に有用である。

は技能蓄積をすれば企業は難しい仕事に労働者を就け，それに見合った高賃金 w_D を支払ってくれると確信することができる。この確信のもとで，労働者が技能蓄積をするためには，

$$w_D - w_E \geq c \tag{8.16}$$

が成立している必要がある。ここで，(8.15) 式と (8.16) 式を組み合わせれば，

$$y_D(1) - y_E(1) \geq w_D - w_E \geq c \tag{8.17}$$

が成立していることが，企業特殊的な人的資本投資が起こるための条件であることがわかる。

　現実問題を考えると難しい仕事と簡単な仕事というのは，管理職と非管理職などに対応していると考えられる。技能蓄積をした労働者を管理職に登用した際に非管理職に据え置くよりも大幅に生産性が上がるとき，(8.15) 式の不等式は成立しやすくなる。この条件は，管理職と非管理職の職務をあえて明確に分けることによって成立しやすくなる。技能蓄積をした非管理職に管理職のような仕事をさせてしまえば，$y_E(1)$ が $y_D(1)$ に近いものになってしまうからである。よって，技能蓄積をした労働者の管理職と非管理職としての生産性というのは，外生的に決まっているものというよりも，それぞれの仕事の範囲をどのように規定するのかという**職務設計** (job design) によって決まってくるという側面もある。このような仕事の設計は，人事管理上の重要な要素である。また，管理職に昇進した際の賃金上昇幅がそれほど大きくはないことも重要である。あまりにも賃金上昇が大きいと，企業が人的資本蓄積をした労働者を昇進させるインセンティブを失ってしまうからだ。これも管理職と非管理職にどのような賃金を当てはめるかを決める賃金表をどのように設計するかという人事管理上の問題といえる。もっとも，管理職と非管理職の賃金差をあまりに縮めてしまうと，労働者が技能蓄積をするインセンティブを失ってしまい，(8.16) 式が満たされなくなってしまうので，そうならない程度に賃金差をつける必要がある。ここでの議論は，労働者に企業特殊的な人的資本蓄積を行わせるためには，企業と労働者のインセンティブを考えて職務設計をしたり，賃金表の設定を決めたりする繊細な人事管理戦略が必要であることを示唆している。

　日本の大企業では，人事部が一定程度の力を持ち，各事業部門との協議のうえとはいえ，採用・訓練・昇進管理・人材配置・賃金設計などを，中央集権的に決めているケースが多い。これは，各事業部門が独自に人材の採用や訓練を

行っているといわれる典型的な欧米型企業とは相当異なっている。このように人事部が力を持ち，人事部に有能な人材が集められるのは，内部労働市場を通じた技能形成と人的資源の分配が日本の大企業では重要な役割を果たしていることを物語っていると言える。

3.3 up or out 契約

先の Prendergast (1993) のモデルでは，ホールドアップ問題を防ぐためには，人的資本蓄積を行った労働者を昇進させることが企業にとっても望ましいように仕事を設計し，労働者に企業が自発的に約束を守ることを確信させることが重要であった。このほかに，人的資本蓄積を行った労働者を昇進させずに低い賃金で雇用し続ける可能性を企業が自ら断つという形のコミットメントによって，人的資本蓄積を行ったらそれに応じて昇進があることを労働者に確信させる方法がある。いわゆる up or out 契約と呼ばれる，コンサルティング会社やアメリカの弁護士事務所で用いられている契約形態である。この契約のもとでは労働者は平社員として一定の期間働き，その期間が経過した後では昇進する (up) か解雇される (out) かの選択肢しか与えられない。たとえばアメリカの弁護士事務所では入所当初は一社員であるアソシエートとして働く。一定の期間を経た後に共同経営者であるパートナーになれるかどうかが，すでにパートナーとなっている年長者に審査される。このとき既存のパートナーは，新たなパートナーを加えると，事務所収入をパートナー間で配分するという特性上，自分たち自身の所得にも大きな影響を与えるため，アソシエートがパートナーにふさわしいかどうかを慎重に検討する。そして，パートナーに選ばれなかったアソシエートは基本的に事務所を解雇されることになる[1]。外資系コンサルティング会社でも一定期間経過後に管理職への昇進ができない者に関しては，会社を去ることが求められているところが多い。このように昇進しなければ解雇という極端な人事管理がなされる理由は，能力がある労働者を昇進させず低い賃金で使い続けるという選択肢を企業に残してしまうとホールドアッ

---

1)　最近の大規模事務所ではシニア・アソシエートというポストを用意して，働き続けることができるようにしている場合もある。

プ問題が起こってしまう可能性があるためである。このような選択肢をあえて排除することによって，ホールドアップ問題が起こらないことを労働者に確信させ，適切な技能蓄積を促すのが，up or out 契約を導入する根本的な理由である。

　日本の大企業はルーチン的な業務を子会社などに切り出すケースが多い。たとえば商社がルーチン的に行っている貿易業務を子会社に切り出したり，損害保険会社がコールセンターを子会社に切り出したりするケースである。これらの子会社は親会社に比べて賃金水準が抑制された賃金体系を持っているのが一般的である。日本の大企業で働く労働者の多くは，40 歳代の半ばくらいから親会社で管理職として順調に昇進しない場合には，これらの子会社に転職させられるケースが多い。これらの転職は，親会社に籍を残したままで職場だけを変える出向や，籍まで子会社に移してしまう転籍という形をとる。40 代半ばくらいから子会社に出向や転籍したケースでは，これらの労働者が親会社に戻る可能性は非常に低い。このような人事慣行は技能蓄積をした労働者を昇進させず，親会社で安い賃金で使うという可能性を排除するためのものだと考えることができるかもしれない。

4　賃金後払い契約による労働者のやる気の保持

　勤続年数が伸びるに従って賃金が上昇していくというパターンは多くの国で見られる現象である。この関係を説明する理論として，企業特殊的人的資本による説明のほかに，在職年数の収益率の存在を説明する理論として，Lazear (1979) による**賃金後払い理論**がある（「ラジア型賃金契約」などと呼ばれることもある）。この議論は，労働者の生産性を毎期毎期観察することができないが時期が経てば観察できるようになるときに，勤続年数が短いうちには労働者の生産性よりも低い水準の賃金を支払い，勤続年数が長くなったときに生産性よりも高い水準の賃金を支払うという賃金後払いの契約のことである（図 8.3 参照）。勤続年数が長くなったときに生産性よりも高い賃金支払いをすることによって，労働者に長期勤続をするインセンティブを与えることができるが，労働者

図 8.3　ラジア型の賃金後払い契約

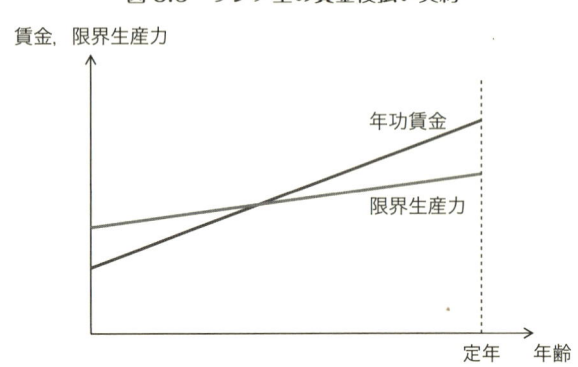

が十分な努力を注がずに成果を上げることができなかった場合には企業が労働者を解雇することに決めておけば，労働者に十分な努力を行うインセンティブを与えることができる。

　この議論のポイントは，企業は労働者の努力水準をその都度把握することはできないが，事後的に労働者の成果を見ることによって勤続年数が短いうちからの努力の水準を間接的に知ることができて，それに基づいて労働者を解雇することができる，という点である。勤続年数が長くなったときに賃金と生産性の差額が大きくなる賃金制度を設計することによって，労働者は勤続年数が浅いうちに一所懸命に働くインセンティブを持つことになる。このような賃金体系を導入することによって，企業が労働者の努力の水準をその都度把握することができないという雇用主と労働者との間の情報の非対称性が生み出す非効率性を回避できる。

　ラジア型の賃金後払い契約のモデルが生まれた背景には，当時のアメリカで年齢差別の撤廃を理由に**定年退職制度**の法的禁止が議論されており，そのなかで，そもそもなぜ定年退職制度があるかを説明するという動機があった。流動性が高く，勤続年数が短いと考えられがちなアメリカにおいても，長期勤続の重要性は高く (Hall 1982)，定年退職制度が人事管理制度の一環として重要な役割を果たしていたためである。勤続年数が長くなった労働者の賃金が生産性を上回っているというのがカギになる仮定なので，企業がこのような労働者をずっと雇い続けると企業の損失が累積していく。そのため，あらかじめ雇用期

間の終わりを契約しておくというのが定年退職制度が存在する理由だと説明される。

　もっとも，定年が近づいてくると後払いになっている賃金の総額が減ってくることになるため，このことが労働者にサボるインセンティブを与えてしまうことになる。定年退職のその日まで働くインセンティブをきちんと持ち続けてもらうためには，無事に定年退職まで働き続けることができたことをもって得られる報酬を設定する必要もある。これが**退職金**が存在する理由であると説明される。そのため，不祥事などを起こして懲戒解雇になった労働者に対しては退職金が支払われないという制度は，こうした観点からも合理性があると言える。このように考えると，退職金とは過去の労働に対していまだ支払われていない賃金がまとめて支払われるのだと解釈することができる。そのため，完全に企業の都合によって労働者が解雇されるようなケースでは，退職金は解決金などとは別建てで支払われるべきであると考えられる。

　ラジア型の賃金後払い契約は，企業と労働者が明示的に交わすというよりも双方の暗黙の契約として，勤続年数の長い労働者に生産性以上の賃金支払いをすることが多い。そのため，潜在的な問題は企業が労働者との暗黙の契約を破り，十分な努力をした労働者に勤続年数が長くなった後でも低い賃金支払いしかしないという形で労働者を裏切る可能性があることである。これに関しては，労働者との約束を破ると評判を落とし，新しい世代の労働者とはそれまでのように賃金後払い契約を暗黙に結ぶことができなくなると考えて，将来の利得を重く見る企業は，労働者との暗黙の契約を守ると考えることができる。この議論については，本章3.1項で述べた企業と労働者との長期的関係についての議論が，そのまま当てはまることになる。

　アメリカでは，1986年に定年退職制度を設けることが違法となった。これによって，ラジア型の賃金後払い契約をすることができなくなることが危惧されたが，多くの企業は，かつて定年年齢として設定されていた65歳前後で自発的に退職することで退職金や企業年金の支払総額が大きくなるような制度を設計し，労働者がそうした制度を利用するように誘導することで対応した。

　日本では，高年齢者雇用安定法が60歳未満の定年を禁じているものの，定年退職制度そのものは禁じられていない。そして，高年齢者雇用安定法は定

年年齢を 65 歳未満に定めている事業主は，「65 歳までの定年の引き上げ」「65歳までの継続雇用制度の導入」「定年の廃止」のいずれかの措置をとることで 65 歳までの安定した雇用機会を確保することを求めている。ここで「継続雇用制度」とは，雇用している高年齢者を本人が希望すれば定年後も引き続いて雇用する「再雇用制度」などの制度を指している。再雇用に当たってはそれまでの労働契約はいったん終了し，新たな契約が結ばれることになり，その際には 3 割から 4 割といわれる大幅な賃金カットが行われることが一般的になっている。

　厚生労働省による 2015 年「高年齢者の雇用状況」調査によれば，全企業のうち雇用確保措置として継続雇用制度を持つ企業が 81.7%，定年の引き上げをした企業が 15.7%，定年制の廃止をした企業が 2.6% となっており，多くの企業が再雇用制度などで 65 歳までの雇用確保という法的要請に対応していることがわかる。とくに企業規模別の内訳を見ると従業員規模の大きい企業でこの傾向がより顕著である[2]。

　この調査結果は，定年退職前の労働者の多くが生産性よりも高い賃金を支払われており，そのままの賃金水準で雇い続けることには合理性がないことを物語っている。つまり再雇用の際に，賃金水準を生産性の水準まで再調整していると考えることができよう。一方で，多くの労働者が再雇用制度を使って同一企業で継続的に働いていることは，他の企業に転職するよりは定年前に働いていた企業で働き続けたほうが良い待遇を得られることを示唆している。

　このことは，大きく分けて 2 つの可能性で説明できるであろう。1 つめは，情報の非対称性や高齢者への差別の存在によって，高齢者がその技能に見合った再就職の機会を得られていないという可能性である。2 つめの可能性は，労働者が企業特殊的な技能を蓄積しており，転職してしまうとその技能を利用することができなくなるという可能性である。

　この 2 つの可能性のどちらがより当てはまるかを見分けることは，今後の労働政策が労働市場における情報の非対称性の解消や年齢差別の禁止を目指す

---

2)　従業員規模 301 人以上の企業では，継続雇用制度の導入 = 92.0%，定年の引き上げ = 7.5%，定年制の廃止 = 0.4% であり，31〜300 人の企業では，継続雇用制度の導入 = 80.5%，定年の引き上げ = 16.6%，定年制の廃止 = 2.9% である。

べきか，同一企業での雇用延長を目指すべきかを考えるに当たって重要だが，これまでの研究では十分に明らかになっていない。いずれにせよ，高齢化が進行していくなかで，多くの日本企業はラジア型の暗黙の契約に基づく勤続年数・賃金プロファイルの傾きを弱めることで，定年年齢を後ろ倒ししていくような対応をとることになると予想される。

5 マッチングの質の学習，転職，賃金プロファイル

5.1 ミスマッチと転職

日本型雇用慣行の特徴が長期勤続にあるとはいっても，数多くの労働者が転職を経験する。新卒採用や定年退職を含むため，必ずしも転職だけをとらえているわけではない点には注意が必要だが，厚生労働省「雇用動向調査」は労働者の入職や離職といったフローの状態がわかるきわめて重要な統計である。この統計によると 2014 年 1 月 1 日現在の常用労働者数は 4603 万人である。このうち 713 万人は 2015 年 1 月 1 日までに離職しており，離職率は 15.5% となっている。一方で，同じ 1 年間に 798 万人が入職しており入職率は 17.3% となっている。2014 年は入職率が離職率を上回る結果となっているものの，比較可能な 2004 年以降の統計から時系列データを眺めてみると，入職率と離職率は 14% から 18% の間で推移している。そのため，失業率のように一時点の情報を使って計算される労働市場の指標が安定していたとしても，その裏では多くの人々の出入りがあると考えるのが適切である。そしてこの入職率・離職率は，ともに若年層できわめて高く，30 歳以降で低くなり，60 歳代で再び若干上昇するという傾向がある。これは若い労働者は自分に合った職を探し，いくつかの仕事を試してみて，そのような職をみつけた後はそれほど職場を移らないという行動によって説明することができそうである。本節では，労働者が自分に適した職を求めて転職をするという行動をモデル化することを考え，さらにそのような行動が勤続年数と平均賃金の間の関係にどのような影響を与えるのかを考える。

　労働者が適職を探すため，ひとまずある企業に就職し，その後転職をすることになるのは，労働者と仕事の組合せには相性があり，その相性の良し悪しは実際に仕事を始めてみるまでわからないという特性があるためと考えられる。労働者と仕事の間の相性の良し悪しがなければ，生産性が高い労働者はどの仕事に就いても生産性が高い一方で，生産性が低い労働者はどの仕事に就いても生産性が低いため，転職しても事態が改善されることは期待できず，転職の意義が見出せないためである。また，労働者と仕事の相性の良し悪しが仕事を始める前に完全にわかるのならば，労働者・企業双方の視点から見て実現可能な組合せのなかで，最も相性が良い仕事に最初から就いているはずで，転職は起こりえないためである。このように仕事には，実際に仕事に就いてみてはじめてわかる相性があり，経験財としての側面が強くある。

　さらに仕事を始めた後でも，労働者が企業との相性の良し悪しを見極めるのはなかなか難しい。たとえば，自動車販売会社に入社した新入社員を考えてみよう。入社後配属された販売店で自動車が売れず上司から怒られたとしても，それはまだ仕事を十分に覚えていないからかもしれないし，景気が冷え込んでいて車が売れにくい状況にあるのかもしれない。その一方で，その新入社員は根本的に自動車販売の仕事に向いていないということも考えられる。たまたま今車が売れないというだけであれば，もう少し仕事を続けるべきだろうし，根本的に自動車販売の仕事が向いていないということであれば，他の仕事に転職したほうがいい。

　この例のように，世にあふれる若い人たちの転職に関する悩みというのは，相当程度，今うまくいっていないのはたまたまなのか，あるいは根本的なミスマッチがあるからなのかについての見極めが難しいということに関わっていると言ってもいいだろう。この種の悩みに対するアドバイスでよくあるのは「しばらく様子を見てみたら」というものだが，実はこのアドバイスは経済理論的にも正当化できるものとなっている。次項ではやや複雑になるが，労働者と企業の双方がいかにマッチングの相性（質）を見極めていくのかというモデルを紹介しよう。

5.2 ★マッチングの質の学習プロセス

本項では，労働者と企業の双方が**マッチングの質**を探り当てていく様子を，後で説明するベイズの定理を応用しながら解明していこう。このモデルは，**ジョブ・マッチング・モデル**と呼ばれている。ここでは，労働者と企業との間のマッチングの質には，良いマッチング G と悪いマッチング B の2つがあるとしよう。また労働者の仕事の成果は，高い成果 y_h と低い成果 y_l の2つの成果があるとしよう。そして，良いマッチングのときに高い成果が出る確率を p，悪いマッチングのときに高い成果が出る確率を q とする。すなわち $\Pr(y_h|G) = p$, $\Pr(y_h|B) = q$ である。マッチングが良いときのほうが高い成果が出る確率が高いため $q < p$ である。また，良いマッチングのときに高い成果が出る確率は 0.5 よりも高く，悪いマッチングのときに高い成果が出る確率は 0.5 よりも低いとしよう。そのため，$q < 0.5 < p$ が成立する。なお，良いマッチングのときに低い成果が出る確率は $\Pr(y_l|G) = 1 - p$，悪いマッチングのときに低い成果が出る確率は $\Pr(y_l|B) = 1 - q$ である。

労働者と企業のマッチングが成立した直後，まだ企業が労働者の仕事の成果がわかる前の段階で，労働者と企業が信じる良いマッチングである確率が μ_0 であるとしよう。これを**主観確率**という。労働者と企業が等しく持つ良いマッチングであると信じる確率と言ってもいい。さてここで，労働者がある企業で働いて高い成果 y_h が出たとしよう。この情報を得た後で，良いマッチングだと信じる主観確率はどのように変化するだろうか。これはすなわち，$\mu_1 = \Pr(G|y_h)$ を求める作業である。ここで確率の定義を使うと，

$$
\begin{aligned}
\mu_1 &= \Pr(G|y_h) \\
&= \frac{\Pr(G, y_h)}{\Pr(y_h)} \\
&= \frac{\Pr(y_h|G)\Pr(G)}{\Pr(y_h|G)\Pr(G) + \Pr(y_h|B)\Pr(B)} \\
&= \frac{p\mu_0}{p\mu_0 + q(1 - \mu_0)} \\
&= \frac{p\mu_0}{p\mu_0 + p(1 - \mu_0) - p(1 - \mu_0) + q(1 - \mu_0)}
\end{aligned}
$$

$$= \frac{p\mu_0}{p + (q-p)(1-\mu_0)}$$

$$= \left[1 + \frac{(p-q)(1-\mu_0)}{p - (p-q)(1-\mu_0)}\right]\mu_0$$

$$> \mu_0 \tag{8.18}$$

と書ける。なおここでは，$0 < p - q < 1$ と $0 < 1 - \mu_0 < 0$ から，最後の不等式を導いている。

(8.18) 式の導出の途中で得られている

$$\Pr(G|y_h) = \frac{\Pr(y_h|G)\Pr(G)}{\Pr(y_h|G)\Pr(G) + \Pr(y_h|B)\Pr(B)}$$

は**ベイズの定理**と呼ばれるもので，$\Pr(G|y_h)$ と $\Pr(y_h|G)$ との関係が示すように，条件付き確率のなかの条件と確率変数を入れ替えるためにしばしば使われる。また，ベイズの定理を利用していることから，この例のように真の状態を，観察を積み重ねていくことで徐々に推測していくプロセスを，**ベイズ学習**，あるいは**ベイズ更新**という。

(8.18) 式は今の仕事が良いマッチングであるという主観確率が，高い成果を観察した後で，引き上げられる様子を示している。$1 - \mu_0 > 0$ より $p - q > 0$ の絶対値が大きければ大きいほど，主観確率の更新幅は大きくなる。良いマッチングと悪いマッチングで高い成果が実現する可能性が大きく違うときは $p - q$ が大きくなるので，主観確率の更新幅が大きくなり，すばやく学習が起こることを示す一方で，良いマッチングでも悪いマッチングでも高い成果が実現する可能性が同じときは $p - q = 0$ となるため $\mu_1 = \mu_0$ となり，まったく学習が進まないことを示している。労働者の生産量がマッチングの質に依存する仕事では学習スピードが速い一方で，労働者の生産量がマッチングの質に依存しない仕事では学習スピードは遅い。

次の期には主観確率 μ_1 を出発点として次の期の成果の高低を観察し，さらに主観確率を更新し μ_2 を得るという過程を繰り返していくことになり，t 時点での良いマッチングであるという主観確率を μ_t と一般的に書く。そして，高い成果を観察した後の主観確率の更新プロセスは，

$$\mu_{t+1}|y_h = \mu_t + \frac{(p-q)(1-\mu_t)}{p-(p-q)(1-\mu_t)}\mu_t \qquad (8.19)$$

と表すことができる。なお，現在のマッチングが良いマッチングの場合，高い成果が実現する可能性が高いため，μ_t は徐々に 1 に向かって高まっていく。このとき更新幅は $(1-\mu_t)$ に依存するため，μ_t が 1 に近づくなかで更新幅が小さくなっていく。良いマッチングのもとで，良いマッチングであることの主観確率は高まっていくが，すでに主観確率の更新が十分に進んだ状態では，高い成果を観察したとしても，もう良いマッチングであることは十分にわかっているため，主観確率はそれほど更新されないのである。

　数期にわたって労働者の成果の高低を観察し，このベイズ学習を繰り返すと，μ_t は徐々に 0 または 1 に近づいてくる。たとえば，仮に真の状態が良いマッチングの状態であるとしよう。この状況では，高い成果 y_h が低い成果 y_l よりも実現する可能性が高いので，観察を繰り返すと徐々に μ_t は 1 に近づいていく。高い成果が実現した後の主観確率の更新幅は $p-q$ と $1-\mu_t$ のそれぞれが大きいほど増えるため，μ_t が 1 に近づくと小さくなる。これは，成果の観察回数が増えてベイズ学習が進むと，主観確率の更新幅が小さくなることを意味している。その一方で，先ほどの繰り返しだが，$p-q$ が大きいほど主観確率の更新幅は大きくなる。これは，良いマッチングであろうと悪いマッチングであろうと高い成果が実現する確率が近い，すなわち q と p が近い状態だと，実現した成果を見て良いマッチングであるか，悪いマッチングであるかを学習するのが難しいということに対応している。

　ちなみに同様の計算を，低い成果 y_l が出た後について行うと，

$$
\begin{aligned}
\mu_1 &= \Pr(G|y_l) \\
&= \frac{\Pr(G, y_l)}{\Pr(y_l)} \\
&= \frac{\Pr(y_l|G)\Pr(G)}{\Pr(y_l|G)\Pr(G) + \Pr(y_l|B)\Pr(B)} \\
&= \frac{(1-p)\mu_0}{(1-p)\mu_0 + (1-q)(1-\mu_0)} \\
&= \frac{(1-p)\mu_0}{(1-p)\mu_0 + (1-p)(1-\mu_0) - (1-p)(1-\mu_0) + (1-q)(1-\mu_0)}
\end{aligned}
$$

$$= \frac{(1-p)\mu_0}{(1-p)+(p-q)(1-\mu_0)}$$

$$= \left[1 - \frac{(p-q)(1-\mu_0)}{(1-p)+(p-q)(1-\mu_0)}\right]\mu_0$$

$$< \mu_0 \tag{8.20}$$

となる。なおここでは，$1 > p - q > 0$ と $1 > 1 - \mu_0 > 0$ であることを用いて最後の不等式を導いている。この式も，(8.18) 式と同様に $p - q$ が大きければ大きいほど学習のスピードが速いことを示している。

一般的に低い成果を観察した後の良いマッチングである主観確率は，

$$\mu_{t+1}|y_l = \mu_t - \frac{(p-q)(1-\mu_t)}{(1-p)+(p-q)(1-\mu_t)}\mu_t \tag{8.21}$$

と更新される。仮に現在のマッチングが悪いマッチングだとすると低い成果が高い成果よりも実現しやすいため，μ_t は徐々に小さくなり 0 に近づいていくことを示唆している。このとき，主観確率の更新幅は徐々に小さくなる。逆に今のマッチングが良いマッチングで，μ_t が 1 に近い状況を考えよう。この状況で仮に悪い成果が出たとしても，やはり主観確率の更新幅は小さい。すでにマッチングの質に関しての学習が十分に進んでいるため，主観確率の更新幅が小さくなるのである。いずれにせよ，成果の観察回数を重ねた後では主観確率の更新幅は小さくなるのである。

このようにして，現在の労働者のマッチングが，良いマッチングであるという主観確率 μ_t が 0 に近づき，ある閾値を下回ることになると，ある程度の転職費用を支払ってでも新しいマッチングを試してみようと労働者は転職をするようになるのである。転職後の仕事は良いマッチングである可能性があるからである。

5.3 マッチングの質の理論がもたらす予測

前項における分析の結果は，転職がどのように起こるのかということについて，次の 3 つのような実証上の予測を与えてくれる。まず第 1 に，悪い成果が出た後に転職が増える傾向があるはずである。これは悪い結果が出た後に，

良いマッチングであるという主観確率（信念）が労働者，企業双方において引き下げられるためである。これは，私たちの身の回りの観察結果とも合う結果であろう。第2に，勤続年数が長い労働者についてであるが，彼らについては今までに高い成果を数多く観察し，良いマッチングであるという主観確率が高まったがために勤続年数が長くなっているわけで，良いマッチングである主観確率 μ_t は1に近いはずである。そのため，仮に低い成果を観察したとしても，主観確率の更新幅は小さく，転職に至る確率は低い。逆に言うと，勤続年数が短い労働者については低い成果を観察することによる主観確率の更新幅が大きいので，転職につながるケースが多い。これは，若い労働者に転職が多いという観察に合致する。第3に，マッチングの質によって高い成果が実現する確率の違いが大きい仕事のほうが，転職が早く起こりやすい。これは成果を観察した後の主観確率の更新幅が大きくなるためである。向き不向きが大きく分かれる仕事のほうが転職が多くなるというのも，私たちの身の回りの観察と合う結果だと言えよう。

このように，労働者と企業のマッチングの質が良い人だけが転職せずに勤続年数が伸びていくとすると，勤続年数ごとの平均的な賃金はどのように変化していくだろうか。勤続年数が短いうちはマッチングの質が良いのか悪いのかよくわからないので，マッチングの質が良い人も悪い人もある企業で働いていることになる。つまり玉石混交の状態である。しかし，勤続年数が伸びてくるとマッチングの質が悪いことが判明した人は転職していくため，マッチングの質が良い人だけが残っていることになるのである。このことは，勤続年数が伸びると平均賃金が上がっていくことを示唆する。ここで，極端なケースを考えてみよう。ある労働者の賃金は平均的な成果にだけ依存しているとしよう。マッチングの質が良い人の賃金を w_G と書けば，$w_G = py_h + (1-p)y_l$ である。一方で，マッチングの質が悪い人の賃金を w_B と書くと，$w_B = qy_h + (1-q)y_l$ となる。ここで，$q < p$ なので $w_B < w_G$ となる。個人レベルで見てみると勤続年数が伸びても賃金は変化しないのだが，勤続年数が伸びるに従ってマッチングの質が良い人の割合が上がってくるので，社員の平均賃金は勤続年数とともに上がってくることになる。つまり，社員の平均的な賃金が勤続年数とともに伸びていくのは，各社員の賃金が上がっていくからではなくて，マッチング

の良い社員だけが残るという構成の変化が起こるためである。社員の構成の変化の結果として，勤続年数が伸びると平均賃金が上がるのである。

このように，マッチングの質を学習していくモデルからは，「個々の労働者の賃金が上がっていかなくても，マッチングの質が悪く賃金が相対的に低い労働者が勤続年数が長くなるに従って会社を辞めていくため，社員の平均賃金を見ると勤続年数とともに上がっていく」という実証的含意が得られる。このことは，企業特殊的な人的資本の重要性やラジア型の賃金後払い契約を実証的に検証しようとする研究者にとっては，大きな問題である。これらの理論は勤続年数が伸びるに従って，個々の労働者の賃金が平均的には上昇していくことと考えているためである。そのため，勤続年数とともに個々の労働者の平均賃金が上がっていくのか，マッチングの悪い人が徐々に辞めていくという労働者の構成変化の結果として残っている労働者の平均賃金が上がっていくのかを見分けることが研究上の課題となり，数多くの労働経済学者が実証分析上の工夫を行ってきた。次節では，これらの実証分析を紹介しよう。

この，労働者が仕事とのマッチングを確かめながら転職の意思決定をしていくというモデルは，日本の労働市場を考えても当てはまりが良いといえる。まず，日本の労働市場でも高卒労働者は若いうちに頻繁に転職を繰り返すことが知られている。これは高卒の人々が就く仕事は向き不向きといったマッチングの質と仕事の成果が直結していて，マッチングの質に対する学習がすばやく進むためであると考えることができる。大卒の人々が就く仕事はより複雑でチームで仕事をしているようなケースも多いため，マッチングの質と仕事の成果が直結しにくい部分があるのかもしれない。また，大卒労働者のなかでも大企業に就職した人はなかなか転職はしないが，中小企業に就職した人は転職確率が高い。これは大企業への就職に当たっては，名門大学を卒業していることが実質的な条件として課されていたり，面接を数度にわたって行うなど，マッチングの質を事前に確かめるようなスクリーニングが慎重に行われている結果と考えることができる。また，大企業の場合，企業のなかにさまざまな職があるため，いくつかの職場をローテーションさせて労働者と仕事のマッチングが良いところを探していくことができる結果とも考えることができる。一方で，中小企業ではそのような職場の幅がなく，マッチングが悪いことがわかるとすぐに

転職に結びつくという面があるといえる。

6 勤続年数と賃金の関係の実証分析

　ここからは勤続年数が伸びたときに賃金がどれだけ上がるのかを推定することで，企業特殊的人的資本理論やラジア型賃金後払い契約がどの程度現実を説明しているかを検証していく。これらの経済理論は勤続年数が伸びると賃金が上がっていくことを予測するのであるが，ジョブ・マッチング・モデルによれば，労働者と企業のマッチングの質が良いほど勤続年数が長くなることが予測される。この2つを計量経済学的な工夫を凝らすことによって識別するのがここでの議論の目的である。

　勤続年数が伸びると賃金が上がるという可能性と，労働者と企業のマッチングの質が良いと勤続年数が伸びる，という双方の可能性を許す計量経済学的なモデルは，教育の効果や勤続年数や労働市場経験年数の関数形の問題などを捨象すると，以下のような形になる。

$$\ln wage_{ijt} = \alpha\, ten_{ijt} + \beta\, exper_{it} + \underbrace{c_i + q_{ij} + u_{ijt}}_{\text{合成された誤差項}} \tag{8.22}$$

ここで，i は個人，j は企業，t は時間を示す添え字である。被説明変数 $\ln wage_{ijt}$ は，個人 i の企業 j での t 年における時間当たり賃金の自然対数値，説明変数の ten_{ijt} は現在の企業での勤続年数，$exper_{it}$ は他社での経験も含めた労働市場経験年数である。c_i は時間を通じて不変の個人の賃金決定要因，q_{ij} は個人と企業のマッチングの質による賃金決定要因，u_{ijt} は時間とともに変化する賃金決定要因であり，これら3つは合成された誤差項である。ここで，α は現在の企業に勤めている年数が賃金に与える影響を示しており，いわゆる**勤続年数の収益率**である。これを正しく推定することが，以下の計量経済モデルの目的である。

　(8.22) 式を最小2乗推定することの問題は，マッチングの質 q_{ij} と勤続年数 ten_{ijt} が相関する可能性があることである。マッチングの理論分析で明らかに

したように，勤続年数が長くなるにつれて，ジョブ・マッチングの質が悪い労働者は転職する。そのため，マッチングの質が良い労働者ほど勤続年数が長い傾向があるため，q_{ij} と ten_{ijt} は正の相関を持つ。すなわち，勤続年数は内生性を持つのである。この正の相関によって，一般的に α は過大に推定されることになる。問題を解決するためには，ten_{ijt} の内生性に対処する計量経済学的な推定の工夫が必要で，これまでにこの内生性に対処する重要な研究がなされてきた。

6.1　マッチングの質を制御する推定手法

まず，Abraham and Farber (1987) の研究を紹介しよう。同一の個人を複数年にわたって追跡調査したパネルデータを用いると，ある労働者がある時点で勤めている企業でその先何年間勤務するかを知ることができる。この，「1つの企業で何年間働き続けたかが，後で振り返ってみるとわかる」というパネルデータの特性を活かして労働者と企業のマッチングの質の代理変数を作り出し，賃金方程式に含まれている q_{ij} の代わりにこの代理変数を用いて多重回帰を行うことで，α を偏りなく推定しようというのが彼らの考え方である。その議論の詳細は以下の通りである。

いったん労働者が1つの企業で働き始めると，転職をしない限り ten_{ijt} と $exper_{it}$ は毎年1ずつ大きくなり，完全な線形従属関係が生まれる。そこで労働者 i が現在の企業 j で始めた時点での一般的職業経験年数を $exper_{ij}^0$ と書くと $exper_{it} = exper_{ij}^0 + ten_{ijt}$ と書ける。この関係を先の賃金方程式に代入すると，

$$\ln wage_{ijt} = \alpha\, ten_{ijt} + \beta\, exper_{it} + c_i + q_{ij} + u_{ijt} \tag{8.23}$$

$$= \alpha\, ten_{ijt} + \beta(exper_{ij}^0 + ten_{ijt}) + c_i + q_{ij} + u_{ijt} \tag{8.24}$$

$$= (\alpha + \beta)ten_{ijt} + \beta\, exper_{ij}^0 + c_i + q_{ij} + u_{ijt} \tag{8.25}$$

が得られる。ここで，ジョブ・マッチングの理論を思い返してみると労働市場での職業経験が長いほど，それまでにさまざまな企業での勤務を経験してきているはずで，マッチングの質は高いと考えられる。そのために，$\beta\, exper_{ij}^0$

と q_{ij} は正の相関を持ってしまうだろう。この相関関係を線形関係で表現すると，$q_{ij} = \delta\, exper_{ij}^0 + e_{ij}$ と書ける。ここで，δ は今の企業で働き始めたときの労働市場経験年数と今の企業とのマッチングの良さの相関の大きさを示すパラメータである。また，残差である e_{ij} には今の企業とのマッチングの質のうち，今の企業で働き始めたときの労働市場経験年数ではとらえることができない要因が残っている。ジョブ・マッチングの質のうち，経験年数で説明できる部分を取り除いたものが e_{ij} であるため，$exper_{ij}^0$ と e_{ij} は無相関でなければおかしい。q_{ij} の式を賃金式に代入すると，

$$\ln wage_{ijt} = (\alpha + \beta)ten_{ijt} + (\beta + \delta)exper_{ij}^0 + c_i + e_{ij} + u_{ijt} \qquad (8.26)$$

が得られる。ここで $(\beta + \delta)$ は一般的技能の収益率とマッチングの質の向上に伴う収益率を合わせた，労働市場経験の収益率だということができる。

　ここまで整理して，問題として残っているのは勤続年数である ten_{ijt} とマッチングの質の良さを示す e_{ij} の正の相関関係である。この内生性に対処するため，Abraham and Farber (1987) はマッチングの質である e_{ij} をある労働者 i が企業 j に最終的に何年間勤めたかがわかるパネルデータの特性を活かすことを考えた。パネルデータからわかる労働者 i が企業 j に最終的に何年勤めたかを示す変数を d_{ij} として，マッチングの質を示す e_{ij} への線形関係を考えると $d_{ij} = (1/\gamma)e_{ij} + v_{ij}$ と書ける。ここで，d_{ij} のうち，e_{ij} では説明できないものが v_{ij} として残っているため，v_{ij} と e_{ij} は無相関となる。すなわち，v_{ij} はマッチングの質とは無関係な最終的な勤続年数の決定要因である。この式を整理すると，$e_{ij} = \gamma d_{ij} - \gamma v_{ij}$ が得られる。この式を先の賃金式に代入すると，以下の式が得られる。

$$\ln wage_{ijt} = (\alpha + \beta)ten_{ijt} + (\beta + \delta)exper_{it}^0 + \gamma d_{ij} + c_i - \gamma v_{ij} + u_{ijt}$$
$$(8.27)$$

ここで，v_{ij} はマッチングの質と無相関であるため，ten_{ijt} と相関しない。そのため，$\alpha + \beta$ と $\beta + \delta$ は一致推定が可能となる。残念ながら純粋な勤続年数の収益率 α は推定できないが，一般的な労働市場経験年数の収益率 β は正であることが予測できるため，$\alpha + \beta > \alpha$ となる。そのため，$\alpha + \beta$ を推定すれ

ば α の上限は推定できるというのが，ここでの考え方である。問題は，d_{jt} が現在継続中の雇用については観察されないことである。たとえば，現時点で今の企業への勤続年数が 10 年の労働者がいるとしよう。残念ながら，この労働者が現在の企業であと何年働き続けるかはわからない。よって，パネルデータのなかで離職まで確認できた企業についてしか d_{jt} は観察できない。この問題に対応するために，Abraham and Farber (1987) はいわゆる**サバイバル・モデル**を推定することで，d_{ij} の期待値を計算し，その予測値を式に代入した[3]。

Abraham and Farber (1987) はこのモデルをアメリカのパネルデータである Panel Study of Income Dynamics（PSID）の 1968 年から 1981 年にかけてのデータを用いて推定した。推定はホワイトカラーとブルーカラーに分けて行われている。ホワイトカラーに関しては，ジョブ・マッチングの質の代理変数である最終的な勤続年数の推定値 d_{ij} を式に入れずに推定すると勤続年数の収益率は年率 1％ 程度で推定されるものの，d_{ij} を入れたうえで推定を行うと勤続年数の収益率が半分の 0.5％ まで減少することが明らかになった。ブルーカラーに関しては，d_{ij} を入れずに推定された勤続年数の収益率が 1.4％ であったのに対して，d_{ij} を入れて推定すると勤続年数の収益率がほとんど 0 となり統計的な有意性も失われることを発見した。

これらの結果から，Abraham and Farber (1987) は企業特殊的人的資本やラジア型の賃金後払い契約は，勤続年数と賃金の相関を説明する仮説としては重要ではないとした。

6.2　マッチングの質と相関しない勤続年数の変動を用いた推定手法

次に Altonji and Shakotko (1987) の研究を紹介しよう。彼らも以下の式の推定を考えた。

$$\ln wage_{ijt} = \alpha\, ten_{ijt} + \beta\, exper_{it} + c_i + q_{ij} + u_{ijt} \tag{8.28}$$

この式の推定に当たっての問題は，ten_{ijt} と誤差項の一部である q_{ij} の間に正

---

3)　実際には d_{ij} を柔軟な形で変換したものを式に導入している。

の相関関係があることだった。しかしよく考えてみると，労働者と企業のマッチングの質である q_{ij} は労働者と企業の組合せが変わらない限り変わらない。そのため，ある労働者がある企業で働いている期間に注目して，そのなかで勤続年数が伸びることによって賃金が上がっているとするならば，それはマッチングの質が向上したことの効果を含まないはずである。彼らはこの推定のアイデアを実行した。

労働者と企業の組合せが変わらない期間のなかで，勤続年数が伸びるに従って賃金が上がっていくかどうかを検証するために提案したのが，$\widetilde{ten}_{ijt} = ten_{ijt} - \overline{ten}_{ij}$ という操作変数を用いた推定である。ただしここで，$\overline{ten}_{ij} = (1/n_{ij})\sum_t ten_{ijt}$ であり，労働者 i の企業 j における勤続年数の平均期間である。たとえばある労働者 i が企業 j に 5 年間勤務したとしよう。このとき $t_{ij1} = 1$, $t_{ij2} = 2$, $t_{ij3} = 3$, $t_{ij4} = 4$, $t_{ij5} = 5$ となり，$\overline{ten}_{ij} = 3$ となる。よって，$\widetilde{ten}_{ij1} = -2, \cdots, \widetilde{ten}_{ij5} = 2$ となる。この操作変数 $\widetilde{ten}_{ijt}$ は ten_{ijt} とは相関するが，労働者と会社の組合せが変わらないうちは変わらないマッチングの質 q_{ij} や，時間を通じて変わらない個人属性 c_i は相関しない。このことは，

$$E\left[c_i\left(ten_{ijt} - \frac{1}{n_{ij}}\sum_t ten_{ijt}\right)\right] = E(c_i ten_{ijt}) - \frac{1}{n_{ij}}\sum_t E(c_i ten_{ijt}) = 0$$

であり，

$$E\left[q_{ij}\left(ten_{ijt} - \frac{1}{n_{ij}}\sum_t ten_{ijt}\right)\right] - E(q_{ij} ten_{ijt}) \quad \frac{1}{n_{ij}}\sum_t E(q_{ij} ten_{ijt}) - 0$$

であることから確認できる。したがって，$\widetilde{ten}_{ijt}$ は内生変数 ten_{ijt} とは相関するものの，労働者と企業のマッチングの質や，労働者の観察不能な異質性とは相関しない。よって $\widetilde{ten}_{ijt}$ を操作変数として用いて推定を行うことが適切である。

Altonji and Shakotko (1987) もアメリカのパネルデータである Panel Study of Income Dynamics（PSID）の 1968 年から 1980 年にかけてのデータを用いて推定した。最小 2 乗法を使って推定を行うと勤続年数 1 年当たり 2.8% の賃

金上昇が見られるものの，操作変数推定を行うとその影響がほとんど 0 となったという結果を報告している。

　Abraham and Farber (1987) は労働者と企業のマッチングの質を直接制御する方法で内生性に対処しており，Altonji and Shakotko (1987) は労働者と企業のマッチングの質とは相関しない操作変数を用いて内生性に対処しているという違いがある。Abraham and Farber (1987) と Altonji and Shakotko (1987) は企業と労働者のマッチングの質と勤続年数が相関することによる内生性に対処している点で共通している。

7 内生的な転職行動を考えたモデルの推定

　Abraham and Farber (1987) や Altonji and Shakotko (1987) の研究は，本質的には企業特殊的な人的資本の存在やラジア型の暗黙の契約の存在を否定する結果であり，論争を巻き起こすことになった。Abraham and Farber (1987) や Altonji and Shakotko (1987) に対する反論の代表的な例が Topel (1991) であり，勤続年数の収益率が低いという推定結果は推定上の問題より発生しているとする。

　Topel (1991) が考えたモデルも，これまでと同様に以下の推定式である。

$$\ln wage_{ijt} = \alpha\, ten_{ijt} + \beta\, exper_{it} + c_i + q_{ij} + u_{ijt} \tag{8.29}$$

彼はこの式を $t-1$ 年から t 年にかけて，同じ企業で働き続けた者と，転職をした者に分けて推定することを考えた。同じ企業で働き続けた者に関しては，ten_{ijt} と $exper_{it}$ がともに毎年 1 ずつ増加することと，c_i ならびに q_{ij} が一定であるため $\Delta x_{ijt} = x_{ijt} - x_{ijt-1}$ という表記を用いると，以下の式を得ることができる。

$$\Delta \ln wage_{ijt} = \alpha + \beta + \Delta u_{ijt} \tag{8.30}$$

すなわち，非転職者に関して，賃金の自然対数値の階差を定数項だけに回帰すれば $\alpha + \beta$ が推定できることになる。

その一方で，労働市場経験年数と勤続年数への収益率を合計した $\alpha + \beta$ を用いて，ある労働者 i が現在の仕事を始めたときの労働市場経験年数を $exper_{ij}^0$ とする，労働者 i の仕事 j における t 年の賃金のレベル式は，

$$\ln wage_{ijt} = \beta\, exper_{ij}^0 + (\alpha + \beta)ten_{ijt} + c_i + q_{ij} + u_{ijt} \qquad (8.31)$$

と書ける。

ここで非転職者のデータから推定された $\widehat{\alpha + \beta}$ を用いると，上式は，

$$\ln wage_{ijt} - (\widehat{\alpha + \beta})ten_{ijt} = \beta\, exper_{ij}^0 + c_i + q_{ij} + u_{ijt} \qquad (8.32)$$

と変形できる。この式を推定すれば，経験年数の収益率である β を推定できることになる。

しかしここで，経験年数が増えれば増えるほど，良いマッチングの仕事に就いている可能性は高まるわけで，それにもかかわらず，転職したということはよほど良いマッチングの仕事のオファーがあったために転職したと考えることができるので，$exper_{it}^0$ と q_{ij} は正の相関を持つことが考えられる。この考え方は，アメリカでは若いうちによりマッチングの良い仕事に変えていく，いわゆる**ジョブ・ホッピング**をしながら賃金を上げていくという Topel and Ward (1992) の実証的発見と整合的である[4]。そのため，転職者のみを用いて上記の式を最小 2 乗推定すると plim $\hat{\beta} > \beta$ となり，経験年数が賃金に与える効果は過大推定されることになる。

ここで，非転職者を用いて推定された $\alpha + \beta$ の推定値である $\widehat{\alpha + \beta}$ と，過大推定された $\hat{\beta}$ を用いて $\alpha = \widehat{\alpha + \beta} - \hat{\beta}$ を計算すれば，plim $\alpha < \alpha$ であるため，勤続年数への収益率の下限を推定できることになる。PSID の 1968〜1983 年のデータを用いて推定した結果，仮に下限を推定したとしても勤続年数の収益率は大きく，年率で 5.5% に及ぶことを示した。

---

[4] Topel and Ward (1992) によれば，アメリカの男性労働者は労働市場に出た最初の 10 年で平均 7 つの仕事を持ち，これは生涯に持つ仕事の 3 分の 2 に及ぶという。また最初の 10 年間の賃金増加のうち少なくとも 3 分の 1 は転職によるより良い職への移動によって説明できるという。彼らは若い労働者のジョブ・ホッピングは安定的な職に就くまでの過程であると解釈している。

　また，Topel (1991) は2つのバイアスの可能性についても議論している。1つは非転職者だけを用いて

$$\Delta \ln wage_{ijt} = \alpha + \beta + \Delta u_{ijt} \tag{8.33}$$

を推定することのバイアスである。非転職者であるということは，賃金の伸びか大きかったからである可能性があるので，母集団で $E(\Delta u_{ijt}) = 0$ が成立しても，非転職者 $(ten_{ijt} = ten_{ijt-1} + 1)$ に限ると $E(\Delta u_{ijt}|ten_{ijt} = ten_{ijt-1} + 1) > 0$ となってしまい，このサンプル・セレクション・バイアスによって $E(\widehat{\alpha + \beta}) > \alpha + \beta$ になる可能性があるとしている。

　この問題に対処するために彼は賃金上昇の誤差項が，労働者と企業のマッチングとランダムなものに分解できると仮定した。つまり，$\Delta u_{ijt} = \eta_{ij} + v_{ijt} - v_{ijt-1}$ ということを考えたのである。この仮定のもとで勤続年数が長くなるためには，さまざまなランダム・ショックが起こっても，Δu_{ijt} が十分に大きな値をとる必要がある。そのため，η_{ij} が大きいことが求められることになる。すると，サンプル・セレクション・バイアスの大きさは勤続年数が長いサンプルのほうが深刻になるはずである。この議論に基づいて，Topel (1991) は勤続年数の長い労働者にサンプルを限定して階差式を推定したが，$\widehat{\alpha + \beta}$ の推定値がほとんど変わらないことを報告しており，サンプル・セレクション・バイアスはそれほど深刻ではないことを示している。

　次に，検討したバイアスの発生可能性は2段階目の式

$$\ln wage_{ijt} - (\widehat{\alpha + \beta})ten_{ijt} = \beta exper_{ij}^0 + c_i + q_{ij} + u_{ijt} \tag{8.34}$$

を推定する際に発生するバイアスである。一般的に，能力が高く c_i が大きい労働者は転職しにくいものとも考えられる。実際に，教育水準が高い労働者のほうが転職しにくいことが知られている。そのため，能力が高い労働者が転職しにくいとするならば，その労働者は今の仕事を昔から行っているはずであり，仕事を始めた時点の労働市場経験年数は短いはずである。そのため，$exper_{ij}^0$ と c_i は負の相関を持つおそれがある。当初は $exper_{ij}^0$ と q_{ij} の正相関から β の推定量に上方バイアスが掛かることを懸念していたのだが，$exper_{ij}^0$ と c_i の負の相関より，実際には β の推定量に下方バイアスが掛かっている可

能性も否定できない。

　この問題に対処するため，Topel (1991) は $exper_{ij}^0$ の操作変数として労働者 i の t 年における労働市場経験年数である $exper_{it}$ を使うことを提案している。この場合，労働市場経験年数が伸びるとジョブ・マッチングの質が向上することが予想され，$exper_{it}$ は q_{ij} と正の相関を持つことが予想されるものの，$exper_{it}$ と労働者の能力が相関することはないため，β の操作変数推定量は上方バイアスが掛かったものになることが予想される。Topel (1991) は，操作変数推定と最小 2 乗推定では β の推定値にほとんど違いがないことを報告し，この問題が無視できることを報告している。

　このように Topel (1991) は，Abraham and Farber (1987) や Altonji and Shakotko (1987) とは大きく異なる結果を得た。Topel (1991) は，その理由を次のように議論している。まず，Altonji and Shakotko (1987) と異なる結果を得た理由であるが，第 1 に，操作変数推定を行ったことによって勤続年数とジョブ・マッチングの質の相関を除外した分，労働市場経験年数とジョブ・マッチングの質の相関がより強まり，労働市場経験年数の収益率の上方バイアスがより厳しくなったことを挙げている。第 2 に，勤続年数の測定誤差がきわめて深刻であることを指摘している。Topel (1991) の推定手法は勤続年数を直接推定に使っていないため，この問題がもたらすバイアスの影響は受けないのである。第 3 に，パネルデータの摩耗による影響を指摘している。Altonji and Shakotko (1987) は賃金を実質化するために年次ダミーを導入しているが，よりマッチングの質が高い労働者だけがサンプルに残ることによって，年次効果を過大推定しているとする。このことも，勤続年数の収益率を過少推定することにつながる。Abraham and Farber (1987) と推定結果が異なる理由としては，推定されたマッチングの質が実際のマッチングの質をそれほどよくとらえていない可能性を指摘している。

　このように，Topel (1991) の研究は勤続年数が伸びるに従って賃金が上昇することを示した。この発見は，リストラによって仕事を失った労働者が大幅な賃金低下を経験することを発見した Jacobson et al. (1993) の発見とも整合的である。もっとも，勤続年数の増加に伴う賃金上昇を企業特殊的人的資本のためと解釈すべきかどうかについては，議論の余地がある。たとえば，Neal

(1995) は企業特殊的人的資本の重要性は低く，産業や職業に特有の人的資本がむしろ重要であると主張し，実証的な論拠を提供している。

　このように，勤続年数の収益率の推定は複雑な問題をはらんでいるが，アメリカでは研究が盛んに行われてきた。日本では，勤続年数の収益率が高い可能性が指摘されつつも，パネルデータの整備がアメリカよりも遅れたこともあり，その推定はまだ盛んに行われているとは言い難い状況である。

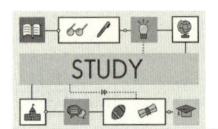

演習問題 ●

【確認問題】

[8-1] 労働者の特定の企業への勤続年数に応じて生産性や賃金は変化していくことが考えられる。問題を簡単にするために若年期と中高年期の2期間働く労働者を考える。

  (1)　企業特殊的技能のモデルに従うと，それぞれの時期の生産性と賃金の関係はどのようになるだろうか。また，なぜそのような関係が成立するかについて説明しなさい。

  (2)　サボタージュ防止策としての賃金後払い契約のモデルに従うと，それぞれの時期の生産性と賃金の関係はどのようになるだろうか，また，なぜそのような関係が成立するかについて説明しなさい。

[8-2] ジョブ・マッチング・モデルは労働者と企業がマッチングの質を実現した生産量からベイズ学習していくモデルである。このモデルに基づいて，なぜ高卒労働者と大卒労働者では高卒労働者のほうが入職から離職までの期間が短いのかについて，高卒労働者の仕事のどのような特性が，入職から離職までの期間を短期化させているのかについて数点列記したうえで説明しなさい。

[8-3] 労働者と企業の間に起こりうるホールドアップ問題について，以下の設問に答えなさい。

  (1)　労働者の技能が企業特殊的なときに起こりうるホールドアップ問題とは何だろうか。人的資本蓄積水準の立証可能性（verifiability）をキーワードに説明しなさい。

(2) なぜ昇進と昇給をリンクさせることが，ホールドアップ問題を解決する可能性があるのかについて，本章で解説した Prendergast (1993) の議論に基づいて説明しなさい。

[8-4] 労働者が労働市場での経験を積むに従って，一般的には賃金は上がっていく。この観察結果を人的資本の蓄積で説明することを考える。

(1) 人的資本が一般的人的資本である場合と企業特殊的人的資本である場合のそれぞれについて，労働者の生産性と賃金の関係を図示しながら説明しなさい。

(2) ある企業では，長期勤続が期待される社員にのみ職業訓練を実施している。この企業が与えている訓練で身につく人的資本は一般的だろうか，または企業特殊的だろうか。上記の理論に基づいて説明しなさい。

[8-5] 労働者の努力水準について企業と労働者の間に情報の非対称性があるとき，ラジア型の後払いの賃金体系を取り入れることで，効率性を回復できるという考え方がある。しかし，日本の法制度環境を考えたとき，この賃金形態が現実的ではない可能性もある。その可能性を，ラジア型契約の重要な前提と，その前提条件を取り巻く日本の法制度環境について触れたうえで，説明しなさい。

【発展問題】

[8-6] ある労働者にとってマッチングが良い仕事と悪い仕事が労働市場に存在するとしよう。その労働者は特定の仕事が良いマッチングであるか，悪いマッチングであるかは知ることができないが，良いマッチングが起こる確率が 0.6 であることは知っているとする。マッチングの質が良いときには高い生産量を 0.8 の確率で実現し，低い生産量を 0.2 の確率で実現する。一方で，マッチングの質が悪いときには高い生産量を 0.3 の確率で実現し，低い生産量を 0.7 の確率で実現する。

(1) 労働者がある職に就いた直後でまだ生産量を観察していないとしよう。このとき，この職が良いマッチングである（事前）確率を求めなさい。

(2) 職に就き始めて観察した生産量が高い生産量であったとしよう。この職が良いマッチングである（事後）確率を求めなさい。

(3) 職に就き始めて観察した生産量が 2 回連続で高い生産量であったとしよう。この職が良いマッチングである（事後）確率を求めなさい。

(4) 観察する生産量が増えるに従って，良いマッチングである（事後）確率の更新幅はどのように変化すると考えられるだろうか。上記 2 つの問いの解答から推測して，その理由を説明しなさい。

(5) 勤続年数が長くなるに従って，転職する確率はどのように変化することが予想されるかについて説明しなさい。また，その理論的予測は現実のデータと整合的と言えるかどうかについて，本章で紹介した実証研究をふまえて説明しな

　　さい。

【実証問題】

[8-7]　勤続年数が賃金に与える影響を推定することが難しい理由を明確にしたうえで，これまでの実証研究ではどのような推定上の工夫がなされてきたかについて説明しなさい。とくに本章で紹介した Altonji and Shakotko (1987) の研究と Topel (1991) の研究に言及して議論しなさい。

第9章
労働市場における男女差

　世界の先進国において女性の賃金は男性に比べて低く，また女性の就業率も男性と比べて低い。こうした男女差は日本においてとくに顕著である。本章では，労働市場におけるこれらの男女差がどのように発生するのかを理論的に説明し，それらの理論を検証した実証分析を紹介する。

1 政策課題としての男女差

　労働市場を概観したときに，就業率や時間当たり賃金に大きな男女差が確認できる。図 9.1 は，OECD（経済協力開発機構）諸国における 15〜64 歳の女性の就業率（就業者が人口に占める割合）を示している。これを見ると，日本の女性の就業率はおよそ 65％ であり，男性の就業率がおよそ 80％ であることを考えると低い水準にとどまっている。

　また図 9.2 に示されるように，時間当たりの賃金で比べてみても，日本における男性と女性の賃金差は約 27％ となっていて，他の先進国と比べても男女間の賃金差は大きい。

　日本はこれから労働力人口が減少していくことが予想されており，女性も含めたすべての人々が能力を十分に発揮して働けるような社会をつくっていかなければならない状況にあると考えられている。それを反映して，政府も「女性活躍推進」を経済政策の大きな柱として掲げている。この状況のなかで，就業

図 9.1　OECD 諸国における 15〜64 歳の女性の就業率（2016 年時点の最新調査年）

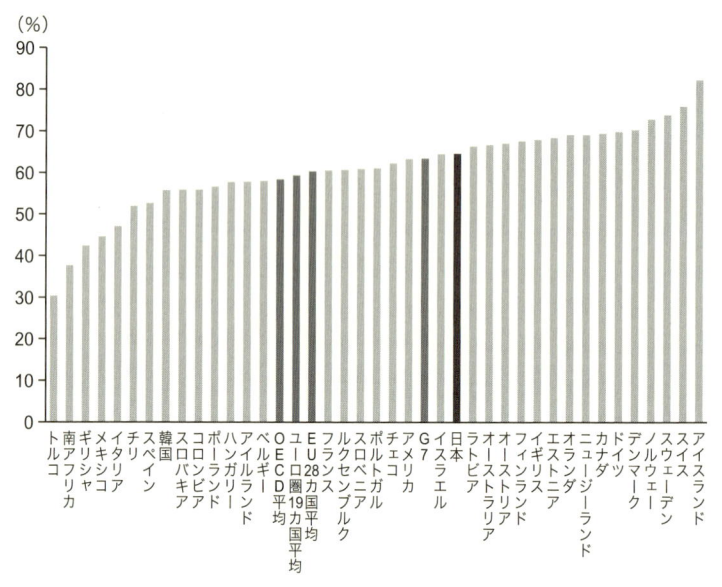

（出所）　OECD statistics（http://stats.oecd.org/）より作成。

率や時間当たり賃金の男女差が大きいことは憂慮すべき状況ともいえる。なぜ労働市場においてこのように大きな男女差が発生するのか，本章ではその原因について考えてみよう。

2　時間当たり賃金の男女差

　先にも述べたように，OECD 諸国における 15〜64 歳の男女間賃金差を示した図 9.2 を見てみると，現代の日本では男女間の賃金差が 27％にのぼることがわかる。もっとも，この賃金差の一部には男性には大卒者など高学歴の者が多いことが反映されている。また，日本における賃金は勤続年数とともに上がっていく傾向が強いが，勤続年数も男性のほうが長い傾向がある。このように，学歴や勤続年数という労働者の属性が異なることによって男女間の賃金差が発生している部分もあるので，労働者の属性を揃えたうえでの男女間の賃金

図 9.2　OECD 諸国における 15〜64 歳の男女間賃金差（2016 年時点の最新調査年）

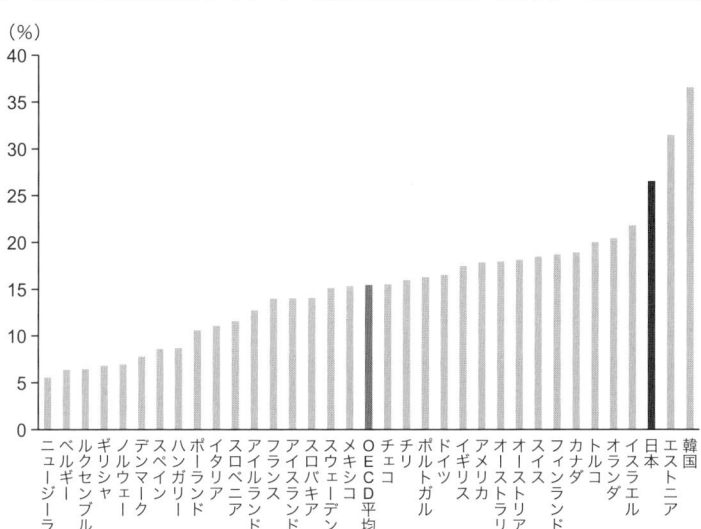

（出所）　OECD statistics（http://stats.oecd.org/）より作成。

差に関心がある場合もある。本節では，労働者の属性を揃えたうえで，どのように賃金差を計算すればよいのかについて，計量経済学的な議論を紹介する。

2.1　ミンサー型賃金関数を用いた賃金の男女差

　男女労働者の学歴，労働市場経験年数，勤続年数の違いなどをコントロールしたうえでの賃金差を計算するために，第 7 章でも紹介したミンサー型賃金関数が推定されることが多い。**ミンサー型賃金関数**とは，時間当たり賃金の自然対数値を被説明変数として，教育年数（場合によっては教育年数に対応する学歴ダミー変数），労働市場における経験年数，勤続年数などを説明変数とする方程式のことである。本章では，分析の目的に合わせて男女差を推定するために女性であることを示すダミー変数も説明変数に加える。推定式は，

$$\ln wage_i = \beta_0 + \beta_1 female_i + \beta_2 hs_i + \beta_3 jc_i + \beta_4 uni_i$$
$$+ \beta_5 exper_i + \beta_6 exper_i^2 + \beta_7 ten_i + \beta_8 ten_i^2 + u_i \qquad (9.1)$$

という形が一般的である。ここで，i は各労働者を示す添え字，$wage$ は時間当たり賃金，$female$ は女性であるときに 1 をとるダミー変数，hs は高卒であるときに 1 をとるダミー変数，jc は短大・高専卒（専門学校卒を含む）であるときに 1 をとるダミー変数，uni は 4 年制大卒・大学院卒のときに 1 をとるダミー変数，$exper$ は潜在経験年数[1]，ten は同一企業に対する勤続年数を示すものである。中卒の学歴ダミーが入っていないため，学歴ダミーに対する係数は中卒労働者に比べて各教育年数の労働者がどれだけ高い賃金を得ているかを示すものとなっている。ここで係数 β_1 は学歴，潜在経験年数，勤続年数が同じときに男女間でどれだけ自然対数値の賃金差があるかを示すものである。この β_1 は 0 に近いときは $\beta_1 \times 100$ が男女賃金差の ％ 差の近似値であり，β_1 が 0 と離れているときには $[\exp(\beta_1) - 1] \times 100$ が男女賃金差の ％ 差である。

なお，誤差項を無視すると，男性の賃金は，

$$wage^M = \exp(\beta_0 + \beta_2 hs_i + \beta_3 jc_i + \beta_4 uni_i + \beta_5 exper_i + \beta_6 exper_i^2 + \beta_7 ten_i + \beta_8 ten_i^2)$$

女性の賃金は，

$$wage^F = \exp(\beta_1) \exp(\beta_0 + \beta_2 hs_i + \beta_3 jc_i + \beta_4 uni_i + \beta_5 exper_i + \beta_6 exper_i^2 + \beta_7 ten_i + \beta_8 ten_i^2)$$

であり，学歴，潜在経験年数，勤続年数が共通する女性の男性に対する賃金比は $wage^F / wage^M = \exp(\beta_1)$ である。そのため，

$$\frac{wage^F - wage^M}{wage^M} \times 100 = [\exp(\beta_1) - 1] \times 100$$

が男性賃金を基準にしたときの男女賃金の ％ 差になる。

2.2 賃金構造基本統計調査を用いた推定

ここで，日本における賃金に関する大規模なデータである「賃金構造基本統

---

1) 一般的には，年齢から (教育年数 ＋ 6) を引いたもので定義される。

計調査」の 2015 年調査の個票データを用いて，この賃金関数を推定してみよう。分析対象としているのは，59 歳以下の短時間労働者を除いた労働者である。この調査では，短時間労働者に関しては学歴がわからず，分析に含めることができないため除いている。

　「賃金構造基本調査」は複雑なサンプリングを経て調査対象となる事業者や労働者が決められている。そのため，産業や事業所の規模によって調査対象となる確率が異なる。たとえば，同一産業であれば大規模事業所で働く労働者のほうが調査対象になる確率（**抽出確率**）が高いなどの特徴がある。したがって，日本全体の賃金構造を推定しようとする場合には，抽出確率の低い労働者には大きなウェイトを掛け，抽出確率の高い労働者には小さなウェイトを掛ける必要がある。抽出確率の逆数を**復元倍率**というが，復元倍率をウェイトにした加重推定を行うのが一般的である[2]。

　上記をふまえ，「賃金構造基本統計調査」の復元倍率をウェイトとして行った加重最小 2 乗推定の結果は，以下の通りである。

$$
\begin{aligned}
\ln \widehat{wage}_i = &- \underset{(0.002)}{0.186}\, female_i \\
&+ \underset{(0.006)}{0.093}\, hs_i + \underset{(0.006)}{0.274}\, jc_i + \underset{(0.006)}{0.505}\, uni_i \\
&+ \underset{(0.000)}{0.024}\, exper_i - \underset{(0.001)}{0.050}\, exper_i^2/100 \\
&+ \underset{(0.000)}{0.030}\, ten_i - \underset{(0.001)}{0.015}\, ten_i^2/100, \\
&N = 845{,}090, \quad R^2 = 0.50
\end{aligned}
\tag{9.2}
$$

ただし，ここでカッコ内の数字は通常の標準誤差である。これは女性の賃金が 0.186 ログポイント低い，すなわち約 17％（= [exp(−0.186) − 1] × 100）低いことを示す結果である。ちなみに教育年数ダミー，潜在経験年数，勤続年数をコントロールせずに推定すると，

---

2)　回帰モデルのパラメータ $\beta_0, \cdots, \beta_8$ が産業や企業規模で変わらないのであれば，加重推定の必要はないが，パラメータの値が産業・企業規模で異なると想定される場合に日本全体のパラメータの平均値を求めたいのであれば，加重推定を行うことが一般的である。ただし，厳密にいうと加重推定量の期待値が日本全体のパラメータの平均値と一致するためには特殊な仮定が満たされる必要がある。

$$\widehat{\ln wage_i} = - 0.326 \, female_i \qquad (9.3)$$
$$(0.002)$$
$$N = 845,090, \quad R^2 = 0.09$$

という結果が得られるため，女性の賃金が 0.326 ログポイント低い，すなわち約 28％（= [exp(−0.326) − 1] × 100）低いことを示す結果が得られる。これは，OECD が報告する日本の男女の賃金差と近い値である。これらの 2 つの推定結果は，男女の属性の違いをコントロールしないで得られる男女賃金差の 28％ は，男女労働者で学歴，潜在経験年数，勤続年数が異なることを考慮すると 17％ にまで縮小することを意味している。このことは，男女間の賃金差を議論するうえでは労働者属性の違いを考慮することが重要であることを示唆している。

3 結婚と男女の分業

3.1 家計生産と市場生産

改めて，図 9.1 を見てみよう。OECD 諸国における 15〜64 歳女性の就業率は図 9.1 に示されている通りであり，世界の多くの国々において女性の就業率は男性の就業率よりも低い水準にとどまっている。本節では，まず男性と女性が結婚することによる経済的なメリットを分業と比較優位の視点から考える。次に，男女が市場生産と家計生産をどのように分業することになるかを議論する。

ここで，**市場生産**とは労働市場で働いて対価として賃金を得るという活動であり，**家計生産**とは子育てや料理・洗濯・掃除などといった家事のことを指していて，私たちが生活したり生活水準を向上させたりするうえでは欠かせない活動である。賃金を得れば，それと引き換えに消費財を購入して消費することで効用を高めることができるし，家計生産を行うことでも効用を高めることができる。経済学では，市場生産と家計生産を適度にバランスさせることを通じて人々は効用を最大化することができると仮定して，家計の行動をモデル化するのである。

3.2 分業によるメリットと男女の就業率

この市場生産と家計生産の両方を男性と女性がそれぞれ行うことも考えられるが，男性が市場生産に**比較優位**を持ち，女性が家計生産に比較優位を持つ状況では，男性と女性が結婚し，比較優位に基づく分業を行うことで男性・女性の双方が分業の利益を享受することができる。これを明確にするために，経済モデルを明示的に考えてみよう。

なお，男性が市場生産に比較優位を持ち，女性が家計生産に比較優位を持つのは，

$$\frac{男性の市場生産性}{男性の家計生産性} > \frac{女性の市場生産性}{女性の家計生産性}$$

が成立する状況である。

ここで，市場生産財である X と，家計生産財である Z が存在するとしよう。また，男性と女性には T の時間が与えられていて，この時間を男性と女性はそれぞれ労働時間 L と家計生産時間 H に分配するとしよう。男性には市場賃金 W_M が支払われ，女性には市場賃金 W_F が支払われるとしよう。市場生産財は労働所得を用いて購入されると考えると，男性が手にする市場生産財の量は $X = W_M L$ となり，女性が手にするのは $X = W_F L$ となる。一方で，家計生産財に関しては家計生産に費やす時間に比例して生産されると考え，男性に関しては時間当たりの生産量が E_M であり女性に関しては時間当たりの生産量が E_F であるとする。このとき男性の家計生産財の量は $Z = E_M H$ であり，女性の家計生産財の量は $Z = E_F H$ となる。

ここで，横軸に家計生産財 Z の量をとり，縦軸に市場生産財 X の量をとった平面を考え，この平面上に生産可能性フロンティアを描き入れることにしよう。とりあえず性別を無視すると，市場生産財は $X = WL$ であり，家計生産財は $Z = EH$ であり，人々は時間制約 $L + H = T$ に直面している。ここで，市場生産財の式に時間制約を代入すると，

$$X = W(T - H)$$

が得られる。これに，家計生産財の式から得られる $H = Z/E$ を代入すると，

図 9.3　家計生産財と市場生産財の生産可能性フロンティア

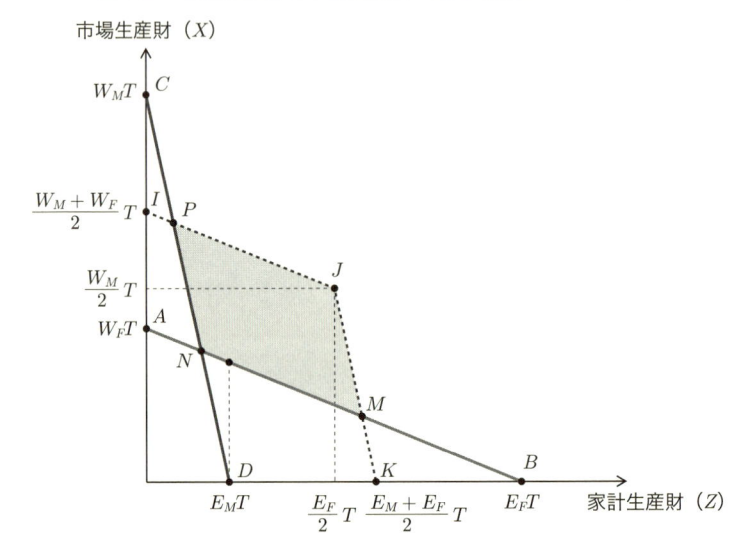

$$X = WT - (W/E)Z \tag{9.4}$$

という生産可能性フロンティアの式が得られる。ここで，傾き W/E は家計生産財を増やすために犠牲にしなければならない市場生産財であり，家計生産財の機会費用だと言える。時間当たり賃金は男性が W_M で女性が W_F であり，時間当たり家計生産財の生産効率は男性が E_M で女性が E_F である。これをそれぞれ描き入れたものが図 9.3 であり，このなかの線分 AB が女性の生産可能性フロンティアであり，線分 CD が男性の生産可能性フロンティアである。ここでは，$W_M/E_M > W_F/E_F$ が仮定されている。このことは，家計生産財の市場生産財で測った機会費用は男性のほうが高いことを意味しており，生産可能性フロンティアの傾きは男性のほうが急である。これは女性が家計生産に比較優位を持ち，男性が市場生産に比較優位を持つことを意味している。

　男性と女性がそれぞれ図 9.3 に示される生産可能性フロンティアを持つとき，この 2 人が結婚すると，1 人当たりの生産可能性フロンティアはどうなるだろうか。これを求めるために，さしあたり男性と女性の生産可能性フロンティアを足し合わせて，2 で割ることにする。男性が持てる時間すべてを家計生

産に費やしたときの家計生産財の量が $E_M T$ であり，女性が持てる時間のすべてを家計生産に費やしたときの家計生産財の量が $E_F T$ だから2人の生産量は $(E_M + E_F)T$ となる。よって，1人当たりの家計生産財の量は $(E_M + E_F)T/2$ となる。同様に，男性と女性が持てる時間のすべてを市場生産に費やしたときに得られる1人当たりの市場生産財の量は $(W_M + W_F)T/2$ となる。この2つの極端なパターンの点を結んだ線分 IJK が，結婚した男女の1人当たり生産可能性フロンティアとなる。

　男女ともに，市場生産に全力投球する点 I から出発して少しずつ家計生産財を増やしていこうとするときに，線分がまずは女性の生産可能性フロンティアと同じ傾きになるのは，女性のほうが家計生産の機会費用が低いため，まずは女性が家計生産に従事するためである。この傾きは，女性が持てる時間のすべてを家計生産に使い切る点 J まで続くことになる。この屈曲点である点 J においては，女性が持てる時間すべてを家計生産に使い，一方で男性が持てる時間すべてを市場生産に使っていることになる。そのため，1人当たりの家計生産財の量は $Z = (E_F/2)T$ であり，市場生産財の量は $X = (W_M/2)T$ である。この女性が家計生産に特化し，男性が市場生産に特化している点 J を超えて家計生産財の量を増やそうとすれば，男性が家計生産に乗り出すことになる。男性は家計生産の機会費用が高いため傾きは急になる。この傾きは男性の生産可能性フロンティアと同じ傾きである。そして，男性も持てるすべての時間を家計生産に使ったときに終点 K に到着する。このときの1人当たり家計生産財の量は $(E_M + E_F)T/2$ となるのである。

　男性と女性が結婚したときに達成される1人当たりの生産可能性フロンティア IJK が，男性と女性それぞれの視点から見たときに持つ意義を検討してみよう。まず女性の視点から見てみると，独身のときに女性が選べた家計生産財と市場生産財の組合せは AB の線分上であった。結婚することによって1人当たりの生産可能性フロンティアが IJK になることによって，今までは選択できなかった $IJMA$ で囲まれた台形の部分も選択できるようになった。これは女性が独身のときに選択可能だった領域に比べて市場生産財の量が増えることを意味しており，市場生産に比較優位を持つ男性との結婚によって，分業の利益が発生することを示唆している。もちろん，女性が独身のときには選択

できた MBK の領域（つまり家計生産財が多く，市場生産財が少ない領域）が選択できなくなるので，結婚によって失うものもある。このため，家計生産財が大切で，市場生産財は大切ではないと思っている女性は結婚のメリットが享受できないため結婚することはない。もっとも，独身女性に結婚することもできるという選択肢が示されることによって，選択可能な領域が AB から $IJMB$ に拡大するのである。

　同様の議論を独身男性に当てはめると，当初は線分 CD に限定されていた選択可能性が，女性と結婚することもできるという選択肢が与えられることによって，選択可能な領域は $CPJK$ に拡大することになる。拡大した領域を見ると，独身のときよりも結婚することによって家計生産財をより多く手にすることができるようになることがわかる。これは，家計生産に比較優位を持つ女性との分業によって生み出されるものである。

　ここまでの議論で明らかになるのは，独身男性にとっても独身女性にとっても，結婚によって**分業の利益**が発生し，家計生産財と市場生産財の生産可能性フロンティアが拡大するということである。なお，独身女性と独身男性の生産可能性フロンティアの傾き，すなわち家計生産財の市場生産財で測った機会費用が異なれば異なるほど，分業の利益が大きくなる。この点は，仮に独身女性と独身男性の生産可能性フロンティアの傾きがまったく同じである例を考えればわかる。このとき，独身男性から見ても独身女性から見ても，結婚した後の生産可能性フロンティアの傾きは変わらない。そのため，結婚後の1人当たりの選択可能な領域が独身男性から見て狭まるときには，独身女性の目から見ると拡大し，独身男性から見て拡大するときには，独身女性から見て狭まることになる。つまり結婚しても，男性にとっても女性にとっても状態がよくなることはなくなるので，自発的には結婚は成立しないことになる。このことは，労働市場における男女の賃金差が縮小し，家計生産の効率性に関する男女差が縮小するとき，男女の分業によって発生する結婚のメリットは薄れてしまうことを示唆している。今日の日本では未婚率が上昇しているが，男女間の賃金差が縮小していることに加えて，コンビニエンス・ストアや家事代行サービスが普及し，かつては家計で生産されていたものが市場で購入できる財に変わりつつあるなかで，男女の比較優位の相違が昔ほどはなくなったということによっ

Column ⑭ 分業の利益の構造変化と国際結婚の増加

厚生労働省の「人口動態統計」によれば，2012 年に生まれた新婚カップルのうち 3.5% が国際結婚だった。内訳を見てみると，夫が日本人で妻が外国籍の割合が 2.6%，妻が日本人で夫が外国籍の割合が 1.0% と，日本人の男性が外国人の女性と結婚する割合が高くなっている。日本人夫 — 外国人妻の割合は，過去はさらに高く，2006 年のピーク時には結婚した男性の 4.9% は妻が外国人だった。一方で，日本人妻 — 外国人夫の割合は 2000 年代に入ってから 1〜1.2% で安定している。

　それでは，日本人夫 — 外国人妻のパターンで，妻はどの国から来ているのだろうか。2012 年の内訳を見てみると，中国が 41.7% で最多，フィリピン 20.5%，韓国・朝鮮が 17.5% と続いている。日本人妻 — 外国人夫のパターンの構成比率は，韓国・朝鮮が 28.2%，アメリカ 17.9%，中国 12.7% となっており，ずいぶん様相が異なっている。なお，韓国・朝鮮国籍の人々には在日韓国・朝鮮人が含まれている。

　このことから，日本人の男性の国際結婚の相手は新興国出身の女性が多いという姿が浮かび上がってくるわけだが，実は韓国や台湾でも，男性がベトナムなど新興国出身の妻と結婚するケースが少なくない。2005 年の新婚カップルで見てみると，韓国男性の 10.2%，台湾男性の 4.0% が外国人と結婚している。

　日本と韓国では何か共通のパターンがあるのではないかと考え，メリーランド大学のスーヒョン・イー助教授と筆者は共同研究を行った（Kawaguchi and Lee, 2017）。その結果，日本でも韓国でも共通して所得が比較的低いタイプの男性が，外国人と結婚する確率が高いことがわかった。日韓両国で女性の経済的地位が向上した一方で，結婚後の家庭内での地位が向上しないので，結婚に魅力を感じない女性が増えて未婚化が進み，国内で結婚相手を探すことが難しくなった男性が国際結婚するようになったのではないか，と筆者らは考えている。

　結婚を機に日本にやってきた女性たち。彼女たちの生活がどうなっていて，日本社会にどんなインパクトを与えているのか。社会学者たちによる丹念なケース・スタディが積み重ねられているが，全体像についてはまだわからないことが多い。今後は大規模政府統計を用いた実態解明が，大切な課題になっていくだろう。

て，ある程度は説明可能である。

　この男女の比較優位に基づく結婚を通じた男女分業のモデルによって，女性の就業率が男性に比べて低い理由を説明することもできる。それは，男女分業のモデルの最適解として，女性が家計生産に特化する場合が，女性が就業しないケースに相当するためである。また，女性が家計生産に特化はせずに，家計生産と市場生産の両方に従事するケースもありうる。これはあたかも，女性が家事を担当する傍らパートタイムで働いているような状態である。ここまで説明してきたモデルでは明示的に示すことはできないが，現実的に考えると，女性が育児や介護，その他の家事の大半を負担しながら働こうとすると，子どもが熱を出したときに早退する必要があるなど，どうしても男性並みの生産性を上げることが難しいという現実もあるだろう。このように考えると，ここでの議論は労働市場において男女の生産性に違いが生まれ，結果として賃金差を生み出していると考えることもできる。実際に，多くの実証研究で男女間の賃金差は結婚したり，子どもができたりすると拡大することが知られていて，男女間賃金差が男女の市場生産と家計生産の分業で説明できることを示唆する結果が報告されている。

3.3　市場生産と家計生産に対する男女の選択

　ここまでの議論で，結婚によってつくられる予算制約の形状を説明してきた。もっとも，予算制約の形状だけでは，結婚したカップルがどのような選択をするかは説明できない。カップルによる選択を説明するためには，カップルの選好を明示的に取り入れる必要がある。

　カップルが市場生産財と家計生産財をそれぞれどのように選択するかは，無差別曲線を用いて表すことができる。ここで，無差別曲線の傾きは，家計生産財が1単位増えたときに市場生産財をどれだけ減らして同一の効用を保てるかを示している。つまり，「市場生産財の家計生産財に対する限界代替率」である。この限界代替率の大きさによって，次の3つのようにカップルの選択を考えることができる。

　まず，家計生産財に対する選好が強いカップルについて考えてみよう。こ

図 9.4　市場生産と家計生産の選択

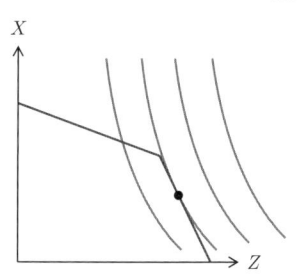

(a) 家計生産財に対する選好が強い
・女性＝家計生産に特化
・男性＝市場生産と家計生産

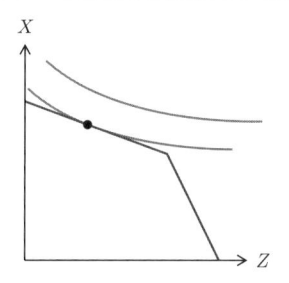

(b) 家計生産財に対する選好が弱い
・女性＝家計生産と市場生産
・男性＝市場生産に特化

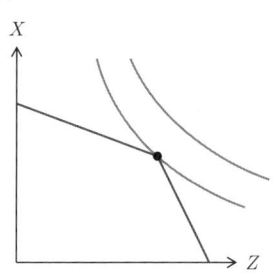

(c) 家計生産財に対する選好が中間
・女性＝家計生産に特化
・男性＝市場生産に特化

の場合は限界代替率が大きく，無差別曲線が急峻になる。このとき，図 9.4(a) のような選択がなされることになる。ここでは，女性は家計生産に特化し，男性は市場生産と家計生産を両方行うことになる。

次に，家計生産財に対する選好が弱いカップルについて考えてみよう。この場合は限界代替率が小さく，無差別曲線の傾きは平坦になる。このとき，図 9.4(b) のような選択がなされ，男性が市場生産に特化する一方で，女性は市場生産と家計生産の両方を行うことになる。

最後に，限界代替率が中間的なケースを考えてみよう。この場合を表したものが，図 9.4(c) である。このとき，女性は家計生産に特化し，男性は市場生産に特化することになる。

3.4　男女の時間利用の実際

ここまで，結婚による男女の分業についての理論的な可能性を検討してきた。こうした理論的な可能性は，実際のデータからも確認できるだろうか。この点を明らかにするのが，総務省統計局が実施する「社会生活基本調査」による，時間利用の男女差である。

男性の 1 日当たり時間利用が図 9.5 に，女性の 1 日当たり時間利用が図 9.6 に示されているが，男性はどちらかというと仕事の時間が長く，女性は家事の時間が長い。「男性が外で働き，女性が家を守る」というイメージは 2011 年

図 9.5　男性 15 歳以上の 1 日当たり時間利用（分）

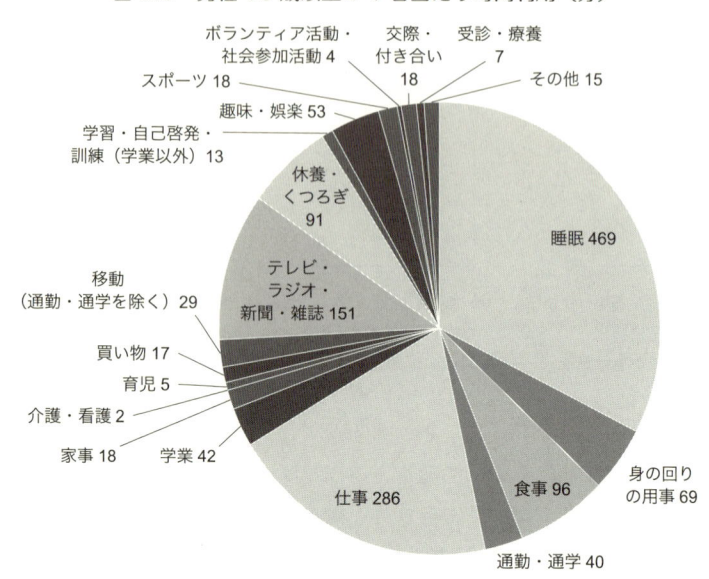

（出所）　総務省統計局「平成 23 年社会生活基本調査」。

図 9.6　女性 15 歳以上の 1 日当たり時間利用（分）

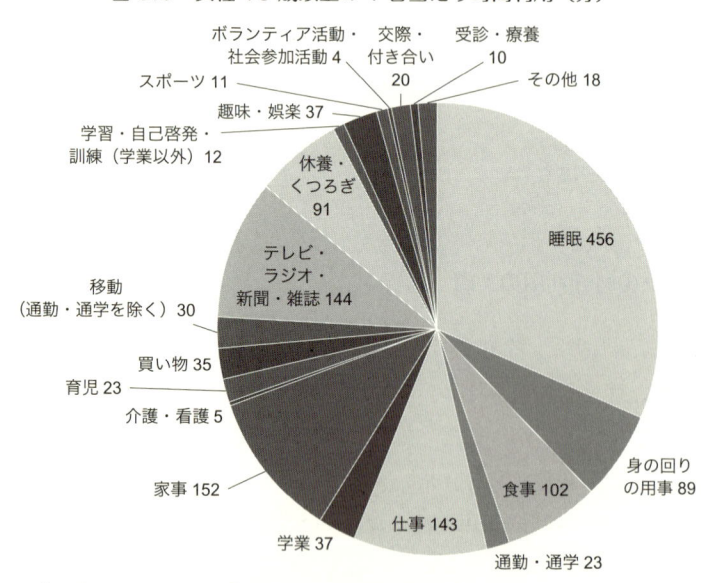

（出所）　総務省統計局「平成 23 年社会生活基本調査」。

の統計でも確認することができる。これは男性と女性が家庭内で役割分担をしている姿と考えることもできよう。このことを本節で解説してきたモデルで考えて見ると，男性が外で働いて稼ぐことで市場生産財を購入し，女性は家事をすることで炊事・洗濯・掃除・育児・介護といった家計生産を行い，結婚している男性と女性が市場生産財と家計生産財を交換している，とみなすことができる。

4 差別による賃金差 (1)：嗜好に基づく差別

　前節では，結婚や出産を契機とする男女の市場生産と家計生産の分業が市場生産における男女の生産性格差を生み出し，そのことが男女の賃金差につながっている可能性を指摘した。その一方で，男性が企業経営者の大半を占めるなかで，彼らの女性に対する偏見が女性の低賃金をもたらしているという仮説もある。また，労働市場においてマジョリティーの位置を占める男性の管理職が女性の部下を差別するために女性賃金が低くなるという仮説や，飲食業やサービス業において顧客が女性を差別するがゆえに女性の賃金が低くなるといった仮説もある。本節では，まずこのような仮説を取り入れた理論を解説し，次にその理論に関する実証分析の結果を紹介しよう。

4.1 雇用主による差別と労働市場の均衡

　ここでは雇用主が女性を雇用することを忌避することが，労働市場均衡における男女間の賃金差にどのようにつながっていくのかを分析しよう。まず，企業の経営者などの雇用主が，女性は何か扱いづらいという偏見を持っていて，会社には雇い入れたくないと思っている状況を考えよう。このような選好を持つ理由としては，「女性は家にいるべきだ」という伝統的な価値観を持っていたり，根拠なく「女性は生産性が低い」と思い込んでいたりするような場合が考えられる。このような雇用主にとっては，女性を雇うことに心理的な抵抗があるはずで，モデルではこのことを賃金支払い以上の心理的なコストが発生し

ている状況として表現する。この追加的な心理的コストの賃金に対する比率を d と表し，**差別係数**と呼ぶことにする。この差別係数の存在を前提にすると，雇用主が解くべき最大化問題は，以下の効用最大化問題として表すことができる。

$$\max_{L_m,\,L_f} U(\pi, L_m, L_f) = pF(L_m, L_f) - w_m L_m - w_f(1+d)L_f \tag{9.5}$$

ここで，U は雇用主の効用，π は利潤（$\pi = pF - w_m L_m - w_f L_f$），$L_m$ は男性雇用量，L_f は女性雇用量である。たとえば，差別係数 d が 0.1 であるとすると，女性に対して 1000 円の賃金支払いをすることがあたかも 1100 円の賃金支払いをしているように感じられるということである。また，生産関数 $F(L_m, L_f)$ は $\partial F/\partial L_m > 0$, $\partial^2 F/\partial L_m^2 < 0$, $\partial F/\partial L_f > 0$, $\partial^2 F/\partial L_f^2 < 0$ が成立していて，男性・女性それぞれに限界生産性が逓減していく状況を考えている。通常のモデルでは経営者は企業の利潤最大化問題を解くように男性雇用と女性雇用を選ぶのだが，ここでは女性を忌避する自身の選好も考慮し，男性雇用と女性雇用を選ぶことを反映して，経営者自身の効用最大化問題を解くように定式化されている。

　この最大化問題の 1 階条件は，

$$p\frac{\partial F}{\partial L_m} = w_m \tag{9.6}$$

$$p\frac{\partial F}{\partial L_f} = (1+d)w_f \tag{9.7}$$

これら 2 つの式を整理すると以下のような関係が得られる。

$$MRS(L_m, L_f) = \frac{\partial F/\partial L_f}{\partial F/\partial L_m} = \frac{(1+d)w_f}{w_m} > \frac{w_f}{w_m} \tag{9.8}$$

すなわち雇用主は，女性雇用の男性雇用に対する技術的限界代替率（＝ 女性の限界生産性の男性の限界生産性に対する比率）が，男性賃金の女性賃金に対する比率よりも大きいところで，男性雇用と女性雇用の投入量を選ぶのである。女性雇用の男性雇用に対する限界代替率は女性雇用が増えると逓減するため，差別係数が大きい雇用主ほど女性雇用を抑える傾向が出てくることになる。

　労働市場に多数の雇用主がいて，それぞれの雇用主が違う水準の差別係数

図 9.7 雇用主による差別と労働市場の均衡

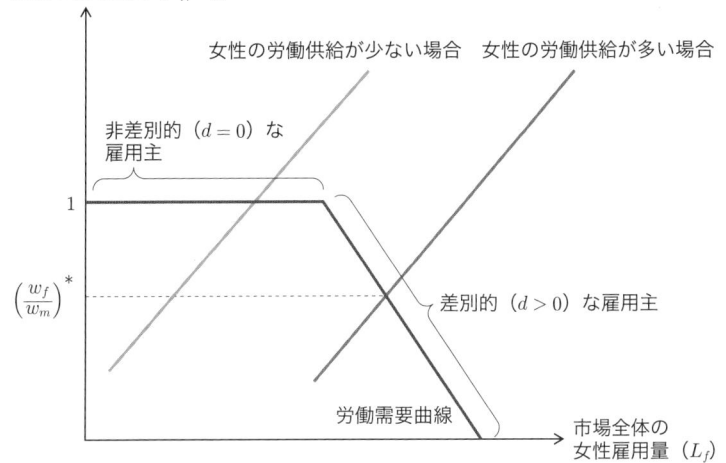

を持っているときに，労働市場の均衡において男女賃金差がどのように発生するかを見てみよう。議論を単純化するために，生産関数のなかで男性雇用と女性雇用が完全代替であり $F(L_m, L_f) = F(L_m + L_f)$ が成立していると仮定しよう。この仮定のもとでは，男性雇用と女性雇用の限界生産性は常に等しいため，女性雇用の男性雇用に対する技術的限界代替率は常に 1 となる。そのため女性雇用に対する需要が生まれるのは，男女の賃金差がないとき $(w_f/w_m = 1)$ には，差別意識がない雇用主 $(d = 0)$ においてのみである。一方で，仮に雇用主に差別意識があったとしても，女性の相対賃金がそれに比べて十分に低ければ女性雇用に対する需要が生まれることになる。

　この労働需要構造を，労働市場の需給均衡の図に描き入れてみよう。図 9.7 は，労働市場全体の女性雇用量 (L_f) を横軸にとって，女性の男性に対する相対賃金 (w_f/w_m) を縦軸にとった図である。差別係数が 0 の雇用主は女性の相対賃金が 1 を上回っているときには女性を雇用しないが，相対賃金が 1 を少しでも下回ると女性を雇用するようになる。そのため，女性雇用の需要曲線は相対賃金が 1 のところで水平になる。水平線の長さは差別係数が 0 の雇用主における女性雇用に対する需要量の合計である。相対賃金が 1 を下回ると，差別係数が正の値をとる雇用主も，差別係数が小さい雇用主から女性を雇用し

始める。そして，相対賃金がさらに下がると差別係数が大きい雇用主も徐々に女性を雇用するようになる。そのため，相対賃金が大きく 1 を下回るようになるとかなり女性に対して差別的な雇用主までもが女性を雇用するようになるため，市場全体の需要量は大きくなる。結果として，女性雇用の男性雇用に対する需要は相対賃金が 1 を下回る領域では右下がりになる。

　女性の労働供給量は女性の相対賃金が上がるに従って増えるため，女性の供給曲線は右上がりとなる。図 9.7 には女性の供給が多い場合の女性労働供給曲線と女性の供給が少ない場合の女性労働供給曲線の 2 つが描き入れてある。この供給曲線の位置は，経済全体に占める女性の数や就業したいと思っている女性の数などに依存して決まる。とくに重要なのが，経済全体の女性雇用の供給が，非差別的な雇用主が生み出す女性雇用に対して，相対的にどのような大きさなのか，ということである。

　女性の労働供給が少ないとき，女性の男性に対する相対賃金が 1 のときの女性の労働供給量は図 9.7 に示すように，非差別的な雇用主が作り出す労働供給にすべて吸収されることになる。労働市場における需給均衡の結果，女性の労働供給が少ない場合には均衡において男女の賃金差は発生しない。これは働きたいと思っている女性がすべて差別的でない雇用主のもとに吸収され働くことができるためである。つまり，労働市場の均衡において男女間賃金差が発生するかどうかは，雇われたいと思っている女性の数と，非差別的な雇用主の数の双方に依存するのである。差別的な雇用主が存在するということが均衡における男女間の賃金差に直結するわけではない点には注意が必要である。

　一方で，女性の労働供給が多く，図 9.7 で右側に女性労働供給曲線が位置しているような状況では，均衡賃金は $(w_f/w_m)^* < 1$ となり，女性賃金は男性賃金よりも低い水準に決まる。これは，この賃金水準で働きたいと考えている女性のすべてを非差別的な雇用主が吸収することができず，一部の女性は正の差別係数を持つ差別的な雇用主のもとで働かざるをえないためである。なお，ここで注意してほしいのは，$(w_f/w_m)^* < 1$ は均衡賃金であり，差別的であろうとなかろうと，すべての雇用主がこの水準の賃金を支払うということである。差別的でない雇用主も女性に対して低い賃金を支払うというのは意外かもしれないが，女性に対して低い賃金を支払っても彼女たちを雇えるのであれ

ば，わざわざ高い賃金を支払う必要はないため，このような結果となる。

　男女が同質（つまり労働生産性が同じ）の労働者であるにもかかわらず，労働市場の均衡において女性の賃金のほうが男性よりも低くなる場合には，女性を差別しない雇用主は女性を多く雇うことで高い利潤を上げることができる。このことを詳しく見てみよう。

　まず，雇用主による効用最大化のための必要条件は $MRS(L_m, L_f) = MP_f/MP_m = (w_f/w_m)(1 + d)$ であった。ただし，ここで MRS は女性雇用の男性雇用に対する技術的限界代替率，MP_f は女性雇用の限界生産性，MP_m は男性雇用の限界生産性である。技術的限界代替率（MRS）は女性雇用が増えると逓減するため，女性の相対賃金（w_f/w_m）が労働市場で与えられると，差別係数（d）が大きい雇用主ほど，必要条件を満たすように女性雇用を抑えることが予想される。一方で雇用主が女性差別をしない場合，つまり $d = 0$ の場合，$MRS(L_m, L_f) = w_f/w_m$ が成立する。技術的限界代替率（MRS）が女性雇用に関して減少関数であることより，差別的でない雇用主は差別的な雇用主に比べて多くの女性を雇うことになる。このとき，他の条件を一定にすれば，通常の利潤最大化問題を解いている雇用主のほうが，効用最大化問題を解いている雇用主よりも高い利潤を上げることができる。そうでなければ利潤最大化問題を解いていることに矛盾するためである。

　差別的でない雇用主のほうが高い利潤を上げられるということは，逆に言うと，差別的な雇用主が企業の利潤を犠牲にして自己の効用を最大化していることを意味している。そのため，株主が利潤を配当などの形で配分するように求めるようになると女性差別は減少していくということも予想される。また，利潤が低い企業は株式市場で十分な資金を調達することができず，徐々に市場から淘汰されていくようになることも予想される。そのため，財市場での競争が激化したり，株主が経営者を監視するコーポレート・ガバナンスの質が向上したりすると，女性に対する雇用主の差別が徐々になくなり，男女間の賃金差が消失していくということも考えられる。このように，雇用主による差別が男女間の賃金差を生むとする理論はいくつもの実証的予測を導き出す。次項では，これらの予測を検証した実証分析の結果を紹介しよう。

4.2　雇用主による差別の実証分析

　ここまで，雇用主の嗜好による差別が労働市場の均衡において男女間の賃金差を生み出す可能性を理論的に指摘した。それでは，日本で観察されている男女間の賃金差は，雇用主の嗜好による差別によってどの程度説明できるのだろうか。先に指摘したように，労働市場のなかには正の差別係数を持つ差別的雇用主と，差別係数が 0 の非差別的雇用主が存在する。このとき，差別的でない雇用主は女性を多く雇うと同時に高い利潤を上げるというのが，雇用主の嗜好による差別のモデルによる実証的な予測であった。

　この予測に基づいて日本において観察される男女間の賃金差が雇用主による差別によるものかどうかを検証した研究に Kawaguchi (2007) がある。この研究は，経済産業省による「企業活動基本調査」の 1992 年，1995〜1999 年の企業レベルのミクロデータを用いて，女性雇用比率の高さが利潤の高さにつながっているかを検証している。データには 50 人以上を雇用し，資本金が3000 万円以上の企業が含まれており，毎年約 2 万 5000 社の企業が調査対象となっている。利潤の指標としては，営業利益を売上高で割った売上高営業利益率（*profit ratio, %*）を用いている。そして，説明変数には従業員の女性比率（*female ratio*）に加えて，創業からの年数（*firm age*）と固定資産・売上高比率（*fixed assets/total sales*）を入れている。また，利潤の水準が産業，都道府県，年によって異なる可能性を考慮してこれらの固定効果（*FE*）を導入したモデルを推定している。推定の結果は，

$$\widehat{profit\ rate} = \underset{(0.18)}{0.36}\ female\ ratio - \underset{(0.00)}{0.01}\ firm\ age$$
$$+ \underset{(0.05)}{0.06}\ \frac{fixed\ assets}{total\ sales} + \widehat{FE} \tag{9.9}$$
$$N = 152,606, \quad R^2 = 0.07$$

と，女性比率が 0.1 （10% ポイント）増えると売上高営業利益率が 0.36% ポイント上がることを示している。女性比率の平均値が 32% であること，売上高営業利益率の平均値が 2.42% であることを考え合わせると大きな効果であるといえる。またこの係数は統計的に有意である。短期的に需要が伸びている企

業が女性を増やすことで短期的な雇用調整を行う可能性も考慮して，各企業の短期的需要ショックを投資・資本比率や情報処理費・総費用比率などで近似した推定も行っているが，結果は頑健であった。この推定結果は，日本において観察される男女間の賃金差が，少なくともその一部は雇用主の嗜好による差別に起因していることを示唆している。

雇用主による差別の理論に基づくと，財市場での競争が激化すると，雇用主が利潤を犠牲にして女性を差別することができなくなるため，女性の雇用が増えて男女間の賃金差が縮小していくことも予測できる。Ashenfelter and Hannan (1986) はアメリカのペンシルバニア州とニュージャージー州における 43 の地域市場で営業している 120 の銀行の 1976 年のデータを用いて，特定の銀行が高い市場シェアを占めていて競争が緩いと考えられる地域では，女性の従業員に占める比率が低くなる傾向があるかどうかを検証した。市場シェアとしては上位 3 行の預金シェア ($CR3$) を用いて，女性比率としては女性・男性比率 (*female/male*) を用いた。上位 3 行の預金シェアの平均値は 0.60 で，女性・男性比率の平均値は 0.39 である。回帰分析の結果は，

$$\widehat{\frac{female}{male}} = \underset{(0.20)}{-0.41} \ln(CR3) - \underset{(0.12)}{1.39} \tag{9.10}$$

$$N = 120, \quad \mathrm{Adj}R^2 = 0.04$$

であった。ここで $\mathrm{Adj}R^2$ は自由度修正済みの決定係数である。この推定結果は，上位 3 行の預金シェアが 0.1 (10% ポイント) 上がると女性比率が 0.04 (4% ポイント) 下がることを示している。女性比率の平均値が 39% であることを考えると，およそ 10% の減少である。各銀行のさまざまな属性をコントロールしても，この結果は，ほとんど変わらなかった。この結果は，銀行業における競争が激しくなると女性差別をする余裕が雇用主になくなり，女性がより多く雇用されるようになることを示している。

4.3 ★管理職による差別

雇用主による差別のほかにも，男女間の限界生産性の差以上の賃金差が差別

によってもたらされることがある。たとえば，雇用主は差別的な嗜好を持って
いなかったとしても，現場の管理職が女性に対して偏見を持っているというこ
とはありうる。そこで，管理職による差別がどのような賃金差をもたらす可能
性があるのかを見てみよう。ここでは，企業に管理職と通常の労働者がいる状
況を考えよう。管理職（supervisor）は男性労働者と女性労働者を管理して生
産を行う。ここでも，男性労働者と女性労働者は完全代替であると仮定する。
このため労働者の投入は $L = L_m + L_f$ と与えられる。この状況は，次のよう
な利潤表現のもとでの利潤最大化問題として考えることができる。

$$\max_{L_m, L_f, s} pF(L_m + L_f, s) - w_m L_m - w_f L_f - w_s(L_m/(L_m + L_f), p_s)s$$

(9.11)

ここで，p は財価格，L_m は男性雇用量，L_f は女性雇用量，w_m は男性賃
金，w_f は女性賃金，$w_s(L_m/(L_m + L_f), p_s)$ は管理職の賃金である。ここで
は管理職は男性の部下を好むため，男性が多い職場であれば相対的に低い賃
金で働いてもよいと考えているとする。そのため，$\partial w_s/\partial(L_m/(L_m + L_f)) = w'_s < 0$ である。また，管理職市場の需給条件によって同じ男性割合のもとで
も管理職賃金が変化することが考えられるため，管理職の希少性を表す価格と
して p_s を考えている。この企業は完全競争的な財市場と労働市場で操業して
いるため，財価格，賃金，管理職賃金は与えられたものとして行動している。
雇用主は利潤を最大化するために男性労働者数，女性労働者数，管理職数を以
下の1階条件を満たすように選ぶ。

$$F_L(L_m + L_f, s) - w_m - w'_s(L_m/(L_m + L_f), p_s)\frac{L_f}{(L_m + L_f)^2}s = 0 \quad (9.12)$$

$$F_L(L_m + L_f, s) - w_f + w'_s(L_m/(L_m + L_f), p_s)\frac{L_m}{(L_m + L_f)^2}s = 0 \quad (9.13)$$

$$F_s(L_m + L_f, s) - w_s\left(\frac{L_m}{L_m + L_f}, p_s\right) = 0 \quad (9.14)$$

利潤を最大化する男性労働者数を $L_m^*(w_m, w_f, p_s)$，女性労働者数を $L_f^*(w_m, w_f, p_s)$，管理職数を $s^*(w_m, w_f, p_s)$ と表記する。

次に労働市場の均衡を考えて，男性労働者，女性労働者，管理職の賃金がど
のように決定されるかを見てみよう。この市場には N 社の雇用主がいて，す

べての企業が同質だとすると，市場全体の需要量はそれぞれ $NL_m^*(w_m, w_f, p_s)$，$NL_f^*(w_m, w_f, p_s)$，$Ns^*(w_m, w_f, p_s)$ である。一方で市場全体の供給関数が $\bar{L}_m(w_m)$，$\bar{L}_f(w_f)$，$\bar{L}_s(w_s)$ で与えられるとしよう。ここで，それぞれの労働供給関数は，それぞれの賃金について増加関数であると考えるのが自然だろう。

このとき男性労働者，女性労働者，管理職の労働市場の均衡条件

$$NL_m^*(w_m, w_f, p_s) = \bar{L}_m(w_m) \tag{9.15}$$

$$NL_f^*(w_m, w_f, p_s) = \bar{L}_f(w_f) \tag{9.16}$$

$$Ns^*(w_m, w_f, p_s) = \bar{L}_s(w_s(\bar{L}_m^*/(\bar{L}_m^* + \bar{L}_f^*),\ p_s)) \tag{9.17}$$

を満たすように男性労働者，女性労働者，管理職のそれぞれの賃金が決まる。3つの市場均衡式があり3つの賃金が未知数となっているので市場賃金がそれぞれ決定するのである。

このようにして決まる，男性労働者と女性労働者の市場賃金の賃金差について見ていこう。以下では煩雑さを避けるため，最適値である「*」を落として議論を進める。ここで (9.13) 式から (9.12) 式を引くと，

$$w_m - w_f + w_s's\left[\frac{L_m}{(L_m + L_f)^2} + \frac{L_f}{(L_m + L_f)^2}\right] = 0 \tag{9.18}$$

が得られる。ここで $[\cdot]$ 内を $1/(L_m + L_f)$ と整理できることに着目すると，この式は，

$$w_m - w_f = -\frac{w_s's}{L} \tag{9.19}$$

と変形できる（ただし，$L = L_m + L_f$ とする）。管理職は，男性比率が上がるなら賃金が下がってもよいと感じるために $w_s' < 0$ である。よって，均衡においては，男性と女性の限界生産性は同じであるにもかかわらず，男性のほうが女性よりも高い賃金を得ることになる。また，この賃金差は管理職の女性に対する差別感が強く，$w_s' < 0$ の絶対値が大きいほど大きくなる。

労働者の限界生産性に比しての男女賃金差を求めるために両辺を F_L で割ると，

$$\frac{w_m - w_f}{F_L} = -\frac{w_s'}{w_s} \cdot \frac{w_s s}{L F_L} \tag{9.20}$$

が得られる。ここで (9.12) 式に L_m を掛けたものと，(9.13) 式に L_f を掛けたものを足すと，

$$(L_m + L_f) F_L (L_m + L_f, \ s) = L_m w_m + L_f w_f \tag{9.21}$$

が得られることから，式は最終的に，

$$\frac{w_m - w_f}{F_L} = -\frac{w_s'}{w_s} \cdot \frac{w_s s}{L_m w_m + L_f w_f} \tag{9.22}$$

と変形できる。これは，管理職の女性差別が強く，男性が増えたときに下落してもかまわないと考える賃金が大きい（弾力性が大きい）ときと，管理職に対する賃金総支払いが労働者に対する賃金総支払いに比べて大きいときに，男女賃金差の労働の限界生産性に対する割合が大きくなることを示している。

　男性と女性の限界生産性が同じであるにもかかわらず，女性のほうが市場賃金が低くなってしまうのは，女性を多く雇うと管理職に高い賃金を支払わなければならなくなってしまうため，雇用主が女性の雇用をできる限り抑えようと行動するためである。結果として市場全体での女性への労働需要が低下し，均衡において女性賃金が低くなってしまうのである。

4.4　顧客による差別

　労働市場における差別がなかったとしても，顧客が女性に対して偏見を持っていて，女性によって提供されるサービスの価値を低く感じるということもある。たとえば，女性社員が取引先に営業に行くと，その女性社員が総合職の社員であったとしても，取引先は自社が軽んじられているように感じるという話も耳にする。また，レストランの給仕は女性も多い職業だが，高級レストランになると黒服の男性が増えてくるという傾向がある。ホテルのバーにしても，最近でこそ女性のバーテンダーが増えてきたとは言うものの，やはり蝶ネクタイを締めた男性がつくったカクテルを飲みたいという声は根強いものがありそうだ。このように考えてみると，顧客による女性に対する偏見はかなり広範に

見られるといってよいだろう。このような顧客による差別も，雇用主は差別的でないにしても女性の雇用を抑える方向で作用するため，女性に対する市場需要を弱め，男女の賃金差を発生させてしまう可能性がある。

顧客による差別を示唆する実験の結果が Neumark et al. (1996) である。Neumark et al. (1996) はランダムに選ばれたレストランに男子学生と女子学生をそれぞれ訪ねさせ，アルバイトの採用があるかどうかをたずねさせた。その結果，一般的なレストランでは男子学生が面接に呼ばれた確率はおよそ19％ と，女子学生の 38％ よりも低かったものの（統計的に有意な差はない），高級レストランでは男子学生が面接に呼ばれた確率は 61％ であり，女子学生の26％ よりも統計的に有意に高かった。この結果は，高級レストランにおける顧客には女性に対する差別があり，そのことを意識するレストラン経営者が男性を積極的に採用しようとする傾向があることを示唆していると言える。

5　差別による賃金差 (2)：統計的差別

5.1　男女によって異なるシグナルの意味

ここまでの議論では，雇用主，管理職，あるいは顧客のいずれかが女性に対して差別的な選好を持つときに，女性に対する労働需要が減少することを示してきた。またこれまでの議論では，こうした労働需要の減少は，男性と女性それぞれの労働供給の状況によっては，労働市場均衡において男性と女性の間に賃金差をもたらす可能性があることも示してきた。そこで本節では，労働市場に嗜好による差別がまったくないときでも，各労働者の質を雇用主が完全には知らないという情報の非対称性があるときには男女間の賃金差が発生しうるということを示していこう。労働市場における情報の非対称性ゆえに，雇用主が各労働者の生産性をその属性から推測し，結果として男性と女性に対する労働需要の違いを生み出すことを**統計的差別**という。ここでは Aigner and Cain (1977) のモデルに基づいて，統計的差別の議論を展開していこう。

ここでは，企業が求人をし，男性労働者と女性労働者から応募を受け付けた

ときに，それぞれの応募者の履歴書や面接の結果から企業がどのように生産性を推測しようとするかを考え，その推測がいかに男性全体や女性全体の生産性に依存するかを分析する。応募者は，男性 $j = m$ または女性 $j = f$ であるとする。企業は，それぞれの応募者の生産性は知らないが，男女別の生産性の分布は知っているとしよう。この分布は平均 $\bar{y}_j$，分散 σ_{yj}^2 の正規分布に従っているとする。すなわち，

$$y_i \sim N(\bar{y}_j, \sigma_{yj}^2), \quad j = \{m, f\} \tag{9.23}$$

と書ける。ここでは，男女で平均生産性が違うケース（$\bar{y}_m \neq \bar{y}_f$）や生産性の分散が異なるケース（$\sigma_{ym}^2 \neq \sigma_{yf}^2$）も考えられている。たとえば，女性のほうが男性よりも育児・介護などの家事負担が重い場合，男性の平均生産性が高く，$\bar{y}_m > \bar{y}_f$ となることが考えられる。また，すべての男性は家事負担をほとんどしないため本来の能力が生産性に直接反映される一方で，女性は家事負担があるため，本来の能力が生産性にそれほど反映されないといった状況があるとき，男性のほうが生産性の分散が大きく $\sigma_{ym}^2 > \sigma_{yf}^2$ となることが考えられる。また，企業は応募者の学歴・職歴や面接の結果から各応募者の生産性について，平均 0，分散 σ_{vj}^2 の正規分布に従うノイズ v_i が入ったシグナル $\tilde{y}_i$ を手にする。このシグナルは

$$\tilde{y}_i = y_i + v_i, \quad v_i \sim N(0, \sigma_{vj}^2), \quad j = \{m, f\} \tag{9.24}$$

と定義されるとしよう。このノイズは，女性と男性では大きさが異なることが考えられる。たとえば，男性の場合は大学進学にあたって地理的な移動の範囲が広く，学力と進学先大学の偏差値が強く相関するのに対して，女性の場合は自宅から通える大学に進学するということがあるとき，男性のほうが学歴シグナルと生産性の相関が強くなる。そのため，シグナルの持つノイズは $\sigma_{vm}^2 < \sigma_{vf}^2$ となる。

このとき企業は，シグナルと性別から各労働者の生産性の期待値を計算しようとする。各労働者の生産性のシグナルと性別を条件づけたうえでの条件付き期待値は，以下のように導ける（導出については 297 ページの補論を参照のこと）。

$$E(y_i|\tilde{y}_i, j) = \bar{y}_j + \frac{Cov(\tilde{y}_i, y_i)}{Var(\tilde{y}_i)}(\tilde{y}_i - \bar{y}_j) \tag{9.25}$$

$$= \bar{y}_j + \frac{\sigma_{yj}^2}{\sigma_{yj}^2 + \sigma_{vj}^2}(\tilde{y}_i - \bar{y}_j) \tag{9.26}$$

$$= \bar{y}_j + \frac{1}{1 + (\sigma_{vj}^2/\sigma_{yj}^2)}(\tilde{y}_i - \bar{y}_j) \tag{9.27}$$

この表現は，労働者の生産性の期待値は性別ごとの生産性の期待値を中心に形成され，シグナルが性別ごとの期待値よりも高ければ高くなることを示している。そして，シグナルが高い値をとったときに生産性の期待値がどれだけ上昇するかは，シグナルのノイズの分散の生産性の分散に対する比率 $(\sigma_{vj}^2/\sigma_{yj}^2)$ に依存する。シグナルのノイズが大きければ大きいほど，係数は小さくなっていき，高いシグナルを持っていても生産性の期待値がそれほど高まらなくなる。これは，シグナルのノイズが大きければ，企業が形成する各労働者の生産性の期待値がシグナルに反応しにくくなるという直感と整合的である。

すなわち，各労働者の生産性の期待値の表現は，同じシグナル $\tilde{y}_i$ を持つ労働者でも，企業が形成する生産性の期待値は性別によって異なることを示している。たとえば，男性のほうが女性よりも平均生産性が高く $\bar{y}_m > \bar{y}_f$ であるとすると，同じシグナル $\tilde{y}_i$ を持つ男女を比較すると男性のほうが生産性の期待値は高くなる。また女性のほうがシグナルのノイズが大きく，$\sigma_{vf}^2/\sigma_{yf}^2 > \sigma_{vm}^2/\sigma_{ym}^2$ が成立するとすると，女性が高いシグナルを持っていても生産性の期待値はそれほど上がらず，逆に低いシグナルを持っていても生産性の期待値はそれほど下がらないということになる。先の例で，男性は本来の能力と大学の偏差値が強く相関するが，女性は強くは相関しないというとき，出身大学の偏差値が上がると男性の期待生産性は上がるが女性はそれほど上がらないということが起こる。

このように労働市場において，労働者と雇用主の間に個別労働者の生産性についての情報の非対称性があるときに，ある特定のグループ（ここでは男性か女性か）に属する労働者が，そのグループの平均的な生産性のために生産性が低いと判断されるのが統計的差別である。この統計的差別から抜け出すための手段がシグナルを発することであるが，特定のグループのシグナルの信頼性が

低いと統計的差別から抜け出すことが難しくなる。たとえば，企業が新卒者を採用するときには，大学名や面接の結果といったさまざまなシグナルを用いて期待生産性を計算し，それが一定の値を上回った者を採用すると考えるのが自然であろう。人気のある名門企業の場合，このハードルは非常に高い水準に設定されることになる。そのため，女性のほうが平均的に生産性が低かったり，シグナルの信頼性が低かったりすると，同じ大学を出ていて同じように面接で評価されたとしても，生産性の期待値が高いハードルをクリアすることが難しくなるというケースが考えられる。同じ大学を出ていたとしても，男子学生よりも女子学生のほうが就職が厳しいことがあるのはこのような統計的差別によるものかもしれない。

5.2　情報の非対称性と男女のキャリアトラックの違い

　男性と女性の職場における処遇の違いの原因としてしばしば指摘されるのが，女性は子育てなどで仕事を辞めてしまうので，責任ある仕事を任せることができないというものである。このような側面をモデル化して分析したのが Lazear and Rosen (1990) である。3 期間からなる彼らのモデルには 2 種類の仕事があると想定されている。第 1 期はすべての労働者が同じ仕事をして，その能力が明らかになる。第 2 期からは 2 種類の仕事に分かれるのだが，1 つめの仕事は第 2 期に職業訓練の費用が掛かるものの，第 3 期には高い生産性を発揮できるキャリア展開のある仕事であり，2 つめの仕事は第 2 期に訓練費用が掛からないものの第 3 期も生産性の伸びがないキャリア展開のない仕事である。第 3 期にはライフイベントが起こり，仕事以外の活動からの価値を得るという選択肢も与えられる。もしもこのライフイベントからの利得が第 3 期の仕事における生産性を上回るようであれば，この労働者は仕事を辞めてしまう。

　キャリア展開のあるなしで区別された 2 つの仕事があるライフサイクルのモデルにおいて，男女の違いはライフイベントからの利得の違いとしてモデル化されている。子育てなどのライフイベントは確率的に発生すると仮定されているが，女性のほうが高い価値のライフイベントに直面すると考えられてい

Column ⑮　女性管理職の登用が進まない理由

　　　　2015 年 6 月に実施された政府統計によると，100 人以上の労働者を雇う企業において，課長以上の管理的な地位に就く労働者に占める女性の割合は 8.7% であった（「平成 27 年賃金構造基本統計調査」）。内閣府男女共同参画局は 2020 年までに指導的地位に占める女性の割合を 30% に引き上げる目標を掲げている。2009 年の 6.5% に比べると上昇しているものの，このペースでは目標実現は難しそうだ。

　このように，なかなか思うように取り組みが進んでいかない原因として，「経営トップの真剣さが足りない」「現場管理職レベルにまで女性の管理職育成への意識が伝わっていない」などといったことが指摘されている。同時に，女性の側が管理職への登用を望まないという声が聞こえてくるのも事実である。管理職に昇進しても大して待遇が改善するわけでもないのに，業務と責任が大幅に増加するので割に合わないと考える女性が多いという。

　昇進に対する態度の男女差を考えるうえで重要なヒントを与えてくれるのが，経済学で研究が積み重ねられてきた**トーナメント理論**である。この理論は係長から課長に昇進するメリットは，昇進に伴う待遇改善だけではなくて，部長に昇進する可能性が開かれることにもあるとする。さらに，部長へ昇進することで役員への道が開かれる。そのため，社長になることを目指すなら，まずは課長への階段を上がらないといけない。つまり，「1 つ上の職階への昇進はさらに上の職階への昇進機会が開かれる」というおまけがついてくるというわけである。

　ここで，女性が男性とは異なって部長にまではなりたくないと考えていたり，部長昇進には女性に対する差別が残っていたりして，女性は部長昇進のメリットを享受できないとしよう。すると，係長から課長に昇進するメリットはおまけがない分だけ女性のほうが小さい。その一方で，職務や責任の増加というデメリットが男女で等しいとするならば，女性が課長昇進に尻込みするのは当然であると言える。

　女性の管理職昇進への消極性を嘆く前に，女性の上位管理職への昇進の道が本当に開かれているかを検討したり，待遇があまりに長期的視野に基づいていないかを見直したりすることが必要であろう。

る。すると仕事における生産性との比較で，女性のほうが第3期に仕事を辞める確率が高くなる。第3期に仕事を辞めてしまうと第2期に発生した訓練費用が無駄になってしまう。そのため，企業は第1期に観察される生産性が同じであれば，男性を幹部候補としてレベルの高い仕事を与える一方で，女性にはあまり経験の得られない簡単な仕事を与える傾向が強くなる。企業は第1期に観察される労働者の能力に応じて，ある閾値を超えた労働者に経験を積める仕事を与え，超えなかった労働者に経験を積めない仕事を与えるのだが，その閾値が女性のほうが高くなるということである。つまり，女性のほうが将来辞めてしまう可能性が高い分，経験を積める仕事が与えられるためのハードルが高くなるのである。

5.3 ★ラジアとローゼンのモデルの詳細

Lazear and Rosen (1990) のモデルは日本における男性と女性のキャリア分離を上手に説明する理論モデルだと言えよう。以下では，このモデルを詳細に見てみよう。前項からの設定と同じく，このモデルでは，個人は3期間にわたって生きると想定している。各労働者は能力δを持っていて，この値は労働者ごとに異なっている。すべての労働者は第1期には同じ仕事をして，第2期よりキャリア展開が見込める仕事Aと，そうではなくて第1期と同じ仕事を続ける仕事Bに分かれる。前者は管理職に昇進していく仕事のイメージで，後者は現場の仕事を続けていくようなイメージである。

第1期にはすべての労働者が同じ仕事をし，その仕事の生産性は能力δであるとする。第2期に仕事Bに割り振られた場合，第2期と第3期の生産性はδのままである。一方で第2期に仕事Aに割り振られた場合，第2期は管理職昇進を控えた訓練を受けるため，生産性が下がり$\delta\gamma_2$となるとする。ここで$\gamma_2 < 1$である。一方で第3期にはその職業訓練の成果が出て生産性は$\delta\gamma_3$となる。ここで$\gamma_3 > 1$である。まとめると，

$$\left.\begin{array}{l} q_1 = \delta \\[6pt] q_2^B = \delta \\[6pt] q_3^B = \delta \\[6pt] q_2^A = \delta\gamma_2 \\[6pt] q_3^A = \delta\gamma_3 \end{array}\right\} \tag{9.28}$$

と書ける。ただし，$\gamma_2 < 1 < \gamma_3$ である。

すべての個人は第1期と第2期には必ず働くが，第3期には結婚・子育てなどに代表される仕事以外の選択肢が提示され，その選択肢の価値であるωが第3期の賃金を上回ると，働くのを辞めるということになる。この外部の選択肢の価値ωは確率変数で，第3期の期首までその実現値はわからないものとする。このモデルにおける男女差は$\omega > 0$の分布の違いで表される。つまり，社会的規範などの影響があり女性のほうが子育てをするものだと思われているとすると，女性のほうがωの値が高いほうに寄っていると考えられる。男性の外部価値の分布を$F_m(\omega)$，女性のものを$F_f(\omega)$と表記すると任意のωで評価したとき男性の密度関数は女性の密度関数よりも大きな値をとるはずである。つまり$F_m(\omega) > F_f(\omega)$であると仮定する。

このような設定のもとで，企業が決めるのは各期の賃金と第2期に各労働者を仕事Aに割り振るか仕事Bに割り振るかを決めることである。もっとも，企業の参入が自由な競争的な環境では各企業は社会的な観点で見て効率的な資源配分が達成されるように賃金や仕事の割り振りを決めるはずである。もしも効率的な資源配分をしていないとすると，そのような企業は効率的な資源配分を行っている企業よりも低い賃金しか支払うことができなくなるため，労働者を惹きつけることができなくなるためである。参入が自由であるため，均衡において企業は利潤がゼロであるはずであり，この制約のもとで企業はあたかも各労働者の効用を最大化するかのように行動するのである。

企業が社会的に見て効率的な資源配分を実現するように賃金決定をしているとすると，第3期の賃金 (W_3^A, W_3^B) は各労働者の生産性と等しくなる。なぜならば，仕事Aに従事している個人が働くのは $\omega < W_3^A = \delta\gamma_3 = q_3^A$ が成立

しているときであり，外部の選択肢の価値が仕事をしたときの価値よりも低い状況なので，社会的に見て効率的なためである。また，仕事 B に従事している個人が働くのは $\omega < W_3^B = \delta = q_3^B$ が成立しているときであり，外部の選択肢の価値が仕事をしたときの価値よりも低い状況なので，社会的に見て効率的なためである。

さてここで，社会全体の視点で見て，ある個人を仕事 A に割り振るのがよいのか，仕事 B に割り振るのがよいのかを分析してみよう。この比較をするためにある個人が仕事 A に割り振られたときと仕事 B に割り振られたときの社会的な産出物をそれぞれ計算し，その比較をすることにしよう。まず，仕事 A に割り振られたときの社会的な生産物の期待値は以下のようになる。

$$\delta + \gamma_2 \delta + \gamma_3 \delta \int_0^{\gamma_3 \delta} dF + \int_{\gamma_3 \delta}^{\infty} \omega dF \tag{9.29}$$

ここで，第3項は $\omega < \gamma_3 \delta$ となり，個人が第3期も働き続ける場合の生産物で，第4項は $\gamma_3 \delta < \omega$ となり，個人が外部の選択肢に従事し ω の価値を生み出すことに対応する。

同じ個人が第2期に仕事 B に割り振られた場合の社会的な生産物の期待値は，

$$\delta + \delta + \delta \int_0^{\delta} dF + \int_{\delta}^{\infty} \omega dF \tag{9.30}$$

で表される。

仕事 A に割り振られたときの (9.29) 式と仕事 B に割り振られたときの (9.30) 式の差を $D(\delta)$ とすると，以下のようになる。

$$D(\delta) = -\delta(1 - \gamma_2) + \gamma_3 \delta F(\gamma_3 \delta) - \delta F(\delta) + \int_{\gamma_3 \delta}^{\infty} \omega dF - \int_{\delta}^{\infty} \omega dF \tag{9.31}$$

この式を部分積分の公式を使って整理すると，

$$D(\delta) = -\delta(1 - \gamma_2) + \int_{\delta}^{\gamma_3 \delta} F(\omega) d\omega \tag{9.32}$$

図 9.8 キャリア展開がある仕事が割り振られるための能力の閾値の決まり方

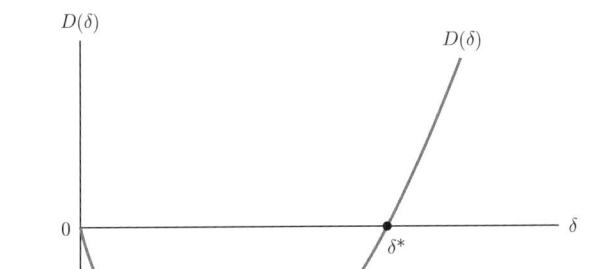

(出所) Lazear and Rosen (1990), Fig.1.

が得られる[3]。

この $D(\delta)$ が正であれば，労働者はキャリア展開のある仕事 A に割り振られ，負であればキャリア展開のない仕事 B に割り振られる。もしも訓練の費用が掛からず $\gamma_2 = 1$ であれば，右辺の第 1 項の値は 0 となり，$D(\delta)$ は常に正の値をとるため，すべての労働者はキャリア展開のある仕事 A に割り振られる。一方で，訓練をした効果が現れず仕事 A の第 3 期の生産性の伸びがないケース，つまり $\gamma_3 = 1$ のケースでは右辺第 2 項が 0 となるため $D(\delta)$ は常に負の値をとる。

さて，ここで $D(\delta)$ という関数の形状を調べてみよう。まず $\delta = 0$ のとき，(9.31) 式や (9.32) 式から明らかなように $D(\delta) = 0$ である。その一方で，$\delta \to \infty$ のとき，(9.31) より明らかなように，$\lim_{\delta \to \infty} D(\delta) = \lim_{\delta \to \infty} \delta[-(1 - \gamma_2) + (\gamma_3 - 1)]$ である。仮に職業訓練に掛かる機会費用が職業訓練から得られる

---

[3] 部分積分の公式を使うと $\int_{\gamma_3 \delta}^{\infty} \omega dF = \int_{\gamma_3 \delta}^{\infty} \omega f(\omega) d\omega = [\omega F(\omega)]_{\gamma_3 \delta}^{\infty} - \int_{\gamma_3 \delta}^{\infty} F(\omega) d\omega = \infty - \gamma_3 \delta F(\gamma_3 \delta) - \int_{\gamma_3 \delta}^{\infty} F(\omega) d\omega$ が得られる。同様に $\int_{\delta}^{\infty} \omega dF = \int_{\delta}^{\infty} \omega f(\omega) d\omega = [\omega F(\omega)]_{\delta}^{\infty} - \int_{\delta}^{\infty} F(\omega) d\omega = \infty - \delta F(\delta) - \int_{\delta}^{\infty} F(\omega) d\omega$ が得られる。やや粗い議論だが，無限大から無限大を引いたものが 0 であるとすると，$\int_{\gamma_3 \delta}^{\infty} \omega dF - \int_{\delta}^{\infty} \omega dF = -\gamma_3 \delta F(\gamma_3 \delta) + \delta F(\delta) - \int_{\gamma_3 \delta}^{\infty} F(\omega) d\omega + \int_{\delta}^{\infty} F(\omega) d\omega = -\gamma_3 \delta F(\gamma_3 \delta) + \delta F(\delta) - \int_{\delta}^{\gamma_3 \delta} F(\omega) d\omega = -\gamma_3 \delta F(\gamma_3 \delta) + \delta F(\delta) + \int_{\delta}^{\gamma_3 \delta} F(\omega) d\omega$ となる。この式を (9.31) 式に代入すると (9.32) 式が得られる。

生産性向上よりも小さいならば $((1 - \gamma_2) < (\gamma_3 - 1))$，この値は無限大となり，優秀な労働者をキャリア展開のある仕事 A に配置することが社会的に望ましいことを意味する。

また，(9.32) 式で与えられる $D(\delta)$ を δ に関して微分すると，

$$D'(\delta) = -(1 - \gamma_2) + \gamma_3 F(\gamma_3 \delta) - F(\delta) \tag{9.33}$$

が得られる。この微分の値を $\delta = 0$ で評価すると $D'(0) = -(1 - \gamma_2) < 0$ である。また，2 階微分は $D''(\delta) = \gamma_3^2 f(\gamma_3 \delta) - f(\delta)$ であるため，符号は外部の選択肢の価値 ω の分布 F の形状に依存するが，$\gamma_3^2 > f(\delta)/f(\gamma_3 \delta)$ がすべての $\delta > 0$ において満たされる分布（たとえば一様分布）であれば常に正である。よって，この関数のグラフは図 9.8 に示されるような形状となり，δ^* において一度だけ 0 と交わる。つまり，労働者の第 1 期の生産量を見て判明する δ が δ^* よりも小さければ，労働者はキャリア展開のない仕事 B に割り振られ，δ が δ^* よりも大きければ労働者はキャリア展開のある仕事 A に割り振られる。つまり，優秀な労働者がキャリア展開のある仕事に割り振られるということである。このような結果が得られるのは，職業訓練のコストが $\delta \gamma_2$ と能力に比例するものの，成果の出方も $\delta \gamma_3$ という形で能力の高いもののほうがより大きく成果が出るという形となっているためである。

次に男女の違い，つまり外部機会の価値である ω の分布の違いが 2 つの仕事への割り振りにどのような影響を与えるかを調べてみよう。仕事の割り振りを決める閾値 δ^* は $D(\delta^*) = 0$ が成立する値であるため，(9.32) 式より

$$\delta^* (1 - \gamma_2) = \int_{\delta^*}^{\gamma_3 \delta^*} F(\omega) d\omega \tag{9.34}$$

であるため，$F(\omega)$ の形状が異なれば異なってくる。この点をわかりやすく示すために，分布を変化させるシフト・パラメータ α を導入し $F(\omega; \alpha)$ と分布を書こう。このとき男性の分布は $F_m(\omega) = F(\omega; \alpha_m)$，女性の分布は $F_f(\omega) = F(\omega; \alpha_f)$ と書け，$\frac{\partial F(\omega; \alpha)}{\partial \alpha} > 0$ であり，$\alpha_m > \alpha_f$ である。

先ほどの式 (9.34) を α に関して微分すると

$$\frac{\partial \delta^*}{\partial \alpha} (1 - \gamma_2) = \int_{\delta^*}^{\gamma_3 \delta^*} \frac{\partial F(\omega; \alpha)}{\partial \alpha} d\omega + [\gamma_3 F(\gamma_3 \delta^*) - F(\delta^*)] \frac{\partial \delta^*}{\partial \alpha} \tag{9.35}$$

が得られる。先ほどの $D'(\delta)$ の (9.33) 式を用いて書き直すと

$$-D'(\delta^*)\frac{\partial \delta^*}{\partial \alpha}(1-\gamma_2) = \int_{\delta^*}^{\gamma_3 \delta^*} \frac{\partial F(\omega; \alpha)}{\partial \alpha} d\omega \tag{9.36}$$

が得られる。図 9.8 より $D'(\delta^*)$ は正であり，また $\int_{\delta^*}^{\gamma_3 \delta^*} \frac{\partial F(\omega;\alpha)}{\partial \alpha} d\omega$ も $\frac{\partial F(\omega;\alpha)}{\partial \alpha} > 0$ より正である。したがって，$\frac{\delta^*}{\alpha}(1-\gamma_2)$ は負となる。男性のシフトパラメータは女性のものよりも大きいため $(\alpha_m > \alpha_f)$，男性のほうがキャリア展開がある仕事 A に割り振られるための生産性の閾値 δ^* は低くなる。

　つまり，同じ能力の男女で男性だけがキャリア展開のある職に配置され，女性はキャリア展開のない職に配置されるということが起こる。これは女性のほうが高い値の外部機会の価値を引き当てる可能性が高く，第 3 期に仕事に残っている確率が低いので，キャリア展開のある職に配置したときの職業訓練の成果を得ることができない可能性が高いためである。これは女性の部下が将来的に辞めてしまう可能性が高いため，管理職が責任のある仕事を任せず，結果として女性の成長機会が限定され，管理職への昇進機会が閉ざされているという日本企業の実際とも合致する状況と言えよう。また，同じ仕事をしている男女では賃金差がほとんどないものの，男女で職位などが違うため結果として男女間に賃金差が生まれてしまうという現実とも合致している。

補論　★シグナルを用いた生産性の予測

　この補論では各労働者のシグナル X_i が入手できる際に彼らの生産性 Y_i の条件付き期待値 $E(Y_i|X_i)$ をどのように導出できるかを紹介する。生産性とシグナルの関係は，

$$Y_i = \alpha + \beta X_i + u_i, \quad E(u_i|X_i) = 0 \tag{9.37}$$

と書けるとする。このとき，

$$E(Y_i) = \alpha + \beta E(X_i) \tag{9.38}$$

が成立する。なぜならば，繰り返し期待値の法則より，$E(u_i) = E[E(u_i|X_i)]$

$= E(0) = 0$ のためである。(9.37) 式から (9.38) 式を差し引くと，

$$Y_i - E(Y_i) = \beta[X_i - E(X_i)] + u_i \qquad (9.39)$$

を示すことができる。この式の両辺に $[X_i - E(X_i)]$ を掛けて，期待値をとると，

$$E\{[X_i - E(X_i)][Y_i - E(Y_i)]\}$$
$$= \beta E\{[X_i - E(X_i)][X_i - E(X_i)]\} + E\{[X_i - E(X_i)]u_i\} \qquad (9.40)$$

が得られる。ここで繰り返し期待値の公式を用いると，

$$E\{[X_i - E(X_i)]u_i\} = E(E\{[X_i - E(X_i)]u_i\}|X_i)$$
$$= E\{[X_i - E(X_i)]E(u_i|X_i)\}$$
$$= 0$$

が得られる。そのため，$E\{[X_i - E(X_i)][X_i - E(X_i)]\} \neq 0$ であれば，

$$\beta = \frac{E\{[X_i - E(X_i)][Y_i - E(Y_i)]\}}{E\{[X_i - E(X_i)][X_i - E(X_i)]\}} = \frac{Cov(X,Y)}{Var(X)} \qquad (9.41)$$

を示すことができる。また，$\alpha = E(Y_i) - E(X_i)\beta$ であることより，

$$\alpha = E(Y_i) - E(X_i)\frac{Cov(X,Y)}{Var(X)} \qquad (9.42)$$

が得られる。このようにして求められた α, β を (9.37) 式に代入すると，

$$Y_i = E(Y_i) - E(X_i)\frac{Cov(X,Y)}{Var(X)} + \frac{Cov(X,Y)}{Var(X)}X_i + u_i \qquad (9.43)$$

が得られる。このため条件付き期待値は，

$$E(Y_i|X_i) = E(Y_i) + \frac{Cov(X,Y)}{Var(X)}(X_i - E(X_i)) \qquad (9.44)$$

となる。

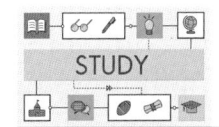

【確認問題】

[9-1] 最近の婚姻率の低下について，比較優位の原則に基づく結婚のメリットの低下と関連づけて説明しなさい（どのような要因が比較優位の原則に基づく結婚のメリットを低下させたと考えられるだろうか）。

[9-2] 本章までの内容に基づいて，あなたが日本における男女間賃金格差の解消のために最も有効だと考える政策を，男女間賃金格差発生の原因にさかのぼりながら説明しなさい。

【発展問題】

[9-3] 花子さんと太郎君は結婚している。一通りの家事を片づけるのに花子さんは週に6時間掛かり，太郎君は週に10時間掛かる。そして花子さんの時間当たり賃金は5000円，太郎君の時間当たり賃金は2000円である。それぞれが週に40時間を家事と労働に使えて，独身のときに掛かる家事の時間は，結婚しているときのちょうど半分だとする。このケースにおいて，比較優位から発生する結婚の利益を週当たりの金銭価値で示しなさい。

[9-4] 家計が市場生産財 X，家計生産財 Z より $U(X, Z)$ という効用を得ていると考えよう。この家計には総計 T の時間が与えられているとしよう。この総時間をこの家計は労働時間 L と家計生産時間 H に分配するとしよう。これはすなわち $T = L + H$ である。市場生産財は価格 1 で購入でき，労働時間に対しては時間当たり賃金 W が支払われるとしよう。労働所得はすべて市場生産財の購入に回るとすると $X = WL$ が成立する。一方で家計生産財は $Z = F(H)$ によって生産されるとし，家計生産関数 F は $\partial F / \partial H > 0$，$\partial^2 F / \partial H^2 < 0$ を満たす厳密な凹関数であるとする。このとき，労働時間と家計生産時間配分の最適値を与えるための条件式を導きなさい。また，この条件式が持つ経済学的な意味を説明しなさい。

【実証問題】

[9-5] 結婚している男性は，結婚していない男性に比べて賃金が高い傾向がある。なぜこのような相関関係が生まれるのかについて，「どのような男性が結婚する傾向があるのか」というセレクションの効果と，「結婚が男性の生産性を上げる」とする

因果関係の双方について，理論的に説明しなさい。

第**10**章

これからの日本社会と労働経済学

　ここまでの各章で，労働経済学がさまざまなトピックにどのようにアプローチし，分析の結果としてどのようなことがわかっているかを紹介してきた。読者の皆さんには，この最終章に至るまでの道のりを経たことで，経済学的アプローチの考え方が身についていることだろう。ここまで学んできた知識を定着させるためには，学んだことを使って現実の問題を分析するという練習が必要になる。

　そこで，本書を閉じるにあたって，人口減少・高齢化という大きな課題に直面する日本の労働市場において，どのような問題が存在するかを紹介する。これらの問題に労働経済学的にどのようにアプローチするかを考えてみてほしい。

1 予想される変化

　日本の労働市場の中長期的な未来を描くうえで基礎となるのが将来の人口予測である。図 10.1 には国勢調査による 1920 年から 2015 年までの実際の人口の推移と，国立社会保障・人口問題研究所による 2016 年から 2060 年までの人口予測が描かれている。人口予測については出生・死亡ともに中位予測を用いている。

　これを見ると，2000 年には約 8000 万人いた 20〜64 歳人口が 2060 年には

図 10.1　人口の変化

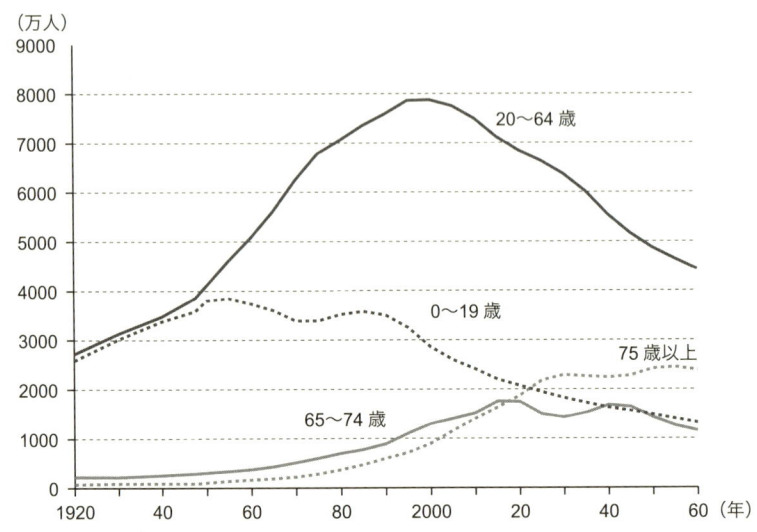

(注)　各年 10 月 1 日現在。1947〜70 年は沖縄県を含まない。総数は年齢不詳を含む。
割合は年齢不詳を按分した人口による。
(出所)　総務省統計局『国勢調査報告』，および国立社会保障・人口問題研究所『日本
の将来推計人口』（平成 29 年推計），「出生中位（死亡中位）」推計値による。

約 4400 万人まで減少することが予想されている。また，1980 年前後から減
少傾向にある 0〜19 歳人口は減少を続け，2000 年には 2500 万人強いたもの
が 2060 年には 1300 万人強にまで減少すると予想されている。他方で，同期
間に 65〜74 歳人口は 1500 万人前後でほぼ一定，75 歳以上人口は 1000 万人
弱から 2000 万人強に倍増すると予想されている。つまり，日本では今後も少
子高齢化はさらに進行することが予想されているのである。また，労働の観点
から特筆すべきは，20〜64 歳のいわゆる生産人口がピークから半減するまで
減少することが予想されていることである。

　もちろんこれは予測であって，必ずしもこの通りになるわけではない。しか
し，図 10.1 はこの大きな人口変化を念頭に置きながら，今後の日本の労働市
場の見通しを行うことが必要であることを示唆しているといえる。

　図 10.2 には，1973 年から 2016 年までの人口と就業者数の推移が示されて
いる。詳しく見てみると，2000 年から 2016 年にかけて 20〜64 歳の人口は
7902 万人から 7060 万人まで 842 万人減少した。同時期の同年齢層の就業者

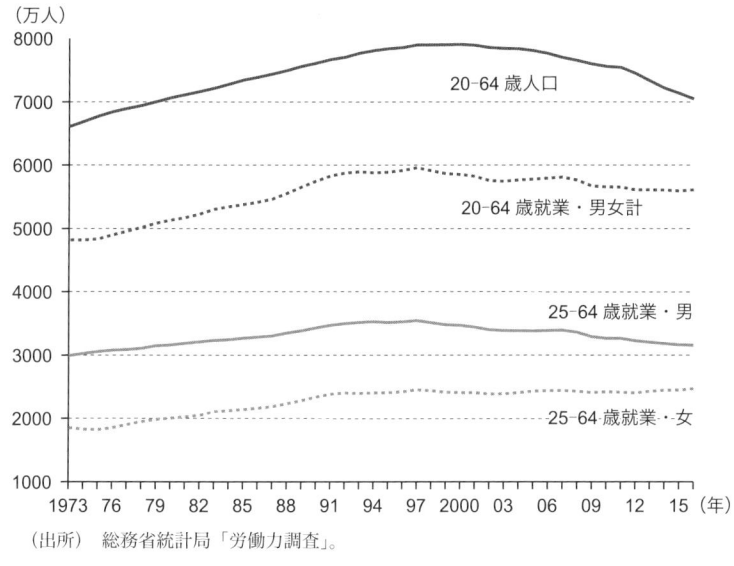

図 10.2　人口減少と労働市場の変化

（出所）　総務省統計局「労働力調査」。

数は 5846 万人から 5595 万人まで 251 万人減少した。うち男性就業者は 3457
万人から 3140 万人に 317 万人減少した一方で，女性就業者は 2392 万人から
2455 万人まで 63 万人増加した[1]。20〜64 歳人口が減少しつつあるなかで，
女性の就業率は上がり，全体の就業者数減少のペースを和らげた。これには
製造業の縮小や保健・福祉産業の拡大といった産業構造の変化が大きく影響し
ている。このような労働力構成の多様化は，人口減少を前提とすると今後も継
続すると考えられる。

　多様化する労働力に対して，企業内での技能形成を重視する日本型の雇用
慣行がうまく対応できず，問題が表面化している部分も出てきている。たとえ
ば，女性が十分に企業のなかで活躍できないといった問題や，定年後の高齢者
の技能活用が必ずしもうまくいってはいないといった問題である。第 8 章で
は日本型雇用慣行の持つ経済合理性についての分析を行ってきたが，労働力構
成が変化していくなかでその合理性はどのように変化し，さらに雇用慣行がど
のように変化していくのか，この問題を深く考えることが重要になっていくこ

---

1)　四捨五入などによる丸め誤差のため，合計の数字は合わない。

とだろう。

2000年代に入ってからの日本では，人口減少と高齢化が進行するなかで，減少する労働力人口を補うような形で，高齢者や女性の就業率が向上してきた。先に示した人口予測からも明らかなように，今後も人口減少と高齢化は継続することが予想されており，外国人労働力の導入も視野に入れながら，労働者のバックグラウンドの多様化は一層進んでいくことになるだろう。このような労働力構成の多様化は，子育てや介護といった家庭の状況の違い，健康状態の違いといったさまざまな事情を抱えた労働者を労働市場が包摂することを意味しており，多様な事情を抱えた労働者がそれぞれの制約のなかで高い生産性を発揮できるような働き方を構想することが，豊かな社会を実現していくためには重要である。

また，労働者を雇う需要側でも製造業や建設業が雇用に占めるシェアを低下させ，保健・福祉といった分野がシェアを伸ばすなど産業構造の転換が明確である。さらに，経済成長率が1990年代初頭より下がり，情報通信技術の飛躍的な進歩や国際貿易や直接投資の飛躍的拡大など，企業を取り巻く環境は不確実性を増しつつあることが指摘されている。このような経済環境の変化のなかで，企業が労働者の長期雇用にコミットし，人材育成を企業内で行い，さらに人材を企業内で適切に配置していくという内部労働市場の人材資源配分機能がどのように変化するかを見通すためには，やはり第8章における企業特殊的人的資本蓄積に関する分析が重要になるだろう。

2 求められる変化への対応

2.1 個人の対応

本書の読者には，これから社会に出て働こうという学生が多いだろう。卒業後，自分自身がどのような働き方をしていくのか，それに備えてどのような準備をしたらいいのかを考えている人も多いことだと思う。そのようなときに大切なのは，労働市場の環境変化を意識しながら自分自身の働き方を設計してい

くという姿勢である。これは，これから労働市場に出ていく学生にとっても，すでに働いている社会人にとっても大切なことであり，自分なりの仮説を立てて自分自身のキャリアを形成していくことが重要である。

大企業に入り，企業が準備する人材育成のプログラムに乗ってキャリアを形成していくのも決して悪くはない選択肢だろうが，なぜ企業が自分のことを育ててくれているのか，企業はいつ自分に対する投資をやめてしまうのか，企業はどんなときに自分を解雇するのか……，こんなことを企業の立場から考えてみるといった視点を持つことも大切だろう。労働経済学や他の社会科学を学ぶことは，労働環境は企業の事情と自分の事情の折り合いによって決まってくるという視点を持つことの助けになる。また，そのことはいかに自分自身が自由に生きることができるかを決めていくことにもつながるだろう。

2.2 政策的対応

日本の労働市場が変化するなかで，個人レベルの対応も重要だが，政府のレベルで対応することが求められる問題もある。いわゆる非正規労働問題，解雇規制，セーフティーネットの整備について言及したい。また，実証分析の結果に基づく政策決定についてもその考え方を紹介しておきたい。

■ いわゆる非正規労働問題

本書では，いわゆる非正規労働者の問題について，正面からは扱ってこなかった。これは，伝統的な労働経済学の枠組みにおいて，彼らの存在をどのように取り扱うべきかに関する十分な合意がない，という事情を背景としている。しかしながら，労働市場参加者のなかでその割合を増やしつつある女性や高齢者は，その多くがいわゆる「非正社員」「非正規労働者」として処遇されてきたという実態がある。彼らの多くが雇用の不安定な状況に置かれ，低い賃金水準と低い賃金成長に甘んじているのも事実である。

この現象は，日本の労働市場が変化しつつある環境に適応し，新たに増えた労働市場参加者を迎え入れるなかで起こった現象だというのが，1つの仮説である。いわゆる日本型の雇用慣行においては，企業は新卒労働者を雇い，企業

特殊的人的資本の育成を核に丁寧に育てていくというのがモデルとなっていて，彼らの採用にかかる経費や訓練にかかる労働者1人当たりの固定的な費用は高い。また，労働者と企業の間の長期的な信頼関係が重要であるため，企業は労働者を容易には解雇しようとしない（第8章参照）。そのため，業績が悪化したり，業務内容が変化したりしても労働者を解雇しないことも，労働者1人当たりの固定費が高くなる一因である。固定費が高ければ，企業はなるべく雇用する労働者数を抑えて1人当たりの労働者に長時間働いてもらおうとするであろう。このような日本型雇用慣行の中心に位置するのが「正社員」だというのが，1つの仮説である。

　このような長時間労働の「正社員」は，男性と女性の家庭内における夫婦の分業が前提となっている点で家族形成との関連も深い（第9章参照）。男性に多い「正社員」は労働時間が長く，転勤などもあるため，全面的に家事を負担する女性，妻の存在が前提になっていた。この場合，女性は専業主婦か家事との両立が容易な短時間労働に従事することが一般的になる。しかしながら，生産年齢人口の減少による人手不足や産業構造の変化が女性の就業率を引き上げると，女性は自分自身も「正社員」であり続けることを希望するようになり，「正社員」の夫を支えることを避けようとする人も増えてきた。これが，未婚化・少子化の一因であると考えることができる。

　女性が結婚・出産を希望する場合には，育児との両立が可能な「非正社員」として働くという選択肢が選ばれることが多い。「非正社員」「非正規労働者」として働く人々は正社員中心の日本型雇用システムのコアシステムの外側に位置づけられる労働者であり，長時間労働が求められない。一方で，雇用が不安定で，賃金は伸びず，企業別労働組合には参加しないという傾向を持つ。これらの特徴は，日本型雇用慣行において「正社員」が持つ特徴の正反対の特徴となっている。このように考えると，いわゆる非正規労働の増加は伝統的な日本の雇用システムが経済環境の変化に適応するなかで生まれてきた現象だととらえることができるかもしれない。

　いわゆる非正規労働者の増加に対応して，日本の労働法は非正規労働者の保護を目的とした対応を行ってきた。有期雇用労働者の保護を目的とした労働契約法の改正，とくに5年以上の契約期間を経た有期労働者が無期雇用への

転換を希望した際には，雇用主はそれを拒むことができないとした労働契約法18条は，その象徴的な政策であるといえよう。このような法的対応は評価されるべきであろうが，同時に雇用管理区分の差異が正社員と非正社員の賃金差の根本的な原因であるとするならば，正社員と非正社員を区別して雇用管理をする慣行自体を大幅に見直していく必要があるといえるだろう。それでは，いったいどのような変化が求められていくのだろうか。

■ 解雇規制のあり方

　正社員のあり方を変えるといった場合に，正社員という雇用形態が企業の雇用管理から生まれている以上，その主体は企業だといえる。企業の立場としても，優秀な人材を確保するために，雇用管理の仕方を変え幅広いバックグラウンドの人が働きやすい環境を整えることが重要になるため，今後の人口減少と労働力人口の多様化を考えると，必然的にそのような変化が起こっていくことになるだろう。このような雇用管理の変化が起こるなかで，正社員であったとしても，一度雇われたらその企業が定年まで雇用を保証するという仕組みは変化していくことになるだろう。このとき現行の労働法の体系と矛盾するのが，解雇に対する法的なスタンスになろう。

　日本の労働法において解雇を行うためには合理的な理由が必要で，とくに企業業績の悪化を理由として解雇を行うためには，いわゆる「整理解雇の4要件」と呼ばれる要件を満たす必要があり，そのような意味で解雇には法的制約がかかっている。そのため，企業全体の業績がよいときに，特定の事業部門をその部門の労働者を解雇して縮小・廃止するといった事業の組み替えをすることは，実質的には難しい。また，個別の労働者のパフォーマンスが企業が求める基準に満たないといった理由での解雇も，それが合理的であると判断されるためには厳しいハードルが課せられている。企業が労働者を解雇した際に，労働者が解雇が不当であるとして裁判に訴え出た場合に，解雇に合理的な理由がなかったと裁判所が判断すれば，解雇権が濫用されたとして解雇は無効になる。そしてその場合は，解雇された労働者は原職復帰するという救済が与えられることになる。

　解雇を有効と判断する範囲を限定し，無効と判断された解雇には原職復帰を

求めるという現行の法システムは，長期雇用を前提として労働者を雇うという雇用管理とは整合的である。しかしながら，技術進歩のペースが速まり経済活動がグローバル化するなかで，企業にとっての長期雇用へのコミットにかかる負担はより重くなっている。また，労働者が 20 代から 50 代の男性だけという均質な世界から，女性や高齢者も含む多様なバックグラウンドを持つ労働者が増える方向に変化してくると，雇用が保障される代わりに長時間労働や転勤が求められるという雇用形態を忌避する人も現れるようになる。このように，解雇が厳しく制限されるなかで，新しい環境に適応しようとすると，企業は有期の労働契約を多用し，将来的に解雇が発生しないように対応しようとする。また，有期雇用の雇止めに関しても，労働者に契約更新への期待を抱かせるような雇用主の行動があると，解雇権濫用法理（労働契約法 16 条）が類推適用され，有期雇用の契約更新が求められることになるため（雇止め法理），できる限り労働者に契約更新への期待を抱かせないように，無期雇用の労働者と有期雇用の労働者の雇用管理の境を明確にするといった対応も必要になる。このように日本の厳しい解雇規制は，意図せざる結果として無期雇用と有期雇用の溝を広げることになってしまっているとも考えられる。この仮説について，どのような検証が考えられるのだろうか。また，どのような対応が考えられるのだろうか。この点について関心のある読者は，大内・川口編 (2018) でより政策的な議論を展開しているので，参考にしてほしい。

■ セーフティーネットをどのように設計していくのか

技術進歩・経済活動のグローバル化といった経済環境の変化や労働者構成の多様化によって，雇用保障の程度が弱まっていく可能性があることを指摘した。そのようななかで，雇用変動に伴う労働者の将来の生活に対する不安をどう和らげるかという問題が出てくる。これには，職を失っても次の職にスムーズに就けるような労働市場を整備する必要があるが，国際比較の研究において，解雇規制が緩い国ほど離職が多い一方で，入職も多いということが知られている (OECD 2013, Chapter 2；大内・川口編 2018 でもこの議論を紹介している)。企業の立場から見てみると，雇用の出口である解雇の規制が緩ければ，雇用の入口である採用にも積極的になれるということである。

　将来の雇用に対する不安は即座に生活に対する不安になるわけではなく，上記のように，仮に解雇されたとしても再就職がスムーズにできるのであれば，雇用の不安定性がもたらす生活不安は低減されるだろう。そうはいっても失業期間は生じるため，さらなるセーフティーネットがあることの影響は大きく，職を失っても失業保険（日本の制度では雇用保険）などを受け取ることができれば，生活不安を和らげることができる。もっとも，日本の雇用保険は国際的に見たときに，受給可能期間が短く厳しい制度となっている。どれくらいの所得代替率で，どの程度の期間をカバーするのか，といった制度設計について，経済学の知見に基づいて政策設計を進めていく姿勢が重要になってくるだろう。

■ エビデンスに基づく政策決定

　2017 年は，エビデンスに基づく政策決定（Evidence Based Policy Making）の重要性がさまざまな形で強調される年となった。医療の世界で科学的なエビデンスに基づいて診療方針が決められるようになってきたように（Evidence Based Medicine），行政の世界でも科学的なエビデンスに基づいて政策を決めようという動きが出てきた，ということである。おそらく，この言葉とプラクティスは，今後日本社会に根を下ろしていくだろう。これにはまず，少子高齢化の厳しい経済環境のなかで，できる限り政策効果が大きい施策に重点的な資源配分を行うことへの要請が強まるということが挙げられる。社会経済環境が変化するなかで，政府は常に新しい経済政策を実行することが求められるわけだが，財政規模が拡大するなかで新たな政策を実行するのとは違って，社会保障支出が拡大し，通常の経済政策に配分できる財源が細っていくなかで新たな政策を実行しようとすれば，何らかの政策の廃止と財源の確保が必要になる。限られた財源のもとで政策を実行する以上，何らかの基準で政策に優先順位をつけて実行しなければ，国民の生活水準を効率的に向上させることはできない。それぞれ目標の異なる政策がさまざまに並立するなかで，どれを実行し，どれをやめるかという議論になれば，費用対効果などのような一元化された指標で廃止対象を選ぶということも必要になってくるだろう。

3　今後の雇用社会と研究課題

3.1　社会的分業

　本書で述べてきたように，日本社会はすでに急激な高齢化と少子化を経験しており，このトレンドは継続するものと予想されている。年金や医療などの社会保障制度を支えるためにも，女性や高齢者の一層の労働力参加と生産性の向上が欠かせない。もっとも，女性が労働力参加することによって，さらなる少子化をもたらしてしまうのではないかという懸念が語られることもある。しかし，先進諸国に限って分析をすると，女性の就業率と出生率は必ずしも負の相関を持つわけではなく，むしろ正の相関を持つとされている。それは，女性の社会進出が進むと，性別分業に関する規範が薄れ，男性が子育てをするようになり，保育園の整備が進み育児の社会化が進むためである，という指摘がなされている（Feyrer, Sacerdote and Stern 2008）。

　もっとも，女性が社会に出て働くためにより多くの保育士が必要になるのであれば，社会全体でみて労働供給はそれほど増えないのではないかという懸念もあろう。つまり，育児から解放された女性が働くとしても，育児にたずさわる女性が必要になるので，女性労働はトータルで増えない，という懸念である。同様の懸念は，高齢者の介護に関しても当てはまる。介護保険の導入によって，高齢者の介護が施設介護やヘルパーのサービスに置き換わり，これまで介護を行っていた家族が介護から解放されるという側面があるわけだが（Shimizutani, Suzuki and Noguchi, 2008），同時に介護労働者として働く人々も増えた。実際に，2000 年代に最も顕著に増えた職業は医療福祉産業の労働者であった。このように，女性が働くようになると育児・介護が社会化され，それらの産業で働く人々が増えるという現象が起こる。それでは，女性の就業率の向上は，社会全体でみた場合の労働供給を増やすことにはつながらないのだろうか。

　この問いに対する答えは否である。1 つの明白な理由は，保育や介護には規模の経済性が働くことが期待できるからである。今までは女性 1 人が幼児 1

人，あるいは高齢者1人の世話をしていたところ，育児・介護の社会化により労働者1人が2人以上の幼児，あるいは高齢者の面倒を見ることができる可能性がある。もう1つ，経済学的に興味深い理由は，第9章でも説明した比較優位に基づく分業が促進されることである。高いスキルを持つ女性が，育児や介護をすることの機会費用は高い。育児や介護の社会化により高スキルの女性が市場労働に従事できるようになると，育児や介護に従事する人々が増えたとしても，比較優位に基づく分業が促進されることによって，社会全体の産出量が増加することになる。新たに育児や介護に従事する労働者にしても，それまでの仕事よりも高い賃金が得られるか，家にいることの価値よりも高い賃金が得られるからこれらの仕事に従事するわけであり，これらの労働者にとっても望ましい変化である。このような社会的分業の進展によって，いったいどれだけの社会的余剰が発生したのかを計算することは，今後の研究課題だといえよう。

このような育児・介護産業の変化のなかで，注意すべき点がある。育児や介護といった分野は情報の非対称性が大きく，政府の規制が厳しい分野である。育児・介護サービスを提供する事業者の質を見分けることは難しいため，悪質な業者が市場から淘汰されずに残るだけでなく，そのような業者が成長してしまうという逆淘汰が起こる可能性すらある。また，人命がかかっている産業だけに，仮に情報の非対称性の問題が小さいとしても，悪質業者を市場メカニズムに任せて淘汰するという議論が通用しにくい部門でもある。したがって規制の必要性が強い産業だといえるが，その規制が当初の意図を達成し，同時に副作用を引き起こしていないかを注意深く見守る必要がある。これは，労働経済学だけにとどまらず，より幅広く経済学全体にとって重要な課題だといえよう。

3.2　人工知能などの技術進歩と労働への影響

2015年頃より，人工知能（AI）の急速な発達が私たちの仕事を奪うのではないかという懸念が，さまざまな場面で語られることが増えてきた。この懸念が正当なものかどうか，少し歴史を振り返りつつ考えてみよう。産業革命以

来，私たちの生活水準の向上は技術進歩に伴う生産性の向上に裏づけられてきた。しかしながら，生産技術の進歩は労働のあり方を根本的に変化させるものでもあり続けた。そして，技術進歩が労働市場に与える影響は労働者の種類によってまちまちであった。たとえば第4章でも触れたように，近年の情報通信技術（ICT）の発達が労働市場に与えた影響を見てみると，もとより技能が高い労働者の生産性を向上させる一方で，技能が低い労働者の労働を代替するように働き，労働者間の賃金格差を拡大させるように機能してしまったことが知られている。これは，新技術が実現する作業が人間が行う作業の一部を代替し，他の作業を補完するということが起こるためである。

　ここでは，情報通信技術が労働市場に与えたインパクトを的確にとらえたものとして高く評価されている Autor, Levy and Murnene (2003) の研究を紹介しよう。彼らは労働者の行う作業（タスク）に着目し，情報通信技術が得意とする作業を繰り返し作業だと定義した。繰り返し作業とは，決まったルールに従って行う作業，たとえば分析的作業においては計算作業であり，非分析的作業においては組立作業である。一方，情報通信技術が不得意とする非繰り返し作業とは，ルール化が難しい作業である。たとえば，分析的非繰り返し作業では医者の診断であり，非分析的非繰り返し作業では清掃員の掃除である。ここで分析的作業とは大まかにいって，ホワイトカラー労働者の行う作業であり，非分析的作業とはブルーカラー労働者の行う作業である。

　彼らの研究は職業データベースを使って，職業を繰り返しの有無，分析的か否かの 2×2 の軸に分類し直して，情報通信技術が代替するのが難しい非繰り返し作業は，賃金分布の上位の部分（分析的非繰り返し作業）と下位の部分（非分析的非繰り返し作業）に厚く分布していることを示した。逆の言い方をすれば，繰り返し作業を行う人々が賃金分布のなかで中間層を形成していたことを示した。そのうえで，情報通信機器の価格下落が，繰り返し作業の密度が濃い職業を情報通信機器で置き換えていったことを示し，中間層が職を失っていく姿を描いた。賃金分布の中間部分が下方に移動していくというモデルの予測は，アメリカの 1980 年代，90 年代の賃金分布の変化と合致しており，このタスク・アプローチは賃金分布の変化を説明するモデルとして，広く利用されるようになった。

　このアプローチを日本に適用した論文として，Ikenaga and Kambayashi (2016) がある。彼らは日本でもアメリカと同様の変化が起こったものの，変化の度合いは限定的であったことを報告している。

　情報通信技術が労働市場に与えた影響のアナロジーで AI が労働市場に与えた影響をとらえるのは，自然であり有力なアプローチだといえよう。ただし，AI の核心をなす機械学習のアルゴリズムの飛躍的進歩，センサーの進歩と価格低下，さらにロボット技術の飛躍的進歩は機械で置き換えられる人間の作業の範囲を大きく拡大しているようにも見える。私たちが日常持ち歩くスマートフォンに装備されたセンサーの数々や，小売店のレジの POS（Point of Sales）システムに代表されるように，私たちの行動の多くが電子的に記録されるようになり，莫大な情報（ビッグデータ）が蓄積されるようになっている。さらに，莫大な入力から適切な出力を得るために，あらかじめ関数関係を人間が指定することなく，人間のお手本を含むビッグデータから自動的に関数関係を学習させる機械学習のアルゴリズムが飛躍的に進歩している。

　このような技術進歩のなかで，かつては非繰り返し作業と分類されていた自動車の運転のような作業も，機械で置き換えられようとしている。AI の労働市場に対する影響を調べようとすれば，AI が実現しようとしている作業の本質をとらえ，Autor, Levy and Murnene (2003) が提案した繰り返し・非繰り返しという軸を超えた，人間でなければできない作業とは何かを抽象化する作業が欠かせないものとなるであろう。

　社会経済の環境が変化すれば私たちの働き方も変化する。この変化を的確にとらえ，個人や社会が的確に対応するためには，労働経済学の提供する知見が今後ますます重要になっていくだろう。本書で学んだ知識を使って，読者のみなさんもぜひ，これらの問題にチャレンジしてみてほしい。

参考文献一覧

【英語文献】

Abraham, Katharine G. and Henry S. Farber (1987) "Job Duration, Seniority, and Earnings," *American Economic Review*, Vol. 77, No. 3, pp. 278-297.

Aigner, Dennis J. and Glen G. Cain (1977) "Statistical Theories of Discrimination in Labor Markets," *Industrial and Labor Relations Review*, Vol. 30, No. 2, pp. 175-187.

Altonji, Joseph G. and Robert A. Shakotko (1987) "Do Wages Rise with Job Seniority?" *Review of Economic Studies*, Vol. 54, No. 3, pp. 437-459.

Angrist, Joshua D. (1989) "Using the Draft Lottery to Measure the Effect of Military Service on Civilian Labor Market Outcomes," *Research in Labor Economics*, Vol. 10, pp. 265-310.

Araki, Shota, Daiji Kawaguchi, and Yuki Onozuka (2016) "University Prestige, Performance Evaluation, and Promotion: Estimating the Employer Learning Model Using Personnel Datasets," *Labour Economics*, Vol. 41, pp. 135-148.

Ashenfelter, Orley and Timothy Hannan (1986) "Sex Discrimination and Product Market Competition: The Case of the Banking Industry," *Quarterly Journal of Economics*, Vol. 101, No. 1, pp. 149-173.

Ashenfelter, Orley and Cecilia Rouse (1998) "Income, Schooling, and Ability: Evidence from a New Sample of Identical Twins," *Quarterly Journal of Economics*, Vol. 113, No. 1, pp. 253-284.

Autor, David H., Frank Levy, and Richard J. Murnane (2003) "The Skill Content of Recent Technological Change: An Empirical Exploration," *Quarterly Journal of Economics*, Vol. 118, No. 4, pp. 1279-1333.

Bedard, Kelly (2001) "Human Capital versus Signaling Models: University Access and High School Dropouts," *Journal of Political Economy*, Vol. 109, No. 4, pp. 749-775.

Bessho, Shun-ichiro and Masayoshi Hayashi (2011) "Labor Supply Response and Preferences Specification: Estimates for Prime-Age Males in Japan," *Journal of Asian Economics*, Vol. 22, No. 5, pp. 398-411.

Bianchi, Marco, Bjorn R. Gudmundsson, and Gylfi Zoega (2001) "Iceland's Natural Experiment in Supply-Side Economics," *American Economic Review*, Vol. 91, No. 5, pp. 1564-1579.

Björklund, Anders, Mikael Lindahl, and Erik Plug (2006) "The Origins of Intergenerational Associations: Lessons from Swedish Adoption Data," *Quarterly Journal of Economics*, Vol. 121, No. 3, pp. 999-1028.

Blackburn, McKinley L. and David Neumark (1995) "Are OLS Estimates of the Return to Schooling Biased Downward? Another Look," *Review of Economics and Statistics*, Vol. 77, No. 2, pp. 217-230.

Blundell, Richard, Alan Duncan, and Costas Meghir (1998) "Estimating Labor Supply Responses Using Tax Reforms," *Econometrica*, Vol. 66, No. 4, pp. 827-861.

Borjas, George J. (2015) *Labor Economics*: McGraw-Hill/Irwin, 7th edition.

Card, David and Alan B. Krueger (1994) "Minimum Wages and Employment: A Case Study of the Fast-Food Industry in New Jersey and Pennsylvania," *American Economic Review*, Vol. 84, No. 4, pp. 772-793.

——— (2000) "Minimum Wages and Employment: A Case Study of the Fast-Food Industry in New Jersey and Pennsylvania: Reply," *American Economic Review*, Vol. 90, No. 5, pp. 1397-1420.

Carrington, William J (1996) "The Alaskan Labor Market during the Pipeline Era," *Journal of Political Economy*, Vol. 104, No. 1, pp. 186-218.

Dixit, Avinash K. (1990) *Optimization in Economic Theory*: Oxford University Press.

Ehrenberg, Ronald G. and Robert S. Smith (2016) *Modern Labor Economics: Theory and Public Policy*: Routledge, 10th edition.

Eissa, Nada and Jeffrey B Liebman (1996) "Labor Supply Response to the Earned Income Tax Credit," *Quarterly Journal of Economics*, Vol. 111, No. 2, pp. 605-637.

Feyrer, James, Bruce Sacerdote, and Ariel D. Stern (2008) "Will the Stork Return to Europe and Japan?: Understanding Fertility Within Developed Nations," *Journal of Economic Perspectives*, Vol. 22, No. 3, pp. 3-22.

Goolsbee, Austan (1998) "Does Government R&D Policy Mainly Benefit Scientists and Engineers?" *American Economic Review*, Vol. 88, No. 2, pp. 298-302.

Haider, Steven and Gary Solon (2006) "Life-Cycle Variation in the Association between Current and Lifetime Earnings," *American Economic Review*, Vol. 96, No. 4, pp. 1308-1320.

Hall, Robert (1982) "The Importance of Lifetime Jobs in the U.S. Economy," *American Economic Review*, Vol. 72, No. 4, pp. 716-724.

Hamaaki, Junya and Yasushi Iwamoto (2010) "A Reappraisal of the Incidence of Employer Contributions to Social Security in Japan," *Japanese Economic Review*, Vol. 61, No. 3, pp. 427-441.

Hashimoto, Masanori (1979) "Bonus Payments, On-the-Job Training, and Lifetime Employment in Japan," *Journal of Political economy*, Vol. 87, No. 5, Part 1, pp. 1086-1104.

Hashimoto, Masanori and John Raisian (1985) "Employment Tenure and Earnings Profiles in Japan and the United States," *American Economic Review*, Vol. 75,

No. 4, pp. 721-735.

Heckman, James and Solomon Polachek (1974) "Empirical Evidence on the Functional Form of the Earnings-Schooling Relationship," *Journal of the American Statistical Association*, Vol. 69, No. 346, pp. 350-354.

Ikenaga, Toshie and Ryo Kambayashi (2016) "Task Polarization in the Japanese Labor Market: Evidence of a Long-Term Trend," *Industrial Relations: A Journal of Economy and Society*, Vol. 55, No. 2, pp. 267-293.

Imbens, Guido W., Donald B. Rubin, and Bruce I. Sacerdote (2001) "Estimating the Effect of Unearned Income on Labor Earnings, Savings, and Consumption: Evidence from a Survey of Lottery Players," *American Economic Review*, Vol. 91, No. 4, pp. 778-794.

Jacobson, Louis S, Robert J LaLonde, and Daniel G Sullivan (1993) "Earnings Losses of Displaced Workers," *American Economic Review*, Vol. 83, No. 4, pp. 685-709.

Jehle, Geoffrey A. and Philip J. Reny (2001) *Advanced Microeconomic Theory*: Addison Wesley.

Kawaguchi, Daiji (2007) "A Market Test for Sex Discrimination: Evidence from Japanese Firm-Level Panel Data," *International Journal of Industrial Organization*, Vol. 25, No. 3, pp. 441-460.

——— (2016) "Fewer School Days, More Inequality," *Journal of the Japanese and International Economies*, Vol. 39, pp. 35-52.

Kawaguchi, Daiji and Soohyung Lee (2017) "Brides for Sale: Cross-Border Marriages and Female Immigration," *Economic Inquiry*, Vol. 55, No. 2, pp. 633-654.

Kawaguchi, Daiji and Yuko Mori (2014) "Using Central Government's Policy Rule to Identify the Impact of Regional Minimum Wages on Employment: Impact of Japan's 2007 Revision of the Minimum Wage Act," Technical report, Hitotsubashi University.

Kawaguchi, Daiji, Tetsushi Murao, and Ryo Kambayashi (2014) "Incidence of Strict Quality Standards: Protection of Consumers or Windfall for Professionals?" *Journal of Law and Economics*, Vol. 57, No. 1, pp. 195-224.

Kleven, Henrik Jacobsen (2014) "How can Scandinavians Tax So Much?," *Journal of Economic Perspectives*, Vol. 28, No. 4, pp. 77-98.

LaLonde, Robert J. (1986) "Evaluating the Econometric Evaluations of Training Programs with Experimental Data," *American Economic Review*, Vol. 76, No. 4, pp. 604-620.

Lazear, Edward P. (1979) "Why Is There Mandatory Retirement?" *Journal of Political Economy*, Vol. 87, No. 6, pp. 1261-1284.

Lazear, Edward P. and Sherwin Rosen (1990) "Male-Female Wage Differentials in Job Ladders," *Journal of Labor Economics*, Vol. 8, No. 1, Part 2, pp. S106-S123.

Lefranc, Arnaud, Fumiaki Ojima, and Takashi Yoshida (2014) "Intergenerational Earnings Mobility in Japan among Sons and Daughters: Levels and Trends," *Journal of Population Economics*, Vol. 27, No. 1, pp. 91-134.

Leigh, Andrew (2010) "Who Benefits from the Earned Income Tax Credit? Incidence among Recipients, Coworkers and Firms," *B. E. Journal of Economic Analysis & Policy*, Vol. 10, No. 1, pp. 1-43.

Lemieux, Thomas (2006) "The "Mincer Equation" Thirty Years After Schooling, Experience, and Earnings," in Grossbard, Shoshana ed. *Jacob Mincer: A Pioneer of Modern Labor Economics*: Springer, pp. 127-145.

Miller, Paul W, Charles Mulvey, and Nick Martin (1995) "What Do Twins Studies Reveal about the Economic Returns to Education? A Comparison of Australian and U.S. Findings," *American Economic Review*, Vol. 85, No. 3, pp. 586-599.

Mroz, Thomas A. (1987) "The Sensitivity of an Empirical Model of Married Women's Hours of Work to Economic and Statistical Assumptions," *Econometrica*, Vol. 55, No. 4, pp. 765-799.

Nakamuro, Makiko and Tomohiko Inui (2012) "Estimating the Returns to Education Using a Sample of Twins - The case of Japan -,"Technical Report, RIETI Discussion Paper Series 12-E-076.

Neal, Derek (1995) "Industry-Specific Human Capital: Evidence from Displaced Workers," *Journal of Labor Economics*, Vol. 13, No. 4, pp. 653-677.

Neumark, David and William Wascher (2000) "Minimum Wages and Employment: A Case Study of the Fast-Food Industry in New Jersey and Pennsylvania: Comment," *American Economic Review*, Vol. 90, No. 5, pp. 1362-1396.

Neumark, David and William L. Wascher (2008) *Minimum Wages*, Vol. 1 of MIT Press Books: MIT Press.

Neumark, David, Roy J. Bank, and Kyle D. Van Nort (1996) "Sex Discrimination in Restaurant Hiring: An Audit Study," *Quarterly Journal of Economics*, Vol. 111, No. 3, pp. 915-941.

OECD (2013) "Protecting Jobs, Enhancing Flexibility: A New Look at Employment Protection Legislation," in *OECD Employment Outlook 2013*, OECD Publishing.

Prendergast, Canice (1993) "The Role of Promotion in Inducing Specific Human Capital Acquisition," *Quarterly Journal of Economics*, Vol. 108, No. 2, pp. 523-534.

Rothstein, Jesse (2010) "Is the EITC as Good as an NIT? Conditional Cash Transfers and Tax Incidence," *American Economic Journal: Economic Policy*, Vol. 2, No. 1, pp. 177-208.

Shimizutani, Satoshi, Wataru Suzuki, Haruko Noguchi (2008) "The Socialization of At-Home Elderly Care and Female Labor Market Participation: Micro-Level Evidence from Japan," *Japan and the World Economy*, Vol. 20, No. 1, pp.

82-96.

Spence, Michael (1973) "Job Market Signaling," *Quarterly Journal of Economics*, Vol. 87, No. 3, pp. 355-374.

Topel, Robert H (1991) "Specific Capital, Mobility, and Wages: Wages Rise with Job Seniority," *Journal of Political Economy*, Vol. 99, No. 1, pp. 145-176.

Topel, Robert H. and Michael P. Ward (1992) "Job Mobility and the Careers of Young Men," *Quarterly Journal of Economics*, Vol. 107, No. 2, pp. 439-479.

Ueda, Atsuko (2009) "Intergenerational Mobility of Earnings and Income in Japan," *B. E. Journal of Economic Analysis & Policy*, Vol. 9, No. 1, pp. 1-27.

Villanueva, Ernesto (2007) "Estimating Compensating Wage Differentials Using Voluntary Job Changes: Evidence from Germany," *Industrial & Labor Relations Review*, Vol. 60, No. 4, pp. 544-561.

Yamada, Ken (2011) "Labor Supply Responses to the 1990s Japanese Tax Reforms," *Labour Economics*, Vol. 18, No. 4, pp. 539-546.

【邦語文献】

石田光男・樋口純平 (2009) 『人事制度の日米比較──成果主義とアメリカの現実』, ミネルヴァ書房。

梅崎修 (2004) 「成績・クラブ活動と就職──新規大卒市場における OB ネットワークの利用」, 松繁寿和 (編)『大学教育効果の実証分析──ある国立大学卒業生たちのその後』, 日本評論社。

大内伸哉・川口大司編 (2018) 『解雇規制を問い直す──金銭解決の制度設計』, 有斐閣。

大竹文雄・佐々木勝 (2009) 「スポーツ活動と昇進」, 『日本労働研究雑誌』, 第 587 巻, 62-89 頁。

大森義明 (2008) 『労働経済学』, 日本評論社。

川口大司 (2011) 「ミンサー型賃金関数の日本の労働市場への適用」, 『RIETI Discussion Paper Series』, 11-J-026。

川口大司・森悠子 (2009) 「最低賃金労働者の属性と最低賃金引き上げの雇用への影響」, 『日本労働研究雑誌』, 第 593 巻, 41-54 頁。

神取道宏 (2014) 『ミクロ経済学の力』, 日本評論社。

齊藤誠・岩本康志・太田聰一・柴田章久 (2016) 『マクロ経済学 (新版)』, 有斐閣 New Liberal Arts Selection。

竹内薫 (2006) 『99・9％は仮説──思いこみで判断しないための考え方』, 光文社。

田中隆一 (2015) 『計量経済学の第一歩──実証分析のススメ』, 有斐閣ストゥディア。

西山慶彦・新谷元嗣・川口大司・奥井亮 (2019)『計量経済学』, 有斐閣 New Liberal Arts Selection。

森川正之 (2013) 「企業業績の不安定性と非正規労働──企業パネルデータによる分析」, 『RIETI Discussion Paper Series』, 10-J-023。

事 項 索 引

人名索引

調査・統計索引

労働経済学——理論と実証をつなぐ

Labor Economics: Theory and Empirical Analysis

2017 年 12 月 25 日　初版第 1 刷発行
2023 年 11 月 25 日　初版第 3 刷発行

著　者　　川　口　大　司

発行者　　江　草　貞　治

発行所　　株式会社　有　斐　閣
　　　　　郵便番号 101-0051
　　　　　東京都千代田区神田神保町 2-17
　　　　　https://www.yuhikaku.co.jp/

印刷・大日本法令印刷株式会社／製本・大口製本印刷株式会社
ⓒ2017, Daiji Kawaguchi. Printed in Japan
落丁・乱丁本はお取替えいたします。

★定価はカバーに表示してあります。

ISBN 978-4-641-16507-6